刘进名师工作室成果

高中数学专题研究

刘 进 ◎ 著

安徽师范大学出版社

ANHUI NORMAL UNIVERSITY PRESS

·芜湖·

图书在版编目(CIP)数据

高中数学专题研究 / 刘进著. -- 芜湖 : 安徽师范

大学出版社, 2024. 8. -- ISBN 978-7-5676-6854-6

Ⅰ. G633.602

中国国家版本馆 CIP 数据核字第 2024CN7384 号

高中数学专题研究

刘　进◎著

GAOZHONG SHUXUE ZHUANTI YANJIU

责任编辑：孔令清　　　　　　　责任校对：吴毛顺　汪　元

装帧设计：王晴晴　冯君君　　　责任印制：桑国磊

出版发行：安徽师范大学出版社

　　　　　芜湖市北京中路2号安徽师范大学赭山校区

网　　　址：http://www.ahnupress.com/

发 行 部：0553-3883578　5910327　5910310(传真)

印　　　刷：江苏凤凰数码印务有限公司

版　　　次：2024年8月第1版

印　　　次：2024年8月第1次印刷

规　　　格：700 mm × 1000 mm　1/16

印　　　张：16

字　　　数：230千字

书　　　号：978-7-5676-6854-6

定　　　价：65.00元

凡发现图书有质量问题,请与我社联系(联系电话:0553-5910315)

序

近年来,"学习进阶"逐渐进入数学等各学科的教育教学领域,北京师范大学生命科学学院刘恩山教授等人将"学习进阶"定义为:对学生在各学段学习同一主题的概念时所遵循的连贯的、典型的学习路径的描述,一般呈现为围绕核心概念展开的一系列由简单到复杂、由粗放到精致的相互关联的概念序列.其实,"学习进阶"的本质是思维的进阶,强调的是思维的发展过程,是由低层次认知思维迈向高层次认知思维的逐步发展过程.基于上述对"学习进阶"理念的学习、理解和认识,并以"学习进阶"理念为导向,在长期教学实践的基础上,撰写了《高中数学专题研究》一书.《高中数学专题研究》按高中数学知识专题划分为函数与导数,三角、向量与复数,数列与不等式,立体几何与解析几何,概率与统计等五篇,每一篇包括若干讲,每一讲选取一个典型的高考真题或模拟试题,从试题的不同解法、试题变式、结论推广或拓展等不同的视角进行探究,可作为高中数学教师教学的辅助资料,也可作为学生学习时的备用资料.该书不仅对教师教学素养和教学业务能力的提高有着较高的参考价值,还对学生数学核心素养的提高有着重要的指导作用.

数学解题是巩固基础知识、掌握基本技能、感悟思想方法、提升思维敏锐度的系统活动.数学教学研究的过程就是解决问题的过程,所以掌握数学知识的一个重要标志就是善于解题.对典型试题进行深度思考、探究,实际上是对这些题目的"二次开发",即通过一道题,明晰一类题.一是教师要引导学生从各个条件相联系的关键点上,寻求多种解题途径,即"一题多解",就是指从不同视角来审视问题,以不同的切入点探究问题的解答方案;二是重视问题的延伸拓展,通过延伸拓展引导学生把握变化中的不变,能从不同方面、不同视角和不同情况来说明某一事物,从"变"的现象中发现"不变"的本质,从"不变"中

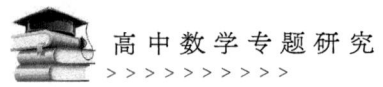

探求规律,从而概括出事物的一般属性.这样的教学有利于培养学生灵活多变的思维品质,提高其数学核心素养,培养其探索精神和创新意识,从而真正把对能力的培养落到实处,让学生站在一定的高度去思考问题,突出数学本质,使学生的思维得到升华.当然,研究典型试题,不能仅仅满足于掌握题目的几种解法,更重要的是着眼于"学习进阶",即学生学习的进一步发展,通过各种方法的对比和拓展,让学生学会如何挖掘问题条件蕴含的内涵,学会看准目标,优化解题思路.总之,对典型试题适宜地进行解法及拓展等方面的训练,既能梳理和优化解决这类问题的方法,寻求解答此类问题的通性通法,揭示问题的本质和一般规律,又能拓宽知识面,积累解题经验,提高解题效率.

当前,教育界对"学习进阶"理论正进行着深入的研究.作为一名数学教师,学习、理解"学习进阶"理论的目的,就是在教育教学的过程中转变观念,把学生获得思维的发展作为教育教学的第一要务,培养学生自己发现问题、提出问题、解决问题、独立思考的能力,实现学生从低层次思维到高层次思维的发展.

刘进名师工作室对"学习进阶"理论的研究主要涉及以下几个方面:

一是"学习进阶"理论的概述."学习进阶"理论是一种教育理论,强调学习是一个逐步深入的过程,而不是一次性的事件.刘进名师工作室对"学习进阶"的内涵、理论基础和基本理念进行了深入学习和研究,探讨了其在教育实践中的应用价值.

二是"学习进阶"理论的实践研究.刘进名师工作室结合自身的教学实践,开展"学习进阶"的实践研究.主要包括对"学习进阶"的设计、实施和评估等方面的研究,探究如何根据学生的认知发展规律和学科特点,设计有效的学习进阶路径,并为学生提供有针对性的指导和支持.

三是"学习进阶"理论与其他教育理论的结合."学习进阶"理论并不是孤立存在的,它可以与其他教育理论相结合,共同促进学生的学习发展.刘进名师工作室研究"学习进阶"理论与其他教育理论的结合点,如建构主义学习理论、情境认知理论等,并探究如何在"学习进阶"中融入这些理论的思想和方法.

四是"学习进阶"理论的跨学科研究."学习进阶"理论不仅适用于某一学

科领域,也可以应用于跨学科领域.刘进名师工作室关注不同学科领域的"学习进阶"理论研究,探讨如何将"学习进阶"理论应用于不同学科的教学实践中,促进跨学科的学习和发展.

五是"学习进阶"理论的未来发展趋势.随着教育改革的深入推进和教育技术的不断发展,"学习进阶"理论也面临着新的机遇和挑战.刘进名师工作室一直关注"学习进阶"理论的未来发展趋势,探究如何适应新的教育环境和学习需求,进一步推进"学习进阶"理论的发展和应用.

总之,刘进名师工作室对"学习进阶"理论的研究旨在深入理解"学习进阶"理论的内涵和价值,探究其实践应用和跨学科应用的方法和策略,为推进教育改革和提升教育质量提供一些参考和价值.在研究学习"学习进阶"理论的实践过程中,著作《高中数学专题研究》相伴而生.我相信,本书的出版会对"学习进阶"理论的研究和推广产生积极的推进作用,也有助于提升"学习进阶"理论的知名度和影响力,促进其在更广泛范围内的应用和发展.

参与本书编写的老师还有刘进名师工作室成员:宋莹,陈福康,尹洁,刘晓晓,刘超,李晓宇,孔茜,白杨,迟玉欣,丁明森.

此为序.

刘 进
2024年1月

目　录

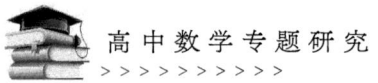

第一篇　函数与导数

　　　　函数与导数在高考数学中常常作为压轴题出现,这是因为这类题目综合性强,能够深入考查学生的数学素养和解题能力.压轴题一般难度较大,需要考生具备扎实的数学基础、良好的解题技巧和丰富的解题经验.在解决这类问题时,考生需要灵活运用所学的数学知识,结合题目条件,选择合适的解题方法,逐步推导出答案.

第 1 讲　用函数性质解一类方程组问题

在各级各类考试中,经常出现一些难度较大的解方程或方程组问题,若直接求解往往计算繁琐、过程复杂,有时候几乎不可能完成相应的计算过程.在此,通过对一道试题的解析,探讨如何利用函数的性质巧解这类方程或方程组.

【例题】(2023 年全国高中数学联赛北京赛区预赛第一试第 6 题)设实数 x,y 满足 $\begin{cases} x^3 - 3x^2 + 2026x = 2023, \\ y^3 + 6y^2 + 2035y = -4053, \end{cases}$ 则 $x+y=$＿＿＿＿.

思路 1:题设给出的是一个二元三次方程组,根据两个方程的特点,首先将两个方程利用完全立方公式 $(a \pm b)^3 = a^3 \pm 3a^2b + 3ab^2 \pm b^3$ 配立方,构造函数,利用奇偶性化为同构方程,再利用导数研究函数的单调性,进而求解.

解法 1:由 $x^3 - 3x^2 + 2026x = 2023$,

得 $x^3 - 3x^2 \times 1 + 3x \times 1^2 - 1^3 + 2023(x-1) = -1$,

所以 $(x-1)^3 + 2023(x-1) = -1$.

由 $y^3 + 6y^2 + 2035y = -4053$,

得 $y^3 + 3y^2 \times 2 + 3y \times 2^2 + 2^3 + 2023(y+2) - 1 = 0$,

所以 $(y+2)^3 + 2023(y+2) = 1$.

构造函数 $f(t) = t^3 + 2023t$,则 $f(x-1) = -1, f(y+2) = 1$.

因为 $f(-t) = (-t)^3 + 2023(-t) = -t^3 - 2023t = -(t^3 + 2023t) = -f(t)$,

所以函数 $f(t)$ 是 $\mathbf{R}$ 上的奇函数,

所以 $f(-y-2) = -1$.

于是 $f(x-1) = f(-y-2)$.

又因为 $f'(t) = 3t^2 + 2023 > 0$,所以 $f(t)$ 在 $\mathbf{R}$ 上单调递增.

所以由 $f(x-1) = f(-y-2)$,得 $x-1 = -y-2$,解得 $x+y = -1$.

思路2：首先分别将两个方程配立方，两式相加后运用立方和公式因式分解，利用配平方确定其中一个因式的符号后得解.

解法2：由 $x^3 - 3x^2 + 2026x = 2023$，

得 $x^3 - 3x^2 \times 1 + 3x \times 1^2 - 1^3 + 2023x - 2022 = 0$，

所以 $(x-1)^3 + 2023x - 2022 = 0$.①

由 $y^3 + 6y^2 + 2035x = -4053$，

得 $y^3 + 3y^2 \times 2 + 3y \times 2^2 + 2^3 + 2023y + 4045 = 0$，

所以 $(y+2)^3 + 2023y + 4045 = 0$.②

由①+②，得 $(x-1)^3 + (y+2)^3 + 2023x + 2023y + 2023 = 0$，

所以由立方和公式，

得 $\left[(x-1)+(y+2)\right]\left[(x-1)^2 - (x-1)(y+2) + (y+2)^2\right] + 2023(x+y+1) = 0$，

所以 $(x+y+1)\left[(x-1)^2 - (x-1)(y+2) + (y+2)^2 + 2023\right] = 0$.

由于 $(x-1)^2 - (x-1)(y+2) + (y+2)^2 + 2023$

$$= (x-1)^2 - (x-1)(y+2) + \frac{1}{4}(y+2)^2 + \frac{3}{4}(y+2)^2 + 2023$$

$$= \left[(x-1) - \frac{1}{2}(y+2)\right]^2 + \frac{3}{4}(y+2)^2 + 2023 > 0,$$

所以 $x+y+1 = 0$，故 $x+y = -1$.

点评：如果依照常规的求解方法解方程组，难度比较大，甚至难以入手. 解法1（函数性质法）将两个方程分别配立方化成同构方程后，构造一个具有奇偶性和单调性的函数，然后联袂函数的奇偶性和单调性转化求解，思路清晰，使问题化繁为简、化难为易，充分反映了方程（组）与函数的密切联系和相互转化关系及函数方程思想的运用，易于同学们掌握，是解决这类方程（组）问题的通性通法. 而解法2将两个方程分别配立方后相加，利用因式分解和配平方来判断求解，思维独到、颇具创意，但不容易入手，其中的因式分解和配平方技巧性强，可作为思维训练之用. 这里通过构造函数，利用函数的单调性转化求解，方法巧妙，且过程简洁.

其实,试题的解法1运用了单调函数的一条性质:如果$y=f(x)$是区间I上的单调函数,那么对$\forall x_1,x_2\in I$,有$f(x_1)=f(x_2)\Leftrightarrow x_1=x_2$.

因此,像这样一类的解方程组问题,可首先根据方程组表现出的特征,构造合适的函数,并确定函数的奇偶性和单调性,把方程组变换整理为

$$\begin{cases}f(x_1)=m,\\f(x_2)=m,\end{cases}$$ 最后利用单调性得到$x_1=x_2$,进而转化求值.

无独有偶,2023年全国高中数学联赛内蒙古赛区预赛第一试第3题,也是同一类型的解方程组问题,下面来看一下该题的解法.

【同类题】(2023年全国高中数学联赛内蒙古赛区预赛第一试第3题)

$x,y\in\mathbf{R}$满足$\begin{cases}(x+1)^{\frac{3}{5}}+2023(x+1)=-2023,\\(y+1)^{\frac{3}{5}}+2023(y+1)=2023,\end{cases}$ 则$x+y=$_____.

解析:构造函数$f(t)=t^{\frac{3}{5}}+2023t$,

则由$f(-t)=(-t)^{\frac{3}{5}}+2023(-t)=-\left(t^{\frac{3}{5}}+2023t\right)=-f(t)$可知$f(t)$是奇函数,

所以由$\begin{cases}f(x+1)=-2023,\\f(y+1)=2023,\end{cases}$

得$\begin{cases}f(x+1)=-2023,\\f(-y-1)=-2023,\end{cases}$

所以$f(x+1)=f(-y-1)$.

又易知$f(t)$是$\mathbf{R}$上的单调递增函数,所以$x+1=-y-1$,故$x+y=-2$.

【练习题】

1.(第25届全苏奥林匹克十一年级试题)实数α,β满足等式$\alpha^3-3\alpha^2+5\alpha=1,\beta^3-3\beta^2+5\beta=5$,则$\alpha+\beta=$_____.

该题解析过程与上题一致,也是先分别把两个方程配立方,构造函数,利用奇偶性化为同构方程,再利用函数单调性求解.

答案:$\alpha+\beta=2$.

2.(2006年全国高中数学联赛安徽赛区预赛第8题)已知实数x,y满足 $\begin{cases} (x-11)^5 + 15(x-11) = 5, \\ (y-4)^5 + 15(x-4) = -5, \end{cases}$ 则$x+y=$_____.

解析:构造函数$f(t) = t^5 + 15t$,则$f(x-11) = 5, f(y-4) = -5.$

易知$f(t)$是$\mathbf{R}$上的奇函数,所以$f(4-y) = 5.$

所以$f(x-11) = f(4-y).$

又易证$f(t)$在$\mathbf{R}$上单调递增,所以$x-11 = 4-y.$

故$x+y = 15.$

3.(1994年全国高中数学联赛第一试第8题)已知x,$y \in \left[-\dfrac{\pi}{4}, \dfrac{\pi}{4}\right]$,$a \in \mathbf{R}$,且$x^3 + \sin x - 2a = 0, 4y^3 + \sin y \cos y + a = 0$,则$\cos(x+2y) =$_____.

解析:由$x^3 + \sin x - 2a = 0,$

得$x^3 + \sin x = 2a.$

由$4y^3 + \sin y \cos y + a = 0,$

得$8y^3 + 2\sin y \cos y = -2a,$

所以$(2y)^3 + \sin(2y) = -2a.$

构造函数$f(t) = t^3 + \sin t,$

则$f(x) = 2a, f(2y) = -2a.$

因为$f(-t) = (-t)^3 + \sin(-t) = -t^3 - \sin t = -(t^3 + \sin t) = -f(t),$

所以函数$f(t)$是$\mathbf{R}$上的奇函数,所以$f(-2y) = 2a.$

于是得$f(x) = f(-2y).$

由题意,可知$t \in \left[-\dfrac{\pi}{4}, \dfrac{\pi}{4}\right]$,所以$\cos t > 0.$

又因为$f'(t) = 3t^2 + \cos t > 0$,所以$f(t)$在$\mathbf{R}$上单调递增.

所以由$f(x) = f(-2y)$,得$x = -2y$,解得$x+2y = 0.$

故$\cos(x+2y) = 1.$

第2讲　一道高考导数综合题的解法

以基本函数 $y = e^x$ 和 $y = \ln x$ 的结合为背景的导数综合问题是高考或各地模拟考试考查的重点. 本讲通过对2020年全国新高考 I 卷第21题第二问的不同解法的探究, 旨在探索这类问题的题型规律.

【例题】(2020年全国新高考 I 卷第21题)已知函数 $f(x) = ae^{x-1} - \ln x + \ln a$.

(1)当 $a = e$ 时, 求曲线 $y = f(x)$ 在点 $(1, f(1))$ 处的切线与两坐标轴围成的三角形的面积;

(2)若 $f(x) \geqslant 1$, 求 a 的取值范围.

思路: 该题以基本函数 $y = e^x$ 和 $y = \ln x$ 的结合为背景, 第一问考查了导数的几何意义的应用; 第二问是在不等式成立下, 求参数的取值范围问题.

解析: (1)当 $a = e$ 时, $f(x) = e^x - \ln x + 1$. 所以 $f(1) = e + 1$.

又 $f'(x) = e^x - \dfrac{1}{x}$, 所以切线斜率 $k = f'(1) = e - 1$,

则切线方程为 $y = (e-1)(x-1) + e + 1$,

与 x 轴交于点 $A\left(\dfrac{-2}{e-1}, 0\right)$, 与 y 轴交于点 $B(0, 2)$,

所以围成的三角形面积为 $S = \dfrac{1}{2} \times \left|\dfrac{-2}{e-1}\right| \times 2 = \dfrac{2}{e-1}$.

下面本文主要探析第二问的多种解法.

解析: (2)解法1: (构造同构式)

由 $f(x) \geqslant 1$ 得 $ae^{x-1} - \ln x + \ln a \geqslant 1$, 即 $e^{\ln a + x - 1} - \ln x + \ln a \geqslant 1$,

即 $e^{\ln a + x - 1} + \ln a + x - 1 \geqslant \ln x + x = e^{\ln x} + \ln x$.

令 $g(t) = e^t + t, g'(t) = e^t + 1 > 0$, 所以 $g(t)$ 在 **R** 上单调递增,

则有 $g(\ln a + x - 1) \geqslant g(\ln x)$, 则 $\ln a + x - 1 \geqslant \ln x$ 恒成立.

即 $\ln a \geqslant \ln x - x + 1$ 恒成立, 只需 $\ln a \geqslant (\ln x - x + 1)_{\max}$,

令 $h(x) = \ln x - x + 1$，则 $h'(x) = \dfrac{1}{x} - 1 = \dfrac{1-x}{x}$，

则 $h(x)$ 在 $(0, 1)$ 上单调递增，在 $(1, +\infty)$ 上单调递减，

所以 $h(x) \leqslant h(1) = 0$，则 $\ln a \geqslant 0$，则 $a \geqslant 1$，

故 a 的取值范围是 $[1, +\infty)$。

点评：该解法在对不等式变形的基础上，将不等式的两边同时加上 x 后，构造关于"$\ln a + x - 1$"的同构式，并将同构式"$\ln a + x - 1$"看作整体，通过构造函数、求导，利用函数的单调性将不等式转化，进而分离参数式，二次构造函数、求导，利用"最值法"求参数的取值范围。该解法思维量大，逻辑推理紧凑，充分考查了导数在研究函数单调性中的工具作用，考查了数学抽象、逻辑推理及数学建模核心素养的运用。

解法 2：（利用指数、对数的基础不等式）

由 $f(x) \geqslant 1$ 得 $a e^{x-1} - \ln x + \ln a \geqslant 1$，即 $a e^{x-1} - 1 \geqslant \ln x - \ln a$，

易证：$e^x \geqslant x + 1, x - 1 \geqslant \ln x$。

又 $a > 0$，故 $e^{x-1} \geqslant x, a e^{x-1} \geqslant ax$，

因此只需证：$ax \geqslant x - \ln a$，即证：$x(a-1) \geqslant -\ln a$。

当 $a \geqslant 1$ 时，$x(a-1) > 0 > -\ln a$ 恒成立；

当 $0 < a < 1$ 时，$x(a-1) < 0 < -\ln a$，此时 $x(a-1) \geqslant -\ln a$ 不成立。

故 a 的取值范围是 $[1, +\infty)$。

点评：该解法是在对不等式变形的基础上，利用了指数、对数的有关基础不等式进行分类推理求解的，其求解过程颇为简捷、巧妙，考查了数学抽象和逻辑推理等数学核心素养的运用。在许多导数应用的问题中，常用到下列一些基础不等式：$e^x \geqslant x+1, e^x > x, e^x \geqslant ex, x-1 \geqslant \ln x, x > \ln x, x \geqslant \ln(1+x), (1+x)^n \geqslant 1 + nx(x > -1), \dfrac{1}{e}x \geqslant \ln x$ 等，这些基础不等式常起到"放缩"的作用。

解法 3：（分类求解）

由题设可知 $x \in (0, +\infty), a \in (0, +\infty), f'(x) = a e^{x-1} - \dfrac{1}{x}$，

因为 $f''(x) = a e^{x-1} + \dfrac{1}{x^2} > 0$，所以 $f'(x)$ 在 $(0, +\infty)$ 上单调递增。

①当 $0<a<1$ 时, $f'(1)=a-1<0$, $f'\left(\dfrac{1}{a}\right)=ae^{\frac{1}{a}}-a=a\left(e^{\frac{1}{a}-1}-1\right)>0$,

所以 $\exists x_0\in\left(1,\dfrac{1}{a}\right)$, 使得 $f'(x_0)=0$, 且当 $x\in(0,\ x_0)$ 时, $f'(x)<0$,

所以 $f(x)$ 在 $x\in(0,\ x_0)$ 上单调递减,

所以当 $x\in(1,\ x_0)$ 时, $f(x)<f(1)=a+\ln a<a<1$, 不满足 $f(x)\geqslant 1$,

故不符合题意.

②当 $a\geqslant 1$ 时, 因为 $e^{x-1}>0$, $\ln a>0$, 所以 $f(x)\geqslant e^{x-1}-\ln x$.

令 $g(x)=e^{x-1}-\ln x(x>0)$, 则 $g'(x)=e^{x-1}-\dfrac{1}{x}$.

令 $h(x)=e^{x-1}-\dfrac{1}{x}$, 则 $h'(x)=e^{x-1}+\dfrac{1}{x^2}>0$, 所以 $h(x)$ 在 $(0,\ +\infty)$ 上单调递增.

又 $h(1)=0$, 所以当 $x\in(0,\ 1)$ 时, $g'(x)=h(x)<h(1)=0$, 当 $x\in(1,\ +\infty)$ 时,

$g'(x)=h(x)>h(1)=0$.

所以 $g(x)$ 在 $x\in(0,\ 1)$ 上单调递减, 在 $x\in(1,\ +\infty)$ 上单调递增,

所以 $g(x)\geqslant g(1)=1$, 即 $f(x)\geqslant 1$.

综上所述, a 的取值范围是 $[1,\ +\infty)$.

点评:该解法是在分类讨论的基础上,利用导数研究函数的单调性进行判断或求解的.特别是求解 $a\geqslant 1$ 的情况,通过两次构造函数、二次求导,导数的工具作用得到了很好的体现.本解法考查了数学抽象、逻辑推理、数学建模等数学核心素养的运用.

【解后反思】

不等式恒成立求参数的取值范围问题是高考命题考查的热点,这类问题对思维能力的要求较高,解答时需要运用函数与方程、转化与化归、分类讨论等数学思想,且要求考生具备解决较复杂问题的综合素养和能力,是充分体现数学抽象、逻辑推理、数学建模和数学运算的一类问题.

从上述高考题不同解法的探究可以看出,利用导数求解函数、不等式等一类综合问题时,就是运用求导、构造(函数)、分离(参数)、(不等式)放缩、分类讨论、转化等手段,研究函数的单调性、极值、最值等性质,进而研究函数、方程、不等式等问题.在思维的层次性、深刻性和创新性等方面以抽象概括能力、

运算求解能力、推理论证能力为重点,着重考查分类讨论、构造与转化等数学思维方法.

虽然这类问题的知识覆盖面广,但准确求导是基础,运算变形是根本,分类讨论是关键.因此,平时的学习中要多加强这些方面的训练,对问题多些总结的时间,多点思考的态度,多些探究的眼光,久而久之,数学素养和数学思维能力定会大幅度提升.

第3讲 一道高考导数压轴题的多视角探究

以基本函数 $y = \ln x$ 为背景的导数应用综合问题是高考或各地模拟考试考查的重点,且常处于压轴题的位置.下面通过对2021年全国新高考 I 卷第22题(压轴题)第二问的不同解法及变式的探究,旨在探索这类问题的题型规律.

【例题】(2021年全国新高考 I 卷第22题)已知函数 $f(x) = x(1 - \ln x)$.

(1)讨论 $f(x)$ 的单调性;

(2)设 a, b 为两个不相等的正数,且 $b \ln a - a \ln b = a - b$,证明:$2 < \dfrac{1}{a} + \dfrac{1}{b} < e$.

思路:该题以基本函数 $y = \ln x$ 为背景,第一问考查了导数在研究函数单调性中的应用;第二问给出同构式“$b \ln a - a \ln b = a - b \Leftrightarrow \dfrac{1}{a}\left(1 - \ln\dfrac{1}{a}\right) = \dfrac{1}{b}\left(1 - \ln\dfrac{1}{b}\right)$”的条件证明不等式,其本质是极值点偏移问题.

解析:(1)$f(x)$ 在 $(0, 1)$ 上单调递增,$f(x)$ 在 $(1, +\infty)$ 上单调递减.

下面主要探析第二问的多种解法.

解析:(2)**解法1:**由 $b \ln a - a \ln b = a - b$,得 $-\dfrac{1}{a}\ln\dfrac{1}{a} + \dfrac{1}{b}\ln\dfrac{1}{b} = \dfrac{1}{b} - \dfrac{1}{a}$,即

$\dfrac{1}{a}\left(1 - \ln\dfrac{1}{a}\right) = \dfrac{1}{b}\left(1 - \ln\dfrac{1}{b}\right)$.

令 $x_1 = \dfrac{1}{a}, x_2 = \dfrac{1}{b}$,则 $x_1(1 - \ln x_1) = x_2(1 - \ln x_2)$,所以 x_1, x_2 为 $f(x_1) = f(x_2)$ 的两根.

不妨令 $x_1 \in (0, 1), x_2 \in (1, e)$,则 $2 - x_1 > 1$.

先证 $x_1 + x_2 > 2$,即证 $x_2 > 2 - x_1$,即证 $f(x_2) = f(x_1) < f(2 - x_1)$.

令 $h(x) = f(x) - f(2 - x)$,

则 $h'(x) = f'(x) + f'(2 - x) = -\ln x - \ln(2 - x) = -\ln[x(2 - x)]$.

因为 $x \in (0, 1)$,所以 $x(2 - x) \in (0, 1)$,所以 $h'(x) > 0$ 恒成立,所以 $h(x)$ 单

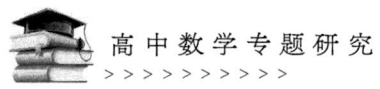

调递增,

所以 $h(x)<h(1)=0$,所以 $f(x_1)<f(2-x_1)$,所以 $2<x_1+x_2$ 得证.

同理,要证 $x_1+x_2<e$,即证 $f(x_2)=f(x_1)<f(e-x_1)$.

令 $\varphi(x)=f(x)-f(e-x)$, $x\in(0,1)$,则 $\varphi'(x)=-\ln[x(e-x)]$.

令 $\varphi'(x_0)=0$,所以当 $x\in(0,x_0)$ 时,$\varphi'(x)>0$,$\varphi(x)$ 单调递增,当 $x\in(x_0,1)$ 时,$\varphi'(x)<0$,$\varphi(x)$ 单调递减.

又 $x>0,f(x)>0$,且 $f(e)=0$,

故 $x\to 0,\varphi(0)>0,\varphi(1)=f(1)-f(e-1)>0$,所以 $\varphi(x)>0$ 恒成立,

所以 $x_1+x_2<e$ 得证.

故 $2<\dfrac{1}{a}+\dfrac{1}{b}<e$.

点评:解法 1 进行换元,$x_1=\dfrac{1}{a}$,$x_2=\dfrac{1}{b}$,将不等式证明问题转化为极值点偏移问题,利用构造对称函数的方法求解.构造对称函数是最为常用的一种方法,也是考生易于接受的一种解题方法,这种方法的思路是:已知 x_1,x_2 是函数 $f(x)$ 的两个零点或 $f(x_1)=f(x_2)$,$x=x_0$ 是 $f(x)$ 在其定义域内的唯一极值点,对于证明:"$x_1+x_2>$(或 $<$)$2x_0$"这类极值点偏移问题,常转化为证明:"$x_2>$(或 $<$)$2x_0-x_1$",然后利用函数的单调性转化为证明"$f(x_2)>$(或 $<$)$f(2x_0-x_1)$",再利用 $f(x_1)=f(x_2)$ 得 $f(x_1)>$(或 $<$)$f(2x_0-x_1)$,进而构造对称函数 $g(x)=f(x)-f(2x_0-x)$[函数 $f(2x_0-x)$ 是函数 $f(x)$ 关于直线 $x=x_0$ 对称的函数],然后以导数为工具进行证明.

解法 2:由解法 1 知 $x_1\in(0,1)$,$x_2\in(1,e)$.

先证:$x_1+x_2>2$.

$$x_1\left[1-\dfrac{1}{2}\left(x_1-\dfrac{1}{x_1}\right)\right]>x_1(1-\ln x_1)=x_2(1-\ln x_2)>x_2\left[1-\dfrac{1}{2}\left(x_2-\dfrac{1}{x_2}\right)\right],$$

所以 $x_1\left[1-\dfrac{1}{2}\left(x_1-\dfrac{1}{x_1}\right)\right]>x_2\left[1-\dfrac{1}{2}\left(x_2-\dfrac{1}{x_2}\right)\right]$,

化简可得 $\dfrac{2x_1-x_1^2+1}{2}>\dfrac{2x_2-x_2^2+1}{2}$,

所以 $(x_1 - x_2)[2 - (x_1 + x_2)] > 0$，于是证得 $x_1 + x_2 > 2$.

再证：$x_1 + x_2 < e$.

$$x_1 < x_1(1 - \ln x_1) = x_2(1 - \ln x_2) = x_2 \ln \frac{e}{x_2} < x_2\left(\frac{e}{x_2} - 1\right) = e - x_2,$$

所以 $x_1 < e - x_2$，于是证得 $x_1 + x_2 < e$.

点评：解法 2 在解法 1 中换元转化的基础上，利用不等式 $\ln x \leqslant x - 1$（当且仅当 $x = 1$ 时取等号），当 $0 < x < 1$ 时，$\ln x > \frac{1}{2}\left(x - \frac{1}{x}\right)$，当 $x > 1$ 时，$\ln x < \frac{1}{2}\left(x - \frac{1}{x}\right)$ 等进行放缩证明的.

解法 3：构造函数 $g_1(x) = -\frac{1}{2}x^2 + x + \frac{1}{2}$，$g_2(x) = \frac{1}{1-e}(x^2 - ex)$.

设 $y = m(0 < m < 1)$ 与函数 $f(x)$ 的图象相交于 x_1，$x_2(x_1 < x_2)$，与函数 $g_1(x)$ 的图象相交于 x_1'，$x_2'(x_1' < x_2')$（如图 1），与函数 $g_2(x)$ 的图象相交于 x_1''，$x_2''(x_1'' < x_2'')$（如图 2）.

先证：$x_1 + x_2 > 2$.

$f(x) - g_1(x) = x\left(\frac{1}{2}x - \ln x - \frac{1}{2x}\right)$，构造函数 $t_1(x) = \frac{1}{2}x - \ln x - \frac{1}{2x}$，则 $t_1'(x) = \frac{(x-1)^2}{2x^2} \geqslant 0$，所以 $t_1(x)$ 单调递增，且 $t_1(1) = 0$，所以当 $0 < x < 1$ 时，$t_1(x) < t_1(1) = 0$，即 $f(x) - g_1(x) < 0$；当 $x > 1$ 时，$t_1(x) > t_1(1) = 0$，$f(x) - g_1(x) > 0$.

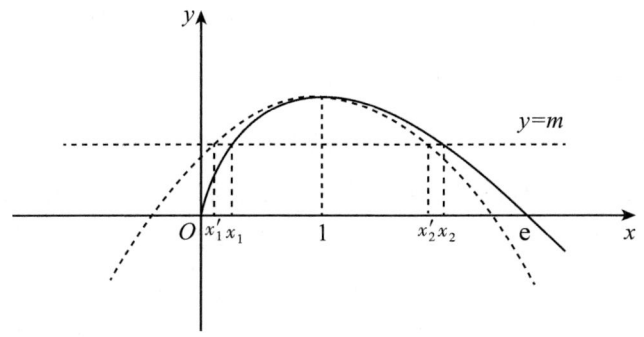

图 1

所以 $x_1 > x_1'$，$x_2 > x_2'$，于是 $x_1 + x_2 > x_1' + x_2' = 2$.

再证：$x_1 + x_2 < e$.

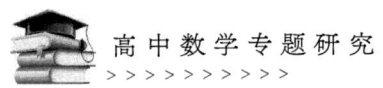

$f(x)-g_2(x)=x\left(1-\ln x-\dfrac{x-e}{1-e}\right)$，构造函数 $t_2(x)=1-\ln x-\dfrac{x-e}{1-e}$，

则 $t_2'(x)=-\left(\dfrac{1}{x}+\dfrac{1}{1-e}\right)$，

所以当 $0<x<e-1$ 时，$t_2'(x)<0$，$t_2(x)$ 单调递减，

当 $e-1<x<e$ 时，$t_2'(x)>0$，$t_2(x)$ 单调递增，且 $t_2(1)=t_2(e)=0$.

所以当 $0<x<1$ 时，$t_2(x)>0$，即 $f(x)-g_2(x)>0$；

当 $1<x<e$ 时，$t_2(x)<0$，$f(x)-g_2(x)<0$.

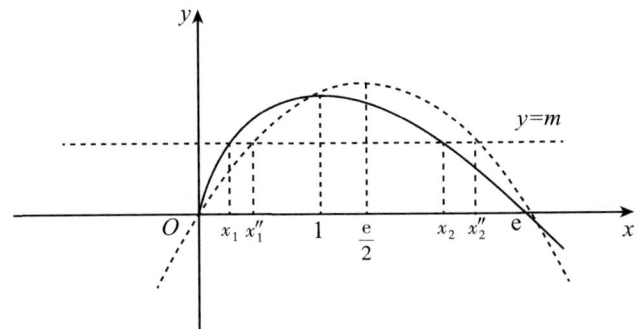

图 2

所以 $x_1<x_1''$，$x_2<x_2''$，于是 $x_1+x_2<x_1''+x_2''=e$.

点评：解法 3 是通过构造函数，利用函数图象交点间的关系和导数在研究函数的单调性的应用进行证明的. 其中构造函数 $t_1(x)$ 的依据是 $f(x)$ 在 $x=1$ 处的二阶泰勒展开，构造函数 $t_2(x)$ 的依据是先构造一个开口向下的二次函数，使其对称轴为 $x=\dfrac{e}{2}$，且过点 $(0,0)$，$(1,1)$，$(e,0)$，恰好同时满足.

不等式证明问题或极值点偏移问题是高考命题考查的热点，这类问题对数学思维能力的要求较高，解答时需要运用等价转化、构造函数、分类讨论等方法技巧，要求考生具备解决较复杂问题的综合素养和能力，是充分体现数学抽象、逻辑推理、数学建模和数学运算的一类典型问题.

以基本函数 $y=\ln x$ 为背景，应用导数证明不等式的一类问题在往年高考中可谓屡见不鲜，略举两例如下.

【类题溯源】

1.（2017 年高考全国卷 Ⅱ 理科第 21 题）已知函数 $f(x)=ax^2-ax-x\ln x$，

且 $f(x) \geqslant 0$.

（1）求 a；

（2）证明：$f(x)$ 存在唯一极大值点 x_0，且 $\mathrm{e}^{-2} < f(x_0) < 2^{-2}$.

2.（2018年新课标全国卷 I 理科第21题）已知函数 $f(x) = \dfrac{1}{x} - x + a\ln x$.

（1）讨论 $f(x)$ 的单调性；

（2）若 $f(x)$ 存在两个极值点 x_1，x_2，证明：$\dfrac{f(x_1) - f(x_2)}{x_1 - x_2} < a - 2$.

以基本函数 $y = \ln x$ 为背景，改变一下高考题中的已知函数，第（2）问证明不等式，有如下类似题目.

【同源变式】

1.（2021届湖南省郴州市第三次质量监测第22题）已知函数 $f(x) = \ln x - \dfrac{1}{2}ax^2 + 1$.

（1）若曲线 $y = f(x)$ 在 $x = 1$ 处的切线与直线 $x - y = 0$ 垂直，求函数 $y = f(x)$ 在 $(0, 1]$ 上的最大值；

（2）当 $a = 1$ 时，设函数 $f(x)$ 的两个零点为 x_1, x_2，试证明：$x_1 + x_2 > 2$.

解析：（1）最大值为 $\ln \dfrac{\sqrt{2}}{2} + \dfrac{1}{2}$.

（2）当 $a = 1$ 时，$f(x) = \ln x - \dfrac{1}{2}x^2 + 1$，所以 $f'(x) = \dfrac{1}{x} - x = \dfrac{1 - x^2}{x}$，此时 $f(x)$ 在 $(0, 1)$ 上单调递增，在 $(1, +\infty)$ 上单调递减，

所以 $f(x)_{极大值} = f(1) = \dfrac{1}{2} > 0$，又 $f\left(\dfrac{1}{\mathrm{e}}\right) < 0$，$f(\mathrm{e}) < 0$，

不妨设 $x_1 < x_2$，则有 $0 < x_1 < 1 < x_2$，

令 $F(x) = f(x) - f(2 - x)$，$x \in (0, 1)$，

则 $F'(x) = f'(x) + f'(2 - x) = \dfrac{1 - x^2}{x} + \dfrac{1 - (2 - x)^2}{2 - x} = \dfrac{2(1 - x)^2}{x(2 - x)}$.

当 $x \in (0, 1)$ 时，$F'(x) > 0$，$F(x)$ 单调递增.

因为 $x_1 \in (0, 1)$，所以 $F(x_1) = f(x_1) - f(2 - x_1) < F(1) = 0$，

所以 $f(x_1) < f(2 - x_1)$.

又因为$f(x_1)=f(x_2)=0$,所以$f(x_2)<f(2-x_1)$.

因为$x_2>1,2-x_1>1,f(x)$在$(1,+\infty)$上单调递减,

所以$x_2>2-x_1$,即$x_1+x_2>2$.

2.(2021届江苏省南通市一调第21题)已知函数$f(x)=x^2-\dfrac{2\ln x}{x}-a$.

(1)若$f(x)\geqslant 0$,求实数a的取值范围;

(2)若函数$f(x)$有两个零点x_1,x_2,证明:$x_1x_2<1$.

解析:(1)a的取值范围为$[1,+\infty)$.

(2)因为函数$f(x)$有两个零点x_1,x_2,所以由(1)得$a<1$.

所以有$\begin{cases}x_1^2-\dfrac{2\ln x_1}{x_1}-a=0,\\ x_2^2-\dfrac{2\ln x_2}{x_2}-a=0,\end{cases}$即$\begin{cases}x_1^3-2\ln x_1-ax_1=0,\\ x_2^3-2\ln x_2-ax_2=0.\end{cases}$

两式相减,

得$(x_1-x_2)(x_1^2+x_1x_2+x_2^2)-2(\ln x_1-\ln x_2)=a(x_1-x_2)$,

所以$x_1^2+x_1x_2+x_2^2-\dfrac{2(\ln x_1-\ln x_2)}{x_1-x_2}=a<1$.

由对数均值不等式,得$\dfrac{2(\ln x_1-\ln x_2)}{x_1-x_2}<\dfrac{2}{\sqrt{x_1x_2}}$.

又由重要不等式,得$x_1^2+x_2^2>2x_1x_2$,

所以$3x_1x_2-\dfrac{2}{\sqrt{x_1x_2}}<x_1^2+x_1x_2+x_2^2-\dfrac{2(\ln x_1-\ln x_2)}{x_1-x_2}<1$,即$3x_1x_2-\dfrac{2}{\sqrt{x_1x_2}}<1$,

所以$3(\sqrt{x_1x_2})^3-\sqrt{x_1x_2}-2<0$,所以$3[(\sqrt{x_1x_2})^3-1]-(\sqrt{x_1x_2}-1)<0$,

所以$3(\sqrt{x_1x_2}-1)[(\sqrt{x_1x_2})^2+\sqrt{x_1x_2}+1-1]<0$,

即$(\sqrt{x_1x_2}-1)[(\sqrt{x_1x_2})^2+\sqrt{x_1x_2}]<0$.

又因为$(\sqrt{x_1x_2})^2+\sqrt{x_1x_2}>0$,所以$\sqrt{x_1x_2}-1<0$,所以$x_1x_2<1$.

3.(2021届河北省衡水中学第一次联考第22题)已知函数 $f(x)=\dfrac{x}{e^{x-1}}-x\ln x$.

(1)求函数 $y=f(x)$ 在 $x=1$ 处的切线方程;

(2)证明:$(i)f(x)<2$;(ii)任意 $n\in\mathbf{N}^{*}$,$e^{n-1}<(2n-\ln n)^{n}$.

解析:(1)切线方程为 $x+y-2=0$.

(2)证明:$(i)f(x)<2$ 可化为 $\dfrac{x}{e^{x-1}}<2+x\ln x$.

设 $h(x)=\dfrac{x}{e^{x-1}}$,则 $h'(x)=\dfrac{1-x}{e^{x-1}}$,

当 $x\in(0,\ 1)$时,$h'(x)>0$,$h(x)$在区间$(0,\ 1)$上单调递增,

当 $x\in(1,\ +\infty)$时,$h'(x)<0$,$h(x)$在区间$(1,\ +\infty)$上单调递减,

故 $h(x)_{\max}=h(1)=1$.

设 $g(x)=x\ln x+2$,则 $g'(x)=\ln x+1$,

当 $x\in\left(0,\ \dfrac{1}{e}\right)$时,$g'(x)<0$,$g(x)$在区间$\left(0,\ \dfrac{1}{e}\right)$上单调递减,

当 $x\in\left(\dfrac{1}{e},\ +\infty\right)$时,$g'(x)>0$,$g(x)$在区间$\left(\dfrac{1}{e},\ +\infty\right)$上单调递增,

故 $g(x)_{\min}=g\left(\dfrac{1}{e}\right)=2-\dfrac{1}{e}$.

因为 $1<2-\dfrac{1}{e}$,所以 $\dfrac{x}{e^{x-1}}<2+x\ln x$,所以$f(x)<2$.

(ii)由 $f(x)<2$,得 $\dfrac{x}{e^{x-1}}-x\ln x<2$,

令 $x=\dfrac{1}{n}$,$n\in\mathbf{N}^{*}$,得 $\dfrac{1}{ne^{\frac{1}{n}-1}}+\dfrac{1}{n}\ln n<2$,即 $\dfrac{1}{e^{\frac{1}{n}-1}}+\ln n<2n$,

所以 $e^{\frac{n-1}{n}}<2n-\ln n$.

所以 $2n-\ln n>0$,所以 $e^{n-1}<(2n-\ln n)^{n}$.

【解后反思】

探究以函数 $y=\ln x$ 为背景应用导数证明不等式问题,常运用不等式的放缩技巧,需熟记下面一些与函数 $y=\ln x$ 有关的基础不等式.

(1)当 $x>0$ 时, $\dfrac{x-1}{x} \leqslant \ln x \leqslant x-1$,当且仅当 $x=1$ 时取等号.

(2)当 $x>0$ 时, $\ln x \leqslant \dfrac{x}{e}$,当且仅当 $x=e$ 时取等号.

(3)当 $x \geqslant 0$ 时, $\ln(1+x) \leqslant x$,当且仅当 $x=0$ 时取等号.

(4)当 $x \geqslant 0$ 时, $\ln(1+x) \leqslant \sqrt{1+2x}-1 \leqslant x$,当且仅当 $x=0$ 时取等号.

(5)当 $0<x<1$ 时, $\ln x > \dfrac{1}{2}\left(x-\dfrac{1}{x}\right)$;当 $x>1$ 时, $\ln x < \dfrac{1}{2}\left(x-\dfrac{1}{x}\right)$.

(6)当 $x>1$ 时, $\dfrac{2(x-1)}{x+1} < \ln x < \sqrt{x}-\dfrac{1}{\sqrt{x}}$.

通过上面的例子可以看出,在强调命题改革的今天,通过改编、创新等手段来赋予往年高考真题新的生命,这已成为高考命题的一种新趋势.因此,在高考复习的过程中务必要注意对往年高考真题的变式训练,要做到探索变式,拓广成果,对解题思路进行内化、深化探索,总结升华.同时,把握其实质,掌握其规律,规范其步骤.

第4讲　对一道模拟题的探析与启示

数学核心素养和创新意识是近年高考命题考查的热点,在命题求新、求变中渗透和强化数学核心素养,同时兼顾创新意识已成为高考命题的一大趋势.下面这道模拟题就是一道体现"素养导向,彰显新意"命题主旨的优质试题,它对于教师教学和学生学习有着重要的启迪意义.为此,对于该试题我们从多个视角进行探析.

【例题】已知函数 $f(x)=\dfrac{a+x}{1+x}(x>0)$,曲线 $y=f(x)$ 在 $(1,\ f(1))$ 处的切线在 y 轴上的截距为 $\dfrac{11}{2}$.

(1)求 a;

(2)讨论 $g(x)=x\left(f(x)\right)^2$ 的单调性;

(3)设 $a_1=1$,$a_{n+1}=f(a_n)$,证明:$2^{n-2}\left|2\ln a_n-\ln 7\right|<1$.

(1)思路:函数 $f(x)$ 在点 x_0 处的导数的几何意义,就是曲线 $y=f(x)$ 在点 $P\left(x_0,\ f(x_0)\right)$ 处的切线的斜率,即曲线 $y=f(x)$ 在点 $P\left(x_0,\ f(x_0)\right)$ 处的切线的斜率是 $f'(x_0)$,相应地切线的方程是 $y-y_0=f'(x_0)(x-x_0)$.

解析:易由导数的几何意义求得 a 的值.

因为 $f(x)=1+\dfrac{a-1}{1+x}$,所以 $f'(x)=-\dfrac{a-1}{(1+x)^2}$.

所以 $f'(1)=-\dfrac{a-1}{4}$.

又 $f(1)=\dfrac{a+1}{2}$,所以曲线 $y=f(x)$ 在 $(1,\ f(1))$ 处的切线方程为 $y-\dfrac{a+1}{2}=-\dfrac{a-1}{4}(x-1)$.

令 $x=0$,得 $y=\dfrac{3a+1}{4}$.

由 $\dfrac{3a+1}{4}=\dfrac{11}{2}$，解得 $a=7$.

（2）思路：利用导数求函数单调区间的步骤是：确定函数 $f(x)$ 的定义域；求导数 $f'(x)$；在函数定义域内解不等式 $f'(x)>0$［或 $f'(x)<0$］；确定函数 $f(x)$ 的单调区间.

解析：由 $g(x)$ 的导数讨论其单调性.

函数 $g(x)$ 的定义域为 $(0,+\infty)$.

由 $f(x)=\dfrac{a+x}{1+x}$，得 $g(x)=x\left(f(x)\right)^2=x\cdot\dfrac{(x+7)^2}{(x+1)^2}$，所以 $g'(x)=\dfrac{(x+7)(x^2-4x+7)}{(x+1)^3}$.

因为 $x>0$，所以 $x+7>0$，$(x+1)^3>0$.

又 $x^2-4x+7=(x-2)^2+3>0$，所以 $g'(x)>0$.

所以函数 $g(x)$ 在 $(0,+\infty)$ 上单调递增.

（3）思路1：从分析法着手，将所证的不等式转化，构造新数列，研究新数列与不动点的关系，得到新数列奇、偶项分别与不动点的大小关系后，分奇、偶项讨论转化推证，进而构造函数，利用导数得到单调性，最后放缩证得不等式.

证法1：欲证 $2^{n-2}\left|2\ln a_n-\ln 7\right|<1$，即证 $2^{n-1}\left|\ln a_n-\ln\sqrt{7}\right|<1$，只需证 $\left|\ln\dfrac{a_n}{\sqrt{7}}\right|<\dfrac{1}{2^{n-1}}$.

不妨设 $b_n=\dfrac{a_n}{\sqrt{7}}$，由此可得 $b_{n+1}=\dfrac{a_{n+1}}{\sqrt{7}}=\dfrac{f(a_n)}{\sqrt{7}}=\dfrac{\dfrac{7+a_n}{1+a_n}}{\sqrt{7}}=\dfrac{\dfrac{7+\sqrt{7}b_n}{1+\sqrt{7}b_n}}{\sqrt{7}}=\dfrac{b_n+\sqrt{7}}{\sqrt{7}b_n+1}$.

欲证 $\left|\ln b_n\right|<\dfrac{1}{2^{n-1}}$，只需证明 $\left|\ln b_n\right|<\dfrac{1}{2}\left|\ln b_{n-1}\right|$.

由于不动点为1，下面来研究 b_n 与不动点的大小关系.

$b_{n+1} - 1 = \dfrac{b_n + \sqrt{7}}{\sqrt{7}\, b_n + 1} - 1 = \dfrac{\left(1 - \sqrt{7}\right)\left(b_n - 1\right)}{\sqrt{7}\, b_n + 1}$，则 $b_{n+1} - 1$ 与 $b_n - 1$ 异号.

由 $b_1 = \dfrac{1}{\sqrt{7}} < 1$，可得 $b_{2n-1} < 1, b_{2n} > 1$.

当 n 为奇数时，欲证明 $\left|\ln b_n\right| < \dfrac{1}{2}\left|\ln b_{n-1}\right|$，此时 $b_n < 1, b_{n-1} > 1$.

故只需证明 $\dfrac{1}{b_n} < \sqrt{b_{n-1}}$，即证 $b_n > \dfrac{1}{\sqrt{b_{n-1}}}$，即证 $b_n = \dfrac{b_{n-1} + \sqrt{7}}{\sqrt{7}\, b_{n-1} + 1} > \dfrac{1}{\sqrt{b_{n-1}}}$.

当 n 为偶数时，欲证明 $\left|\ln b_n\right| < \dfrac{1}{2}\left|\ln b_{n-1}\right|$，此时 $b_n > 1, b_{n-1} < 1$.

故只需证明 $b_n < \dfrac{1}{\sqrt{b_{n-1}}}$，即证 $b_n = \dfrac{b_{n-1} + \sqrt{7}}{\sqrt{7}\, b_{n-1} + 1} < \dfrac{1}{\sqrt{b_{n-1}}}$.

那么证明 $\left|\ln b_n\right| < \dfrac{1}{2}\left|\ln b_{n-1}\right|$ 等价于证明函数 $\dfrac{x + \sqrt{7}}{\sqrt{7}\, x + 1} > \dfrac{1}{\sqrt{x}}\ (x > 1)$,

$\dfrac{x + \sqrt{7}}{\sqrt{7}\, x + 1} < \dfrac{1}{\sqrt{x}}\ (0 < x < 1)$,

构造函数 $h(x) = x\sqrt{x} + \sqrt{7x} - \sqrt{7}\, x - 1$，注意到 $h(1) = 0$,

则 $h'(x) = \dfrac{3}{2}\sqrt{x} + \dfrac{\sqrt{7}}{2\sqrt{x}} - \sqrt{7} \geqslant \sqrt{3\sqrt{7}} - \sqrt{7} > \sqrt{\sqrt{7} \cdot \sqrt{7}} - \sqrt{7} = 0$.

因此 $h(x)$ 单调递增，由此可得 $\left|\ln b_n\right| < \dfrac{1}{2}\left|\ln b_{n-1}\right|$.

因此 $\left|\ln b_n\right| < \dfrac{1}{2}\left|\ln b_{n-1}\right| < \dfrac{1}{2^2}\left|\ln b_{n-2}\right| < \dfrac{1}{2^3}\left|\ln b_{n-3}\right| < \cdots < \dfrac{1}{2^{n-1}}\left|\ln b_1\right| = $

$\dfrac{1}{2^{n-1}}\ln\sqrt{7} < \dfrac{1}{2^{n-1}}\ln\sqrt{e^2} = \dfrac{1}{2^{n-1}}$.

故不等式得证.

点评:该证法总的思路是分析法证明，其中又运用到构造数列，构造函数，研究不动点，分奇、偶项讨论，放缩等方法、技巧，知识、方法容量大，思维能力要求高，完成该证明，需要有深厚的知识、能力功底和较强的数学素养.

思路2:从递推公式着手，求得通项公式，然后代入 $\left|2\ln a_n - \ln 7\right|$ 转化，并分 n 为奇、偶数讨论整理、变形，进一步将所证的不等式放缩转化后，通过构造二

项式模型,进而放缩证得不等式.

证法 2:由 $f(x) = \dfrac{7+x}{1+x} = x$,得 $x = \sqrt{7}$($x = -\sqrt{7}$ 舍去).

由此可得 $\begin{cases} a_{n+1} - \sqrt{7} = \dfrac{(1-\sqrt{7})(a_n - \sqrt{7})}{a_n + 1}, \\[3mm] a_{n+1} + \sqrt{7} = \dfrac{(\sqrt{7}+1)(a_n + \sqrt{7})}{a_n + 1}, \end{cases}$

两式相除可得 $\dfrac{a_{n+1} + \sqrt{7}}{a_{n+1} - \sqrt{7}} = \dfrac{\sqrt{7}+1}{1-\sqrt{7}} \cdot \dfrac{a_n + \sqrt{7}}{a_n - \sqrt{7}}$.

所以 $\dfrac{a_n + \sqrt{7}}{a_n - \sqrt{7}} = \dfrac{\sqrt{7}+1}{1-\sqrt{7}} \cdot \left(\dfrac{\sqrt{7}+1}{1-\sqrt{7}}\right)^{n-1} = \left(\dfrac{\sqrt{7}+1}{1-\sqrt{7}}\right)^{n}$,

所以 $a_n = \dfrac{\sqrt{7}\left[1 + \left(\dfrac{\sqrt{7}+1}{1-\sqrt{7}}\right)^{n}\right]}{\left(\dfrac{\sqrt{7}+1}{1-\sqrt{7}}\right)^{n} - 1}$.

所以 $\left|2\ln a_n - \ln 7\right| = \left|\ln \dfrac{a_n^2}{7}\right| = \left|2\ln \dfrac{1 + \left(\dfrac{\sqrt{7}+1}{1-\sqrt{7}}\right)^{n}}{\left(\dfrac{\sqrt{7}+1}{1-\sqrt{7}}\right)^{n} - 1}\right|.\ (*)$

当 n 为偶数时,$(*) = 2\ln \dfrac{1 + \left(\dfrac{\sqrt{7}+1}{1-\sqrt{7}}\right)^{n}}{\left(\dfrac{\sqrt{7}+1}{1-\sqrt{7}}\right)^{n} - 1} = 2\ln \dfrac{\left(\dfrac{\sqrt{7}+1}{\sqrt{7}-1}\right)^{n} + 1}{\left(\dfrac{\sqrt{7}+1}{\sqrt{7}-1}\right)^{n} - 1}$;

当 n 为奇数时,$(*) = \left|2\ln \dfrac{1 - \left(\dfrac{\sqrt{7}+1}{\sqrt{7}-1}\right)^{n}}{-\left(\dfrac{\sqrt{7}+1}{\sqrt{7}-1}\right)^{n} - 1}\right| = \left|2\ln \dfrac{\left(\dfrac{\sqrt{7}+1}{\sqrt{7}-1}\right)^{n} - 1}{\left(\dfrac{\sqrt{7}+1}{\sqrt{7}-1}\right)^{n} + 1}\right| =$

$$\left| -2\ln\dfrac{\left(\dfrac{\sqrt{7}+1}{\sqrt{7}-1}\right)^{n}+1}{\left(\dfrac{\sqrt{7}+1}{\sqrt{7}-1}\right)^{n}-1} \right| = 2\ln\dfrac{\left(\dfrac{\sqrt{7}+1}{\sqrt{7}-1}\right)^{n}+1}{\left(\dfrac{\sqrt{7}+1}{\sqrt{7}-1}\right)^{n}-1} = 2\ln\dfrac{\left(\dfrac{\sqrt{7}+1}{\sqrt{7}-1}\right)^{n}+1}{\left(\dfrac{\sqrt{7}+1}{\sqrt{7}-1}\right)^{n}-1}.$$

故无论 n 为奇数还是偶数,均有 $(*) = 2\ln\dfrac{\left(\dfrac{\sqrt{7}+1}{\sqrt{7}-1}\right)^{n}+1}{\left(\dfrac{\sqrt{7}+1}{\sqrt{7}-1}\right)^{n}-1}.$

下面只需证明 $\ln\dfrac{\left(\dfrac{\sqrt{7}+1}{\sqrt{7}-1}\right)^{n}+1}{\left(\dfrac{\sqrt{7}+1}{\sqrt{7}-1}\right)^{n}-1} < \dfrac{1}{2^{n-1}}.$

当 $n=1$ 时,原式左边 $= \dfrac{\ln 7}{2} < 1$,满足题意.

当 $n \geq 2$ 时,

$$\ln\dfrac{\left(\dfrac{\sqrt{7}+1}{\sqrt{7}-1}\right)^{n}+1}{\left(\dfrac{\sqrt{7}+1}{\sqrt{7}-1}\right)^{n}-1} = \ln\left(1+\dfrac{2}{\left(\dfrac{\sqrt{7}+1}{\sqrt{7}-1}\right)^{n}-1}\right) < \dfrac{2}{\left(\dfrac{\sqrt{7}+1}{\sqrt{7}-1}\right)^{n}-1},$$

因此,只需证明 $\dfrac{2}{\left(\dfrac{\sqrt{7}+1}{\sqrt{7}-1}\right)^{n}-1} < \dfrac{1}{2^{n-1}} \Leftrightarrow \left(\dfrac{\sqrt{7}+1}{\sqrt{7}-1}\right)^{n} > 2^{n}+1.$

当 $n \geq 2$ 时,$\left(\dfrac{\sqrt{7}+1}{\sqrt{7}-1}\right)^{n} = \left(2+\dfrac{3-\sqrt{7}}{\sqrt{7}-1}\right)^{n} > 2^{n}+C_{n}^{1}2^{n-1}\cdot\dfrac{3-\sqrt{7}}{\sqrt{7}-1} > 2^{n}+$

$\dfrac{4\left(3-\sqrt{7}\right)}{\sqrt{7}-1} > 2^{n}+1.$

故不等式得证.

点评:该证法从数列的通项入手,式子的化归转化和不等式的放缩贯穿始

终,对数的运算、分类讨论和构造二项式模型渗透其中,很好地体现了数学抽象、逻辑推理、数学建模和数学运算等数学核心素养的运用.

思路3:从分析法着手,转化所证不等式的形式,在分类讨论的基础上,分别借助函数$f(x)$与函数$g(x)$在$(0,+\infty)$上的单调性,进而利用分析法和放缩技巧证得不等式.

证法3:欲证明$2^{n-2}|2\ln a_n-\ln 7|<1$,即证$\left|\ln\dfrac{a_n}{\sqrt{7}}\right|<\dfrac{1}{2^{n-1}}$,只需证$\left|\ln\dfrac{a_{n+1}}{\sqrt{7}}\right|<\dfrac{1}{2}\left|\ln\dfrac{a_n}{\sqrt{7}}\right|$.

若$a_n>\sqrt{7}$,因为易知函数$f(x)$在$(0,+\infty)$上单调递减,

所以$a_{n+1}=f(a_n)<f(\sqrt{7})=\sqrt{7}$,此时$\dfrac{a_{n+1}}{\sqrt{7}}<1<\dfrac{a_n}{\sqrt{7}}$.

故只需证$\ln\dfrac{\sqrt{7}}{a_{n+1}}<\ln\left(\dfrac{a_n}{\sqrt{7}}\right)^{\frac{1}{2}}$,只需证$\dfrac{\sqrt{7}}{a_{n+1}}<\left(\dfrac{a_n}{\sqrt{7}}\right)^{\frac{1}{2}}\Leftrightarrow a_{n+1}^2 a_n>7\sqrt{7}$,此时$a_n>\sqrt{7}$.

又由(2)知函数$g(x)$在$(0,+\infty)$上单调递增,

所以$a_{n+1}^2 a_n=g(a_n)>g(7)=7\sqrt{7}$.

若$0<a_n<\sqrt{7}$,因为易知函数$f(x)$在$(0,+\infty)$上单调递减,

所以$a_{n+1}=f(a_n)>f(\sqrt{7})=\sqrt{7}$,此时$\dfrac{a_n}{\sqrt{7}}<1<\dfrac{a_{n+1}}{\sqrt{7}}$.

故只需证$\ln\dfrac{a_{n+1}}{\sqrt{7}}<\ln\left(\dfrac{\sqrt{7}}{a_n}\right)^{\frac{1}{2}}$,只需证$\dfrac{a_{n+1}}{\sqrt{7}}<\left(\dfrac{\sqrt{7}}{a_n}\right)^{\frac{1}{2}}\Leftrightarrow a_{n+1}^2 a_n<7\sqrt{7}$,此时$a_n<\sqrt{7}$.

又由(2)知函数$g(x)$在$(0,+\infty)$上单调递增,

所以$a_{n+1}^2 a_n=g(a_n)<g(7)=7\sqrt{7}$.

综上所述,$\left|\ln\dfrac{a_{n+1}}{\sqrt{7}}\right|<\dfrac{1}{2}\left|\ln\dfrac{a_n}{\sqrt{7}}\right|(n\geqslant 1,\ n\in \mathbf{N}^*)$成立.

所以 $\left|\ln\dfrac{a_n}{\sqrt{7}}\right| < \dfrac{1}{2}\left|\ln\dfrac{a_{n-1}}{\sqrt{7}}\right| < \left(\dfrac{1}{2}\right)^2\left|\ln\dfrac{a_{n-2}}{\sqrt{7}}\right| < \cdots < \left(\dfrac{1}{2}\right)^{n-1}\left|\ln\dfrac{a_1}{\sqrt{7}}\right|$

$$= \left(\dfrac{1}{2}\right)^{n-1}\cdot\dfrac{1}{2}\ln 7.$$

易知 $\dfrac{1}{2}\ln 7 < \dfrac{1}{2}\ln \mathrm{e}^2 = 1$,所以 $\left|\ln\dfrac{a_n}{\sqrt{7}}\right| < \dfrac{1}{2^{n-1}}$ 成立.

故不等式得证.

点评:该证法总的思路也是分析法证明,但又与证法1不同,它是在分类讨论的基础上,借助了函数 $f(x)$ 与 $g(x)$ 的单调性,利用分析法转化证得不等式 $\left|\ln\dfrac{a_{n+1}}{\sqrt{7}}\right| < \dfrac{1}{2}\left|\ln\dfrac{a_n}{\sqrt{7}}\right|$,最后经过多次"放"的技巧证得不等式,淋漓尽致地体现了逻辑推理、数学抽象和数学建模等数学核心素养的运用.

该试题是集函数、导数与数列不等式证明的交汇问题,很好地考查了函数、导数的几何意义,导数在研究函数单调性中的应用,数列的通项,推理与证明等知识的综合运用及联想、构造、分离、放缩、对应、配凑、转化等意识,充分考查了数学抽象、逻辑推理、数学建模和数学运算等数学核心素养的渗透和应用.

以函数及导数的应用为背景,递推数列与不等式结合的问题常以导数为工具,重在考查数列不等式的推理证明,其证明的方法以不等式的"放缩"为主,兼顾运用分析法、综合法、构造法及数学归纳法等,是真正能体现数学核心素养和思维深度、高度的一类综合问题,是高考和各地模拟考试常考常新的热点问题.

【同源变式】

1. 已知函数 $f_n(x) = \dfrac{1}{3}x^3 - \dfrac{1}{2}(n+1)x^2 + x(n\in\mathbf{N}^*)$,数列 $\{a_n\}$ 满足 $a_{n+1} = f_n'(a_n), a_1 = 3$.

(1)求 a_2, a_3, a_4;

(2)根据(1)猜想数列 $\{a_n\}$ 的通项公式,并证明;

(3)求证:$\dfrac{1}{(2a_1-5)^2} + \dfrac{1}{(2a_2-5)^2} + \cdots + \dfrac{1}{(2a_n-5)^2} < \dfrac{3}{2}$.

解析:(1)$f_n'(x)=x^2-(n+1)x+1(n\in\mathbf{N}^*)$,所以$a_{n+1}=a_n^2-(n+1)a_n+1$.

由$a_1=3$,得$a_2=a_1^2-(1+1)a_1+1=4$,$a_3=a_2^2-(2+1)a_2+1=5$,

$a_4=a_3^2-(3+1)a_3+1=6$.

(2)猜想$a_n=n+2$,用数学归纳法证明.

当$n=1$时,显然成立.

假设当$n=k(k\in\mathbf{N}^*)$时,$a_k=k+2$,

则当$n=k+1(k\in\mathbf{N}^*)$时,

$a_{k+1}=a_k^2-(n+1)a_k+1=a_{n+1}=(k+2)^2-(n+1)(k+2)+1=k+3=(k+1)+2$,

所以当$n=k+1(k\in\mathbf{N}^*)$时,猜想成立.

故对$\forall n\in\mathbf{N}^*,a_n=n+2$都成立.

(3)当$k\geqslant2$时,有$\dfrac{1}{(2a_k-5)^2}=\dfrac{1}{(2k-1)^2}<\dfrac{1}{(2k-1)(2k-3)}=\dfrac{1}{2}\left(\dfrac{1}{2k-3}-\dfrac{1}{2k-1}\right)$,

所以$\dfrac{1}{(2a_1-5)^2}+\dfrac{1}{(2a_2-5)^2}+\cdots+\dfrac{1}{(2a_n-5)^2}=1+\dfrac{1}{(2a_2-5)^2}+\cdots+\dfrac{1}{(2a_n-5)^2}$

$<1+\dfrac{1}{2}\left[\left(1-\dfrac{1}{3}\right)+\left(\dfrac{1}{3}-\dfrac{1}{5}\right)+\cdots+\left(\dfrac{1}{2n-3}-\dfrac{1}{2n-1}\right)\right]=1+\dfrac{1}{2}\left(1-\dfrac{1}{2n-1}\right)$

$<1+\dfrac{1}{2}=\dfrac{3}{2}$.

又当$n=1$时,$\dfrac{1}{(2a_1-5)^2}=1<\dfrac{3}{2}$.

故对$\forall n\in\mathbf{N}^*$,有$\dfrac{1}{(2a_1-5)^2}+\dfrac{1}{(2a_2-5)^2}+\cdots+\dfrac{1}{(2a_n-5)^2}<\dfrac{3}{2}$.

点评:本题首先求解数列的前几项,由此作出猜想,然后利用数学归纳法证明数列的通项公式,最后运用裂项和放缩的方法技巧证明数列不等式,考查了数学抽象、逻辑推理和数学运算等数学核心素养的渗透与应用.

2.(2019届浙江省嘉兴一中5月适应考)已知函数$f(x)=\ln(x+1)-p\sqrt{x}$.

(1)若$f(x)$在定义域内为减函数,求p的范围;

（2）若 $\{a_n\}$ 满足 $a_1=3$，$a_{n+1}=\left(1+\dfrac{1}{n^2(n+1)^2}\right)a_n+\dfrac{1}{4^n}$，试证明：$n\geqslant 2$ 时，$4\leqslant$ $a_n\leqslant 4\mathrm{e}^{\frac{3}{4}}.$

解析：（1）$\because f(x)$ 为减函数，

$\therefore f'(x)=\dfrac{1}{x+1}-\dfrac{p}{2\sqrt{x}}\leqslant 0,x\in[0,\ +\infty),$

$\therefore p\geqslant\left(\dfrac{2\sqrt{x}}{x+1}\right)_{\max}=\left(\dfrac{2}{\sqrt{x}+\dfrac{1}{\sqrt{x}}}\right)_{\max}=1.$

（2）$\because a_1=3$，$a_{n+1}=\left(1+\dfrac{1}{n^2(n+1)^2}\right)a_n+\dfrac{1}{4^n}$，

$\therefore a_{n+1}-a_n=\dfrac{1}{n^2(n+1)^2}a_n+\dfrac{1}{4^n}>0$，$\therefore\{a_n\}$ 单调递增.

$\therefore a_2=\left(1+\dfrac{1}{1\times 2^2}\right)a_1+\dfrac{1}{4}=4,$

$\therefore n>2$ 时，$a_n>a_{n-1}>\cdots>a_2=4$，即 $a_n\geqslant 4\,(n\geqslant 2,\ n\in\mathbf{N}^*)$，所以

$a_{n+1}=\left(1+\dfrac{1}{n^2(n+1)^2}\right)a_n+\dfrac{1}{4^n}\Rightarrow\dfrac{a_{n+1}}{a_n}=1+\dfrac{1}{n^2(n+1)^2}+\dfrac{1}{4^n a_n}<1+\dfrac{1}{n^2(n+1)^2}+\dfrac{1}{4^{n+1}},$

$\therefore\ln\dfrac{a_{n+1}}{a_n}<\ln\left(1+\dfrac{1}{n^2(n+1)^2}+\dfrac{1}{4^{n+1}}\right).$

由（1）可得 $f(x)=\ln(x+1)-\sqrt{x}$ 为减函数，进而 $f(x)\leqslant f(0)=0$，即 $\ln(x+1)\leqslant\sqrt{x}$，

所以由不等关系：$\sqrt{a^2+b^2}=\sqrt{(a+b)^2-2ab}<\sqrt{(a+b)^2}=a+b(a>0,b>0)$ 得

$\ln\dfrac{a_{n+1}}{a_n}<\sqrt{\dfrac{1}{n^2(n+1)^2}+\dfrac{1}{4^{n+1}}}<\dfrac{1}{n(n+1)}+\dfrac{1}{2^{n+1}},$

$\therefore\ln\dfrac{a_3}{a_2}<\dfrac{1}{2\times 3}+\dfrac{1}{2^3}$，$\ln\dfrac{a_4}{a_3}<\dfrac{1}{3\times 4}+\dfrac{1}{2^4}$，$\cdots$，$\ln\dfrac{a_n}{a_{n-1}}<\dfrac{1}{(n-1)n}+\dfrac{1}{2^n},$

$$\therefore \ln \frac{a_n}{a_2} < \left(\frac{1}{2 \times 3} + \cdots + \frac{1}{n(n-1)} \right) + \left(\frac{1}{2^3} + \cdots + \frac{1}{2^n} \right)$$

$$= \frac{1}{2} - \frac{1}{n} + \frac{\frac{1}{8}\left(1 - \left(\frac{1}{2}\right)^{n-2}\right)}{1 - \frac{1}{2}} = \frac{3}{4} - \frac{1}{n} - \left(\frac{1}{2}\right)^{n+1} < \frac{3}{4}.$$

$$\therefore \frac{a_n}{a_2} < e^{\frac{3}{4}} \Rightarrow a_n < 4e^{\frac{3}{4}},$$

$$\therefore 4 \leqslant a_n < 4e^{\frac{3}{4}} \text{得证}.$$

点评:本题在利用导数和基本不等式求得 p 的范围的基础上,利用数列 $\{a_n\}$ 的单调性、取对数、裂项等方法技巧及不等式的变形转化,多次进行放缩,从而证得不等式.本题所用的知识综合性强,方法技巧性强,充分考查了数学抽象、逻辑推理、数学运算及数学建模等核心素养的应用.

【解后反思】

本文所述例题可谓"新","新"在哪里?"新"在命题背景不落俗套、不落窠臼——函数、导数、数列不等式和推理证明的知识交汇,"新"在对数学核心素养渗透应用的考查——第(3)问的3种不同证法,以分析法证明为主旋律,体现了逻辑推理素养的运用;以不等式证明的转化和放缩为主要方法手段,体现了数学抽象素养的运用;以穿插应用对数的运算法则和函数的单调性等知识,体现了数学运算素养的运用;以构造数列、构造函数、构造二项式等数学模型为突破口,体现了数学建模素养的运用.数学高考命题实现由能力立意向素养立意的转变,高考中渗透和强化对数学核心素养的考查是高考命题的一大趋势.因此,在数学教学中,要重视对学生数学核心素养的培养.同时,在对高考命题规律和典型试题分析时,不能忽视对核心素养的渗透.关注和重视核心素养考查的变化趋势,也就是关注了高考的命题趋势,也就能使我们的教学和学生的数学解题能力更上一层楼.

第5讲 一道高考导数压轴题的解法赏析

2022年高考数学试卷中设置了综合性的问题和较为复杂的问题情境,意在加强对学生关键能力的考查.新高考Ⅰ卷第22题有关导数的解答题就是一道重视基于数学素养的关键能力的考查,在数学知识层面、数学能力层面和创新思维层面都有所体现,具有较好的选拔功能的优秀试题.本文就该试题第(2)小题的几种新解法予以赏析.

【例题】(2022年全国新高考Ⅰ卷第22题)已知函数$f(x)=e^x-ax$和$g(x)=ax-\ln x$有相同的最小值.

(1)求a;

(2)证明:存在直线$y=b$,其与两条曲线$y=f(x)$和$y=g(x)$共有三个不同的交点,并且从左到右的三个交点的横坐标成等差数列.

首先看第(1)小题的解法.

解析:函数$f(x)=e^x-ax$的定义域为$\mathbf{R}$,而$f'(x)=e^x-a$,

所以若$a\leqslant 0$,则$f'(x)>0$,$f(x)$在$(-\infty,\ +\infty)$上单调递增,

此时$f(x)$无最小值,故$a>0$.

由$f'(x)=0$,解得$x=\ln a$,

所以当$x<\ln a$时,$f'(x)<0$,故$f(x)$在$(-\infty,\ \ln a)$上单调递减,

当$x>\ln a$时,$f'(x)>0$,故$f(x)$在$(\ln a,\ +\infty)$上单调递增,

故当$x=\ln a$时,$f(x)$取得最小值,为$f(x)_{\min}=f(\ln a)=e^{\ln a}-a\ln a=a-a\ln a$.

函数$g(x)=ax-\ln x$的定义域为$(0,\ +\infty)$,而$g'(x)=a-\dfrac{1}{x}=\dfrac{ax-1}{x}$,

由$g'(x)=0$,解得$x=\dfrac{1}{a}$,

所以当$0<x<\dfrac{1}{a}$时,$g'(x)<0$,故$g(x)$在$\left(0,\dfrac{1}{a}\right)$上单调递减,

当 $x > \dfrac{1}{a}$ 时,$g'(x) > 0$,故 $g(x)$ 在 $\left(\dfrac{1}{a},\ +\infty\right)$ 上单调递增,

故当 $x = \dfrac{1}{a}$ 时,$g(x)$ 取得最小值,为 $g(x)_{\min} = g\left(\dfrac{1}{a}\right) = a \cdot \dfrac{1}{a} - \ln \dfrac{1}{a} = 1 + \ln a$.

所以由题意,得 $a - a\ln a = 1 + \ln a$,整理得到 $\dfrac{a-1}{1+a} = \ln a$,其中 $a > 0$.

设 $\varphi(a) = \dfrac{a-1}{1+a} - \ln a,\ a > 0$,则 $\varphi'(a) = \dfrac{2}{(1+a)^2} - \dfrac{1}{a} = \dfrac{-a^2-1}{a(1+a)^2} \leqslant 0$,

故 $\varphi(a)$ 在 $(0,\ +\infty)$ 上单调递减,而 $\varphi(1) = 0$,

故 $\varphi(a) = 0$ 的唯一解为 $a = 1$,故 $\dfrac{1-a}{1+a} = \ln a$ 的解为 $a = 1$.

综上,得 $a = 1$.

现重点研究第(2)小题的证明.

思路1:(教育部考试中心提供的证明思路)由(1)可知当 $b > 1$ 时,$e^x - x = b$ 的解的个数、$x - \ln x = b$ 的解的个数均为 2,构建新函数 $h(x) = f(x) - g(x) = e^x + \ln x - 2x$,利用导数可得该函数只有一个零点且可得 $f(x)$,$g(x)$ 的大小关系,根据存在直线 $y = b$ 与曲线 $y = f(x)$,$y = g(x)$ 有三个不同的交点可得 b 的取值,再根据两类方程的根的关系证明三根成等差数列.

证法1:略.

思路2:在这里,我们以题设所隐含"等函数值"关系为切入点,以导数研究函数单调性和指数、对数的运算性质为工具,分析方程根的关系,通过构建同构式进行推理、证明,得到结论.

证法2:由(1)可得 $f(x) = e^x - x,g(x) = x - \ln x$,且它们相同的最小值为 $f(0) = g(1) = 1$.

作出 $y = f(x)$ 和 $y = g(x)$ 的大致图象,如图1.

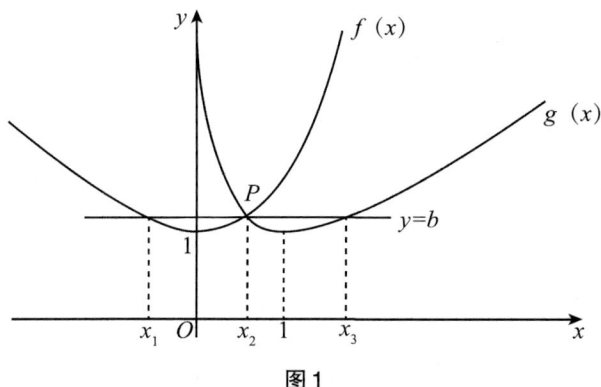

图1

曲线 $y=f(x)$ 和 $y=g(x)$ 有唯一交点 P，当直线 $y=b$ 经过点 P 时，$y=b$ 与曲线 $y=f(x)$ 和 $y=g(x)$ 共有三个交点.

设这三个交点的横坐标为 x_1,x_2,x_3，且 $x_1<0<x_2<1<x_3$，

则 $f(x_1)=f(x_2)=g(x_2)=g(x_3)$，即 $\mathrm{e}^{x_1}-x_1=\mathrm{e}^{x_2}-x_2=x_2-\ln x_2=x_3-\ln x_3$.

由 $f(x_1)=g(x_2)$，得 $f(x_1)=\mathrm{e}^{x_1}-x_1=x_2-\ln x_2=\mathrm{e}^{\ln x_2}-\ln x_2=f(\ln x_2)$.

因为 $x_1<0,0<x_2<1$，即 $\ln x_2<0$，又由(1)知 $f(x)$ 在 $(-\infty,\ 0)$ 上单调递减，

所以 $x_1=\ln x_2$，所以 $x_2=\mathrm{e}^{x_1}$.①

由 $f(x_2)=g(x_3)$，得 $f(x_2)=\mathrm{e}^{x_2}-x_2=x_3-\ln x_3=\mathrm{e}^{\ln x_3}-\ln x_3=f(\ln x_3)$.

因为 $x_2>0,x_3>1$，即 $\ln x_3>0$，又由(1)知 $f(x)$ 在 $(0,\ +\infty)$ 上单调递增，

所以 $x_2=\ln x_3$.②

又由 $f(x_1)=g(x_3)$，得 $\mathrm{e}^{x_1}-x_1=x_3-\ln x_3$，所以 $x_1+x_3=\mathrm{e}^{x_1}+\ln x_3=x_2+x_2=2x_2$.

所以 x_1,x_2,x_3 成等差数列. 得证.

点评：证法2首先根据题意作出曲线的大致图象，结合图象设出三个交点的横坐标并确定横坐标的范围，然后利用"等函数值"和指数、对数的运算性质构建"同构式"，进而利用函数的单调性转化证明，充分考查和体现了数学抽象、逻辑推理及数学建模数学核心素养的应用.

证法3：设 $h(x)=f(x)-g(x)=\mathrm{e}^x-x-(x-\ln x)=\mathrm{e}^x+\ln x-2x$，

易知 $h(x)$ 的定义域为 $(0,\ +\infty)$，则 $h'(x)=\mathrm{e}^x+\dfrac{1}{x}-2>0$，

所以 $h(x)$ 在 $(0,\ +\infty)$ 上单调递增.

又 $h(1)=e-2>0, h\left(\dfrac{1}{e^e}\right)=e^{\frac{1}{e^e}}-e-\dfrac{2}{e^e}<0$,

所以根据函数零点存在定理,可知 $\exists x_0 \in\left(1, \dfrac{1}{e^e}\right)$,使得 $h(x_0)=0$,即 $f(x_0)=g(x_0)$,根据题意,则 $b=f(x_0)=g(x_0)$,

所以 $f(x_1)=f(x_0)=g(x_0)=g(x_2)=b$,且 $x_1<0<x_0<1<x_2$,

由 $f(x_0)=g(x_0)$,得 $e^{x_0}-x_0=x_0-\ln x_0$,所以 $e^{x_0}+\ln x_0=2x_0$. ①

由 $\begin{cases}f(x_1)=g(x_0), \\ f(x_0)=g(x_2),\end{cases}$ 得 $\begin{cases}e^{x_1}-x_1=x_0-\ln x_0, \\ e^{x_0}-x_0=x_2-\ln x_2,\end{cases}$ 即 $\begin{cases}e^{x_1}-x_1=e^{\ln x_0}-\ln x_0, \\ e^{x_0}-\ln(e^{\ln x_0})=x_2-\ln x_2,\end{cases}$

所以由同构性,得 $\begin{cases}x_1=\ln x_0, \\ x_2=e^{x_0}.\end{cases}$ ②

故由①②,得 $x_1+x_3=2x_2$,所以 x_1, x_2, x_3 成等差数列.得证.

点评:证法3首先构造 $f(x)$,$g(x)$ 的"差函数",在利用导数研究函数单调性的基础上,利用函数零点存在定理确定出"差函数"的零点,并代入函数转化求得关系,然后利用"等函数值"构建"同构式",最后利用指数、对数的运算性质整理、转化证明.

证法4:由(1)可得 $f(x)=e^x-x, g(x)=x-\ln x$,

所以 $g(x)=e^{\ln x}-\ln x$,所以由同构性,得 $g(x)=f(\ln x)$.

若设 $f(t)=b$,则由 $\ln x=t$,即 $x=e^t$,得 $g(e^t)=f(t)=b$,即 $g(x)=b$ 有实根 e^t.

由题设知方程 $f(x)=b$ 与 $g(x)=b$ 各有两根,且共有三个不同根,

不失一般性,设 $f(x_1)=f(x_2)=b, x_1<x_2$,

则 $g(x)=b$ 有实根 e^{x_1},e^{x_2},$e^{x_1}<e^{x_2}$,且 $x_2=e^{x_1}$,于是三个不同根为 x_1,$x_2=e^{x_1}$,e^{x_2}.

依题意所证结论即证 $2x_2=x_1+e^{x_2}$,而由 $x_2=e^{x_1}$,得 $x_1=\ln x_2$,

所以即证 $e^{x_2}-2x_2+\ln x_2=0$.

这样就将题意所证结论等价转化为证明:$\exists x>0$,使得 $\tau(x)=e^x-2x+\ln x=0$.

因为由基础不等式 $e^x \geq x+1$,得 $e^{-x} \geq -x+1$,所以当 $0<x<1$ 时,$e^x<\dfrac{1}{1-x}$;

又因为 $\ln x \leq x-1$,

所以当 $0<x<1$ 时，$\tau(x)<\dfrac{1}{1-x}-2x+x-1=\dfrac{1}{1-x}-x-1$，所以 $\tau(0)<0$.

又 $\tau(1)=e-2>0$，故 $\exists x\in(0,1)$，使得 $\tau(x)=0$.

故得证.

点评：证法4从函数式的"同构性"和函数"对应"的本质入手，通过分析方程根的关系，将所要证得结论等价转化，构造函数，利用有关 e^x，$\ln x$ 的基础不等式和函数零点存在定理，使问题得证.

第6讲　一道函数不等式恒成立试题的探究

高考数学命题往往设置综合性的问题和较为复杂的情境,重视基于数学素养的关键能力的考查,而函数不等式恒成立问题因其具有知识面广、技巧性强、难度大、解决问题的思路方法灵活多样等特点,是高考命题考查的重点和热点,且常考常新.为此,本文以一道广东省2023年阶段性考试题为例,从解法和变式等不同方面,来探索函数不等式恒成立一类问题的方法和规律.

【例题】(2023届广东省广州市高三八月阶段性考试数学第21题)设函数 $f(x)=e^x\sin x$.

(1)求 $f(x)$ 在 $[-\pi,\ \pi]$ 上的极值;

(2)若对 $\forall x_1,\ x_2\in[0,\ \pi], x_1\neq x_2$,都有 $\dfrac{f(x_1)-f(x_2)}{x_1^2-x_2^2}+a>0$ 成立,求实数 a 的取值范围.

首先来看第(1)小题的解法.

思路:首先求导,研究 $f(x)$ 在 $[-\pi,\ \pi]$ 上的单调性,然后根据单调性确定并求得极值.

解析:因为 $f(x)=e^x\sin x$,所以 $f'(x)=e^x(\sin x+\cos x),x\in[-\pi,\ \pi]$.

由 $f'(x)<0$,得 $\sin x+\cos x<0$,所以 $-\pi<x<-\dfrac{\pi}{4}$ 或 $\dfrac{3\pi}{4}<x<\pi$,

所以 $f(x)$ 的单调递减区间为 $\left(-\pi,\ -\dfrac{\pi}{4}\right)$ 和 $\left(\dfrac{3\pi}{4},\ \pi\right)$.

同理, $f(x)$ 的单调递增区间为 $\left(-\dfrac{\pi}{4},\dfrac{3\pi}{4}\right)$.

所以当 $x=-\dfrac{\pi}{4}$ 时, $f(x)$ 有极小值,为 $f\left(-\dfrac{\pi}{4}\right)=e^{-\frac{\pi}{4}}\sin\left(-\dfrac{\pi}{4}\right)=-\dfrac{\sqrt{2}}{2}e^{-\frac{\pi}{4}}$,

当 $x=\dfrac{3\pi}{4}$ 时, $f(x)$ 有极大值,为 $f\left(\dfrac{3\pi}{4}\right)=e^{\frac{3\pi}{4}}\sin\left(\dfrac{3\pi}{4}\right)=\dfrac{\sqrt{2}}{2}e^{\frac{3\pi}{4}}$.

现在重点来研究第(2)小题的解法.

思路:先将题设条件"对 $\forall x_1$，$x_2 \in [0, \pi]$，$x_1 \neq x_2$，都有 $\dfrac{f(x_1)-f(x_2)}{x_1^2-x_2^2}+a>0$ 成立"等价转化为不等式在 $[0, \pi]$ 上的恒成立问题,然后从不同角度解答.

解析:不妨设 $0 \leqslant x_1 < x_2 \leqslant \pi$,则 $x_1^2 < x_2^2$,即 $x_1^2-x_2^2<0$,

所以由 $\dfrac{f(x_1)-f(x_2)}{x_1^2-x_2^2}+a>0$,得 $f(x_1)-f(x_2)+a(x_1^2-x_2^2)<0$,

所以 $f(x_2)+ax_2^2>f(x_1)+ax_1^2$.

设 $g(x)=f(x)+ax^2$,则 $g(x_2)>g(x_1)$,所以 $g(x)$ 在 $[0, \pi]$ 上单调递增.

由于 $g'(x)=f'(x)+2ax=\mathrm{e}^x(\sin x+\cos x)+2ax$,

故 $g'(x)\geqslant 0$,即 $\mathrm{e}^x(\sin x+\cos x)+2ax\geqslant 0$ 在 $[0, \pi]$ 上恒成立.

下面根据 $\mathrm{e}^x(\sin x+\cos x)+2ax\geqslant 0$ 在 $[0, \pi]$ 上恒成立,求实数 a 的取值范围.

解法1:(特值探路+参数讨论)设 $h(x)=g'(x)=\mathrm{e}^x(\sin x+\cos x)+2ax\geqslant 0$,$x\in[0, \pi]$,所以由 $\begin{cases} h(0)=1>0, \\ h(\pi)=\mathrm{e}^\pi(\sin \pi+\cos \pi)+2a\pi=-\mathrm{e}^\pi+2a\pi\geqslant 0, \end{cases}$ 解得 $a\geqslant \dfrac{\mathrm{e}^\pi}{2\pi}$.

因为 $h'(x)=\mathrm{e}^x(\sin x+\cos x)'+(\mathrm{e}^x)'(\sin x+\cos x)+2a$
$\qquad\quad =2\mathrm{e}^x\cos x+2a=2(\mathrm{e}^x\cos x+a)$，$x\in[0, \pi]$,

所以 $h'(0)=2(a+1)$，$h'(\pi)=2(a-\mathrm{e}^\pi)$.

①当 $a\geqslant \mathrm{e}^\pi$ 时,$[h'(x)]'=[2(\mathrm{e}^x\cos x+a)]'=2\mathrm{e}^x(\cos x-\sin x)$,

若 $[h'(x)]'=2\mathrm{e}^x(\cos x-\sin x)\geqslant 0$,即 $\cos x-\sin x\geqslant 0$,所以 $0\leqslant x\leqslant \dfrac{\pi}{4}$,

所以 $h'(x)$ 在 $\left[0, \dfrac{\pi}{4}\right]$ 上单调递增;

若 $[h'(x)]'=2\mathrm{e}^x(\cos x-\sin x)\leqslant 0$,即 $\cos x-\sin x\leqslant 0$,所以 $\dfrac{\pi}{4}\leqslant x\leqslant \pi$,

所以 $h'(x)$ 在 $\left[\dfrac{\pi}{4}, \pi\right]$ 上单调递减.

因为 $h'(0)-h'(\pi)=2(a+1)-2(a-\mathrm{e}^\pi)=2(1+\mathrm{e}^\pi)>0$,即 $h'(0)>h'(\pi)$,

所以 $[h'(x)]_{\min}=h'(\pi)=2(a-\mathrm{e}^\pi)\geqslant 0$,

所以 $h'(x) \geqslant 0$，所以 $h(x)$ 在 $[0，\pi]$ 上单调递增，

所以 $h(x) = g'(x) \geqslant h(0) = 1 > 0$，符合条件.

②当 $\dfrac{e^\pi}{2\pi} \leqslant a < e^\pi$ 时，同①知 $h'(x)$ 在 $\left[0，\dfrac{\pi}{4}\right]$ 上单调递增，在 $\left[\dfrac{\pi}{4}，\pi\right]$ 上单调递减.

因为 $h'\left(\dfrac{\pi}{4}\right) > h'(0) = 2(a+1) > 0, h'(\pi) = 2(a - e^\pi) < 0$，

所以由零点存在定理及单调性可知，$\exists x_0 \in \left(\dfrac{\pi}{4}，\pi\right)$，使 $h'(x_0) = 0$.

于是，当 $x \in [0，x_0)$ 时，$h'(x) > 0$，所以 $h(x) = g'(x)$ 单调递增；

当 $x \in (x_0，\pi]$ 时，$h'(x) < 0$，所以 $h(x) = g'(x)$ 单调递减.

因为 $h(0) = 1 > 0, h(\pi) = -e^\pi + 2a\pi \geqslant 0$，所以 $\left[h(x)\right]_{\min} \geqslant 0$，

所以 $h(x) = g'(x) \geqslant 0$，符合条件.

综上，由①②可得，实数 a 的取值范围是 $\left[\dfrac{e^\pi}{2\pi}，+\infty\right)$.

点评：解法 1 首先利用特值探索到参数 a 的具体范围 "$a \geqslant \dfrac{e^\pi}{2\pi}$"，依此为基础，对参数 a 按照节点 "e^π" 进行讨论. 在讨论的过程中通过构造函数，运用零点存在定理和导数研究函数的单调性求解，体现了化整为零和归纳整理的思想的运用.

解法 2：（特值探路 + 执果索因）设 $h(x) = g'(x) = e^x(\sin x + \cos x) + 2ax \geqslant 0$，

$x \in [0，\pi]$，所以由 $\begin{cases} h(0) = 1 > 0, \\ h(\pi) = e^\pi(\sin \pi + \cos \pi) + 2a\pi = -e^\pi + 2a\pi \geqslant 0, \end{cases}$ 解得 $a \geqslant \dfrac{e^\pi}{2\pi}$.

由于当 $a \geqslant \dfrac{e^\pi}{2\pi}$ 时，$g'(x) = e^x(\sin x + \cos x) + 2ax \geqslant e^x(\sin x + \cos x) + 2 \cdot \dfrac{e^\pi}{2\pi} x = e^x(\sin x + \cos x) + \dfrac{e^\pi}{\pi} x$，故只需证 $e^x(\sin x + \cos x) + \dfrac{e^\pi}{\pi} x \geqslant 0$.

设 $\varphi(x) = e^x(\sin x + \cos x) + \dfrac{e^\pi}{\pi} x, x \in [0，\pi]$，

则 $\varphi'(x) = 2e^x \cos x + \dfrac{e^\pi}{\pi}, x \in [0，\pi]$，

$\varphi'(0) = 2 + \dfrac{e^{\pi}}{\pi} > 0, \varphi'(\pi) = -2e^{\pi} + \dfrac{e^{\pi}}{\pi} < 0.$

令 $\omega(x) = \varphi'(x) = 2e^{x}\cos x + \dfrac{e^{\pi}}{\pi}, x \in [0, \pi],$

则 $\omega'(x) = 2e^{x}(\cos x - \sin x), x \in [0, \pi].$

当 $x \in \left(0, \dfrac{\pi}{4}\right)$ 时，因为 $\cos x > \sin x$，即 $\cos x - \sin x > 0$，所以 $\omega'(x) > 0$，所以 $\omega(x)$ 单调递增；

当 $x \in \left(\dfrac{\pi}{4}, \pi\right)$ 时，因为 $\cos x < \sin x$，即 $\cos x - \sin x < 0$，所以 $\omega'(x) < 0$，所以 $\omega(x)$ 单调递减．

因为 $\omega(0) = \varphi'(0) = 2 + \dfrac{e^{\pi}}{\pi} > 0, \omega\left(\dfrac{\pi}{4}\right) = \varphi'\left(\dfrac{\pi}{4}\right) = 2e^{\frac{\pi}{4}}\cos\dfrac{\pi}{4} + \dfrac{e^{\pi}}{\pi} > 0,$

$\omega(\pi) = \varphi'(\pi) = 2e^{\pi}\cos\pi + \dfrac{e^{\pi}}{\pi} = -2e^{\pi} + \dfrac{e^{\pi}}{\pi} < 0,$

所以由零点存在定理可知，$\exists x_0 \in \left(\dfrac{\pi}{4}, \pi\right)$，使 $\omega(x_0) = \varphi'(x_0) = 0.$

由 $\omega(x)$ 的单调性知，当 $x \in (0, x_0)$ 时，$\omega(x) > 0$，所以 $\varphi(x)$ 单调递增；

当 $x \in (x_0, \pi)$ 时，$\omega(x) < 0$，所以 $\varphi(x)$ 单调递减．

因为 $\varphi(0) = e^{0}(\sin 0 + \cos 0) + \dfrac{e^{\pi}}{\pi} \times 0 = 1,$

$$\varphi(\pi) = e^{\pi}(\sin\pi + \cos\pi) + \dfrac{e^{\pi}}{\pi} \times \pi = 0,$$

所以对 $\forall x \in [0, \pi], e^{x}(\sin x + \cos x) + \dfrac{e^{\pi}}{\pi}x \geq 0$，得证．

综上可得，实数 a 的取值范围是 $\left[\dfrac{e^{\pi}}{2\pi}, +\infty\right).$

点评：解法 2 首先利用特值探索到参数 a 的具体范围" $a \geq \dfrac{e^{\pi}}{2\pi}$ "，然后"执果"得到问题的必要条件，即所需证明的函数不等式．在证明过程中，通过构造函数，运用零点存在定理和导数研究函数的单调性等知识，体现了逆向思维的运用．

解法 3：（分离参数法）因为 $g'(0) = 1 > 0$，所以由 $g'(x) = e^{x}(\sin x + \cos x) +$

$2ax \geqslant 0$ 在 $[0, \pi]$ 上恒成立,得 $-2a \leqslant \dfrac{e^x(\sin x + \cos x)}{x}$, $x \in [0, \pi]$.

设 $\delta(x) = \dfrac{e^x(\sin x + \cos x)}{x}$, $x \in (0, \pi]$,则

$$\delta'(x) = \dfrac{e^x(2x\cos x - \sin x - \cos x)}{x^2}, x \in (0, \pi].$$

设 $\tau(x) = 2x - \tan x - 1$, $x \in \left(0, \dfrac{\pi}{2}\right) \cup \left(\dfrac{\pi}{2}, \pi\right]$.

由 $\tau'(x) > 0$,得 $0 < x < \dfrac{\pi}{4}$ 或 $\dfrac{3\pi}{4} < x \leqslant \pi$,所以 $\tau(x)$ 在 $\left(0, \dfrac{\pi}{4}\right)$, $\left(\dfrac{3\pi}{4}, \pi\right]$ 上单调

递增;

由 $\tau'(x) < 0$,得 $\dfrac{\pi}{4} < x < \dfrac{\pi}{2}$ 或 $\dfrac{\pi}{2} < x \leqslant \dfrac{3\pi}{4}$,所以 $\tau(x)$ 在 $\left(\dfrac{\pi}{4}, \dfrac{\pi}{2}\right)$, $\left(\dfrac{\pi}{2}, \dfrac{3\pi}{4}\right]$ 上单

调递减.

故当 $x \in \left(0, \dfrac{\pi}{2}\right)$ 时, $\tau(x) \leqslant \tau\left(\dfrac{\pi}{4}\right) = 2 \times \dfrac{\pi}{4} - \tan \dfrac{\pi}{4} - 1 = \dfrac{\pi}{2} - 2 < 0$;

当 $x \in \left(\dfrac{\pi}{2}, \pi\right]$ 时, $\tau(x) \geqslant \tau\left(\dfrac{3\pi}{4}\right) = 2 \times \dfrac{3\pi}{4} - \tan \dfrac{3\pi}{4} - 1 = \dfrac{3\pi}{2} > 0$.

从而 $\tau(x)\cos x = 2x\cos x - \sin x - \cos x < 0$, $x \in \left(0, \dfrac{\pi}{2}\right) \cup \left(\dfrac{\pi}{2}, \pi\right]$.

又当 $x = \dfrac{\pi}{2}$ 时, $\tau\left(\dfrac{\pi}{2}\right)\cos \dfrac{\pi}{2} = 2 \times \dfrac{\pi}{2} \times \cos \dfrac{\pi}{2} - \sin \dfrac{\pi}{2} - \cos \dfrac{\pi}{2} = -1 < 0$,

所以 $\delta'(x) = \dfrac{e^x(2x\cos x - \sin x - \cos x)}{x^2} < 0$, $x \in (0, \pi]$,

故 $\delta(x) = \dfrac{e^x(\sin x + \cos x)}{x}$, $x \in (0, \pi]$ 单调递减,

所以 $[\delta(x)]_{\min} = \delta(\pi) = \dfrac{e^\pi(\sin \pi + \cos \pi)}{\pi} = -\dfrac{e^\pi}{\pi}$.

因此 $-2a \leqslant -\dfrac{e^\pi}{\pi}$,所以 $a \geqslant \dfrac{e^\pi}{2\pi}$.

故实数 a 的取值范围是 $\left[\dfrac{e^\pi}{2\pi}, +\infty\right)$.

点评:解法3首先分离参数,然后通过构造函数,将函数不等式恒成立的问题转化为函数的最值问题,再利用导数研究函数的单调性.

【同源变式】

若试题的题设条件不变,可将第(2)小题在函数不等式恒成立的条件下,求参数 a 的取值范围改为已知参数 a 的取值范围,证明函数不等式恒成立.

1. 设函数 $f(x) = e^x \sin x$,证明:当 $a \geq \dfrac{e^\pi}{2\pi}$ 时,对 $\forall x_1$, $x_2 \in [0, \pi]$,$x_1 \neq x_2$,都有 $\dfrac{f(x_1) - f(x_2)}{x_1^2 - x_2^2} + a > 0$ 成立.

证明过程见上述第(2)小题的解法 2.

若将基本函数 e^x 与 $\ln x$ 结合,可改变试题的题设条件中的函数和恒成立函数不等式的呈现形式,求参数的取值范围.

2. 已知函数 $f(x) = x \ln x$,若当 $x \geq 1$ 时,不等式 $ax - 2 \leq (x^2 - 4x + 5) f(x)$ 恒成立,求实数 a 的取值范围.

解析:因为 $f(x)$ 的定义域为 $(0, +\infty)$,

由 $ax - 2 \leq (x^2 - 4x + 5) f(x)$,得 $a \leq (x^2 - 4x + 5) \ln x + \dfrac{2}{x}$.

令 $h(x) = (x^2 - 4x + 5) \ln x + \dfrac{2}{x}$,$x \geq 1$,则

$$h'(x) = 2(x - 2) \ln x + \dfrac{x^2 - 4x + 5}{x} - \dfrac{2}{x^2}$$

$$= 2(x - 2) \ln x + \dfrac{(x - 2)(x - 1)^2}{x^2}$$

$$= \dfrac{(x - 2)\left[2x^2 \ln x + (x - 1)^2\right]}{x^2}.$$

令 $h'(x) = 0$,解得 $x = 2$.

所以当 $x \in (1, 2)$ 时,$h'(x) < 0$,$h(x)$ 单调递减;当 $x \in (2, +\infty)$ 时,$h'(x) > 0$,$h(x)$ 单调递增.

所以 $h(x)_{\min} = h(2) = 1 + \ln 2$,所以 $a \leq 1 + \ln 2$.

故实数 a 的取值范围为 $(-\infty, 1 + \ln 2]$.

点评:本题将恒成立不等式等价变形,分离参数后构造函数,然后利用导数研究函数的单调性求得最值,最后利用最值法求得参数的取值范围.

3. 已知函数 $f(x) = x \ln x + 2x$. 当 $x > 2$ 时,不等式 $\dfrac{f(x) + 2k}{x} > k + 1 (k \in \mathbf{Z})$ 恒成

立,求整数 k 的最大值.

解析:函数 $f(x)$ 的定义域为 $(0,+\infty)$,由 $f(x)=x\ln x+2x$,得 $f'(x)=\ln x+3$.

当 $x>2$ 时,不等式 $\dfrac{f(x)+2k}{x}>k+1(k\in\mathbf{Z})$ 恒成立,即 $\dfrac{x\ln x+2x+2k}{x}>k+1$,

所以 $x\ln x+x>k(x-2)$.

令 $\varphi(x)=x\ln x+x,y=k(x-2)$,于是问题等价为:

当 $x>2$ 时,直线 $y=k(x-2)$ 在函数 $\varphi(x)=x\ln x+x$ 图象的下方时,求整数 k 的最大值.

先求过点 $(2,0)$ 的函数 $\varphi(x)=x\ln x+x$ 图象的切线斜率 k 的范围.

由 $\varphi(x)=x\ln x+x$,得 $\varphi'(x)=\ln x+2$.

设切点为 $(x_0,y_0)(x_0>2)$,则有 $\begin{cases} y_0=x_0\ln x_0+x_0, \\ \ln x_0+2=\dfrac{y_0}{x_0-2}, \end{cases}$ 所以 $x_0-4-2\ln x_0=0$,

$k=\ln x_0+2=\dfrac{x_0}{2}$.

下面求 x_0 的取值范围.

令 $S(x_0)=x_0-4-2\ln x_0(x_0>2)$,则 $S'(x_0)=1-\dfrac{2}{x_0}>0$,即函数 $S(x_0)$ 在 $(2,+\infty)$ 上单调递增.

又 $S(8)=8-4-2\ln 8=4-2\ln 8=2\ln\dfrac{e^2}{8}<0$,$S(9)=9-4-2\ln 9=5-2\ln 9=\ln\dfrac{e^5}{81}>0$,所以 $8<x_0<9$.

于是 $k=2+\ln x_0=\dfrac{x_0}{2}\in\left(4,\dfrac{9}{2}\right)$.

因为 $k\in\mathbf{Z}$,所以当 $x>2$ 时,直线 $y=k(x-2)$ 在函数 $\varphi(x)=x\ln x+x$ 图象的下方时,整数 k 的最大值为4.

点评:本题将问题等价转化为:当 $x>2$ 时,直线 $y=k(x-2)$ 在函数 $\varphi(x)=x\ln x+x$ 图象的下方,然后求出过点 $(2,0)$ 的函数 $\varphi(x)=x\ln x+x$ 图象的切线斜率 k 的范围,进而求得整数 k 的最大值.

试题以两个基本初等函数 e^x 和 $\sin x$ 为题设背景,题干凝练,目标明确,利用导数解答的方法指向性强.第(2)小题是在函数不等式恒成立条件下求参数取值范围的问题,从不等式的结构形式可以看出,该题解题方法的入口宽泛,能够给考生留有较大的自主思考和发挥的空间,以考查考生灵活应用函数、不等式思想解答较复杂问题的能力,对数学抽象和逻辑推理数学素养有较高的要求,无论是在知识、能力层面,还是在创新思维层面都能很好体现对综合性和关键能力的考查要求.

【解后反思】

含有参数的函数不等式问题,特别是函数不等式的恒成立问题是一类高频出现、十分重要的题型,思维难度比较高,考生得分率比较低,总结这类题型的解题方向及方法规律,可帮助考生有的放矢突破这类问题的卡点,进一步提高分析、解决函数不等式综合问题的能力,并促进数学核心素养的形成和发展.函数不等式恒成立问题常用的解题思路有:

1.特殊值探路.特殊值是函数问题的重要节点,常常显示出简单、具体、直观等特点,利用特殊值能够迅速化解问题的难度,快速探索出参数的取值范围,从而得到问题的必要条件,再来证明其充分性,使问题得以完美收官.一般指数函数的指数可令其取特殊值0,对数函数可令其真数取特殊值1,等等.试题第(2)小题的解法1和解法2就是首先运用特殊值探路探索出参数 a 的取值范围的.

2.分类讨论.对于含有参数的函数不等式的恒成立问题,当所给的对象无法统一研究时,需要将研究对象的参数按照某一标准分成不同种类,或按照重要节点进行分类讨论,然后逐一进行研究,最后综合解答.试题第(2)小题的解法1就是运用分类讨论求解的.

3.分离参数.对于含有参数的函数不等式的恒成立问题,如果容易分离出参数或变量,则可首先将参数分离,然后将函数不等式等价变形为 $a > \varphi(x)$ 或 $a < \varphi(x)$,进而转化求解 $\varphi(x)$ 的最值.试题第(2)小题的解法3就是运用分离参数法解答的.

4.构造函数.求解函数不等式恒成立问题时,往往先构造函数,再利用导数研究函数的单调性、极值或最值,把不等式恒成立问题转化为函数的极值或

最值问题. 即含参函数不等式 $f(x)>g(x)\left[或f(x)<g(x)\right]$ 恒成立问题的求解, 通过构造函数 $\varphi(x)=f(x)-g(x)$, 转化为 $\varphi(x)_{\min}>0\left[或\varphi(x)_{\max}<0\right]$ 解答得到结果.

对于函数不等式的恒成立问题, 分离参数和构造函数是两种最为常用的方法, 这两种方法最终都要转化为我们熟知的求函数最值, 即利用最值法求解.

(1)对 $\forall x$, 若不等式 $a>f(x)$ 在区间 D 上恒成立, 则等价于在区间 D 上 $a>f(x)_{\max}$.

(2)对 $\forall x$, 若不等式 $a<f(x)$ 在区间 D 上恒成立, 则等价于在区间 D 上 $a<f(x)_{\min}$.

(3)对 $\forall x$, 若不等式 $f(x)>g(x)$ 在区间 D 上恒成立, 则等价于 $\left[f(x)-g(x)\right]_{\min}>0$.

(4)对 $\forall x$, 若不等式 $f(x)<g(x)$ 在区间 D 上恒成立, 则等价于 $\left[f(x)-g(x)\right]_{\max}<0$.

5. 数形结合. 函数图象与不等式有着密切的联系, 数形结合在求解函数不等式问题中有着重要的作用, 变式3就是根据数形结合解答的. 数形结合求解函数不等式的主要思路有如下两个:

(1) $f(x)>g(x)\Leftrightarrow$ 函数 $f(x)$ 的图象恒在函数 $g(x)$ 图象的上方;

(2) $f(x)<g(x)\Leftrightarrow$ 函数 $f(x)$ 的图象恒在函数 $g(x)$ 图象的下方.

第7讲　一道二元最值题的解法与思考

二元条件最值问题历来是高考或各地模拟考试考查的重点题型,且常处于客观题压轴题的位置.这类问题注重考查考生的综合思维能力,具有很好的区分功能,求解时往往技巧性强,深度分析和探求其求解方法实属必要.

【例题】(2021届福建省泉州市一模第16题)若正数x,y满足$xy(x+2y)=16$,则$x+y$的最小值为_____.

思路1:将目标式整体设参,代入条件式消元、变形并分离出t^2,构造函数,利用导数研究函数的单调性求最小值.

解法1:令$t=x+y$,则$t>0$.

由$xy(x+2y)=16$,得$(t-y)y(t+y)=16$,

所以$y(t^2-y^2)=16$,所以$t^2=\dfrac{16}{y}+y^2$.

设$f(y)=\dfrac{16}{y}+y^2$,则$f'(y)=-\dfrac{16}{y^2}+2y$.

令$f'(y)=0$,解得$y=2$.

当$y\in(0,2)$时,$f'(y)<0$,$f(y)$单调递减;

当$y\in(2,+\infty)$时,$f'(y)>0$,$f(y)$单调递增.

所以当$y=2$时,$f(y)$的最小值为$f(2)=12$,即t^2的最小值为12,此时$y=2$,所以$x=2\sqrt{3}-2$.

故当$x=2\sqrt{3}-2$,$y=2$时,$t_{\min}=2\sqrt{3}$,即$x+y$的最小值为$2\sqrt{3}$.

点评:该解法在运用设参、消元、分离的基础上,构造函数模型,利用导数研究函数的单调性求解,设参、变形是基础,分离、构造是关键,运用导数是根本.该解法中,设参$t=x+y$后,将题设条件等式中的x和$x+2y$分别变形为$x=t-y$,$x+2y=t+y$是需要引起注意的地方,如果想不到解题思路就会搁置或导

致运算量增大.

思路2：将目标式整体设参，代入条件式消元、变形并分离出 t^2，构造函数，合理拆项利用三元均值不等式求最小值.

解法2：令 $t = x + y$，则由 $xy(x + 2y) = 16$，得 $(t - y)y(t + y) = 16$，

所以 $t^2 = \dfrac{16}{y} + y^2$.

设 $f(y) = \dfrac{16}{y} + y^2$，则 $f(y) = \dfrac{8}{y} + \dfrac{8}{y} + y^2$，所以由三元均值不等式，

得 $f(y) = \dfrac{8}{y} + \dfrac{8}{y} + y^2 \geqslant 3\sqrt[3]{\dfrac{8}{y} \cdot \dfrac{8}{y} \cdot y^2} = 12$，当且仅当 $\dfrac{8}{y} = y^2$，

即 $y = 2$，$x = 2\sqrt{3} - 2$ 时等号成立，

所以 $f(y)$ 的最小值为 $f(2) = 12$，即 t^2 的最小值为 12，所以 $t_{\min} = 2\sqrt{3}$.

故当 $x = 2\sqrt{3} - 2$，$y = 2$ 时，即 $x + y$ 的最小值为 $2\sqrt{3}$.

点评：该解法在运用设参、消元、分离的基础上，构造函数模型，通过拆项、配凑，利用三元均值不等式求解，设参、变形是基础，分离、构造是关键，合理拆项运用三元均值不等式是根本. 该解法中，将 $f(y)$ 拆项时，$\dfrac{16}{y}$ 拆分成相等的两项 $\dfrac{8}{y}$，$\dfrac{8}{y}$ 是运用均值不等式的要求，也是容易想不到或拆分错的地方.

思路3：将题设等式看成关于变量 x（主元）的一元二次方程，利用求根公式将 x 用 y 的关系式表示后代入目标式消元，然后构造函数，利用导数研究函数的单调性求最小值.

解法3：由 $xy(x + 2y) = 16$，得 $yx^2 + 2y^2x - 16 = 0$.

因为 x，y 均为正数，所以由一元二次方程的求根公式，

得 $x = \dfrac{-2y^2 + \sqrt{4y^4 + 64y}}{2y} = -y + \dfrac{\sqrt{y^4 + 16y}}{y} = -y + \sqrt{y^2 + \dfrac{16}{y}}$.

所以 $x + y = -y + \sqrt{y^2 + \dfrac{16}{y}} + y = \sqrt{y^2 + \dfrac{16}{y}}$.

设 $f(y) = \dfrac{16}{y} + y^2$，下同解法1.

点评:该解法运用"主元"策略,从一元二次方程的视角,求根、代入、消元、转化,然后构造函数模型,利用导数研究函数的单调性求解.运用"主元"将题设等式转化为关于 x 的一元二次方程并求根是基础,消元、构造是关键,运用导数是根本.这里,"主元"策略和方程视角,是一种颇有创意的思路,求根时为什么只保留一个根而舍掉另一个根,需要弄清楚理由.

思路4:将题设等式看成关于变量 x(主元)的一元二次方程,利用求根公式将 x 用 y 的关系式表示后代入目标式消元,然后构造函数,拆项利用三元均值不等式求最小值.

解法4:由 $xy(x+2y)=16$,得 $yx^2+2y^2x-16=0$.

因为 x,y 均为正数,所以由一元二次方程的求根公式,

得 $x=\dfrac{-2y^2+\sqrt{4y^4+64y}}{2y}=-y+\dfrac{\sqrt{y^4+16y}}{y}=-y+\sqrt{y^2+\dfrac{16}{y}}$.

所以 $x+y=-y+\sqrt{y^2+\dfrac{16}{y}}+y=\sqrt{y^2+\dfrac{16}{y}}$.

设 $f(y)=\dfrac{16}{y}+y^2$,下同解法2.

点评:该解法运用"主元"策略,从一元二次方程的视角,求根、代入、消元、转化,然后构造函数模型,通过拆项,利用三元均值不等式求解.运用"主元"将题设等式转化为关于 x 的一元二次方程并求根是基础,消元、构造是关键,合理拆项运用三元均值不等式是根本.

思路5:将目标式整体设参,在此基础上转化消元、代入,得到关于 x 的三次方程,问题转化为该方程有正数解,构造三次函数,利用导数研究函数的单调性求最小值.

解法5:令 $t=x+y$,则 $t>0$.

问题转化为求关于 x,y 的方程组 $\begin{cases} x+y=t, \\ xy(x+2y)=16 \end{cases}$ 有正数解的条件 t 的最小值.

将 $y=t-x$ 代入 $xy(x+2y)=16$ 中,得 $x(t-x)(x+2t-2x)=16$,

化简、整理,得 $x^3-3tx^2+2t^2x-16=0$.

设 $f(x)=x^3-3tx^2+2t^2x-16$,则 $f'(x)=3x^2-6tx+2t^2$.

令 $f'(x)=0$,得 $3x^2-6tx+2t^2=0$,解得 $x=t-\dfrac{t}{\sqrt{3}}$,或 $x=t+\dfrac{t}{\sqrt{3}}$.

当 $0<x<t-\dfrac{t}{\sqrt{3}}$ 时,$f'(x)>0$;当 $t-\dfrac{t}{\sqrt{3}}<x<t+\dfrac{t}{\sqrt{3}}$ 时,$f'(x)<0$;

当 $x>t+\dfrac{t}{\sqrt{3}}$ 时,$f'(x)>0$.

所以 $f(x)$ 在 $\left(0,\ t-\dfrac{t}{\sqrt{3}}\right)$ 上单调递增,在 $\left(t-\dfrac{t}{\sqrt{3}},\ t+\dfrac{t}{\sqrt{3}}\right)$ 上单调递减,在 $\left(t+\dfrac{t}{\sqrt{3}},\ +\infty\right)$ 上单调递增.

因为 $f(x)=x^3-3tx^2+2t^2x-16=x(x-t)(x-2t)-16$,

所以 $f\left(t+\dfrac{t}{\sqrt{3}}\right)=\left(t+\dfrac{t}{\sqrt{3}}\right)\left(t+\dfrac{t}{\sqrt{3}}-t\right)\left(t+\dfrac{t}{\sqrt{3}}-2t\right)-16$

$$=\left(t+\dfrac{t}{\sqrt{3}}\right)\dfrac{t}{\sqrt{3}}\left(\dfrac{t}{\sqrt{3}}-t\right)-16<0.$$

要使 $x^3-3tx^2+2t^2x-16=0$ 有正数解,则需满足 $f\left(t-\dfrac{t}{\sqrt{3}}\right)=\left(t-\dfrac{t}{\sqrt{3}}\right)\left(t-\dfrac{t}{\sqrt{3}}-t\right)\left(t-\dfrac{t}{\sqrt{3}}-2t\right)-16=\left(t-\dfrac{t}{\sqrt{3}}\right)\left(-\dfrac{t}{\sqrt{3}}\right)\left(-\dfrac{t}{\sqrt{3}}-t\right)-16=$

$\dfrac{2t^3}{3\sqrt{3}}-16\geqslant 0$,解得 $t\geqslant 2\sqrt{3}$.

所以 t 的最小值为 $2\sqrt{3}$,即 $x+y$ 的最小值为 $2\sqrt{3}$,此时 $x=2\sqrt{3}-\dfrac{2\sqrt{3}}{\sqrt{3}}=2\sqrt{3}-2,y=2$.

故当 $x=2\sqrt{3}-2,y=2$ 时,$x+y$ 的最小值为 $2\sqrt{3}$.

点评:该解法在运用设参的基础上,将问题转化为求关于 x 的一元三次方程有正数解的条件 t 的最小值,构造函数模型,利用导数研究函数的单调性求解.问题转化是基础,构造、求解是关键,运用导数是根本.该解法中,3个方面需要认真体会:①对于三次方程 $x^3-3tx^2+2t^2x-16=0$,是通过构造函数,转化为函数的视角来研究的；②将函数因式分解 $f(x)=x(x-t)(x-2t)-16$，对于后面的计算减少了运算量；③三次方程 $x^3-3tx^2+2t^2x-16=0$ 有正数解的条件是 $f(x)$ 的极大值 $f\left(t-\dfrac{t}{\sqrt{3}}\right)\geqslant 0$.

该试题是一道二元条件最值问题，试题表述简洁、精练，但由于已知条件式的左边是二元三次齐次结构，且对于 x，y 两个变量而言不"对称"，因而寻找解题切入点并非易事，求解过程富有挑战性，也给考生的发挥提供了较大的空间.整体意识、设参消元、构造转化、方程视角等，则是很好地解题切入点；充分利用均值不等式和导数等求解最值的工具，则是解答该试题的有效途径.该试题考查不等式、函数、方程、导数等知识，考查数学抽象、逻辑推理、数学建模及数学运算等数学核心素养.

【解后反思】

虽然二元变量的绝对值最值问题情形较为复杂，但无论情形多么复杂，在两个变元所满足的相互关联的式子中，运用消元、配凑、换元等手段，通过构造函数、方程等数学模型，转化为利用均值不等式或导数求最值，是求解这类问题常用的基本求解方法.

对典型试题进行多解探究，就是指对问题从不同视角来审视，以不同的切入点探究问题不同的解答方案.经常进行这方面的训练，既能梳理解决这类问题的一般方法，寻求解答此类问题的通性通法，揭示问题的本质和一般规律，又能拓宽学生的知识面，权衡解法优劣，积累解题经验，提高解题效率，还能沟通知识间的联系，厘清知识脉络，构建完整的知识体系，使知识、方法、能力融为一体，学会数学地思考问题，开发智能，培养创新意识，优化数学思维品质.

第二篇　三角、向量与复数

　　　三角、向量、复数是高考数学的重要专题.三角部分需掌握基本定义、性质及恒等变换;向量则需理解几何意义、坐标运算和应用;复数则需掌握基础概念、运算及几何意义.备考时,应多做真题,熟悉题型和解题方法,提高解题技巧和速度.同时,注意总结归纳,加深理解.

第1讲 一道三角试题的深度探究

数学核心素养是近年高考命题考查的热点,高考数学命题中经常渗透和考查数学核心素养.因此在数学复习备考中,教师需基于数学核心素养去甄选典型考题,进行多视角深度分析和探究.唯有如此,才能使学生对所学的知识做到融会贯通,对解题的思想方法做到触类旁通,才能开阔学生的数学思维,进而提高学习数学的兴趣,使得课堂的教学更加高效.

【例题】(2020届广东省广州市一模理科第16题)已知 $\triangle ABC$ 三个内角为 A,B,C,且 $\sin A$,$\sin B$,$\sin C$ 成等差数列,则 $\sin 2B + 2\cos B$ 的最小值为_____,最大值为_____.

解析:该考题求解的关键有两个,一是由 $\sin A$,$\sin B$,$\sin C$ 成等差数列,即 $\sin A + \sin C = 2\sin B$ 得到角 B 的取值范围;二是将 $\sin 2B + 2\cos B$ 转化为一元函数的最值来求解,考虑到既要求最小值,又要求最大值,所以需要借助导数知识.

思路1:先将 $\sin A$,$\sin B$,$\sin C$ 成等差数列,即 $\sin A + \sin C = 2\sin B$,利用正弦定理转化为边的等式,再利用余弦定理和基本不等式求得角 B 的范围,最后构造函数,利用导数求得最值.

解法1:因为 $\sin A$,$\sin B$,$\sin C$ 成等差数列,所以 $\sin A + \sin C = 2\sin B$.

所以由正弦定理,得 $a + c = 2b$.

由余弦定理,得 $\cos B = \dfrac{a^2 + c^2 - b^2}{2ac} = \dfrac{(a+c)^2 - 2ac - b^2}{2ac} = \dfrac{4b^2 - b^2}{2ac} - 1 = \dfrac{3b^2}{2ac} - 1$.

由基本不等式,得 $2ac \leqslant \dfrac{(a+c)^2}{2}$,

所以 $\cos B \geqslant \dfrac{3b^2}{\dfrac{(a+c)^2}{2}} - 1 = \dfrac{6b^2}{(2b)^2} - 1 = \dfrac{1}{2}$.

由 B 是 $\triangle ABC$ 的内角,知 $0 < B < \pi$,所以 $0 < B \leqslant \dfrac{\pi}{3}$.

记 $f(B) = \sin 2B + 2\cos B$, $B \in \left(0, \dfrac{\pi}{3}\right]$,则

$f'(B) = \cos 2B \times 2 - 2\sin B = 2(1 - 2\sin^2 B) - 2\sin B = -2(2\sin^2 B + \sin B - 1) = -2(2\sin B - 1)(\sin B + 1)$.

令 $f'(B) = 0$,得 $\sin B = \dfrac{1}{2}$. 又 $0 < B \leqslant \dfrac{\pi}{3}$,得 $B = \dfrac{\pi}{6}$.

当 $0 < B < \dfrac{\pi}{6}$ 时,$f'(B) > 0$,所以 $f(B)$ 单调递增,所以 $f(0) < f(B) < f\left(\dfrac{\pi}{6}\right)$,即

$2 < f(B) < \dfrac{3\sqrt{3}}{2}$;

当 $\dfrac{\pi}{6} < B \leqslant \dfrac{\pi}{3}$ 时,$f'(B) < 0$,所以 $f(B)$ 单调递减,所以 $f\left(\dfrac{\pi}{3}\right) \leqslant f(B) < f\left(\dfrac{\pi}{6}\right)$,

即 $\dfrac{\sqrt{3}}{2} + 1 \leqslant f(B) < \dfrac{3\sqrt{3}}{2}$.

所以当 $B = \dfrac{\pi}{6}$ 时,$f(B)$ 取得最大值,且 $f(B)_{\max} = \dfrac{3\sqrt{3}}{2}$;

当 $B = \dfrac{\pi}{3}$ 时,$f(B)$ 取得最小值,且 $f(B)_{\min} = \dfrac{\sqrt{3}}{2} + 1$.

故 $\sin 2B + 2\cos B$ 的最小值为 $\dfrac{\sqrt{3}}{2} + 1$,最大值为 $\dfrac{3\sqrt{3}}{2}$.

点评:该解法首先利用正、余弦定理并结合基本不等式求得角 B 的范围,进而构造函数利用导数知识求得最值,体现了逻辑推理、数学建模及数学运算等核心素养的渗透与应用.

思路2:在求得角 B 取值范围的基础上,将 $\sin B$ 看作整体换元,然后构造关于新元的函数,利用导数求得最值.

解法2:由解法1,得 $0 < B \leqslant \dfrac{\pi}{3}$.

令 $t = \sin B$,$B \in \left(0, \dfrac{\pi}{3}\right]$,则 $t \in \left(0, \dfrac{\sqrt{3}}{2}\right]$.

所以 $\sin 2B + 2\cos B = 2\sin B\cos B + 2\cos B = 2\cos B(\sin B + 1)$
$$= 2\sqrt{\cos^2 B(\sin B + 1)^2} = 2\sqrt{(1 - \sin^2 B)\ (\sin B + 1)^2}$$
$$= 2\sqrt{(1 - t^2)(t + 1)^2}.$$

记 $\varphi(t) = (1 - t^2)(t + 1)^2 = -t^4 - 2t^3 + 2t + 1, t \in \left(0, \dfrac{\sqrt{3}}{2}\right]$，则

$\varphi'(t) = -4t^3 - 6t^2 + 2 = -2(2t - 1)(t + 1)^2.$

当 $0 < t < \dfrac{1}{2}$ 时，$\varphi'(t) > 0$，所以 $\varphi(t)$ 在 $\left(0, \dfrac{1}{2}\right)$ 上单调递增，所以 $1 < \varphi(t) < \dfrac{27}{16}$；

当 $\dfrac{1}{2} < t \leqslant \dfrac{\sqrt{3}}{2}$ 时，$\varphi'(t) < 0$，所以 $\varphi(t)$ 在 $\left(\dfrac{1}{2}, \dfrac{\sqrt{3}}{2}\right]$ 上单调递减，所以 $\dfrac{\sqrt{3}}{4} + \dfrac{7}{16} < \varphi(t) < \dfrac{27}{16}.$

所以 $\varphi(t)_{\max} = \varphi\left(\dfrac{1}{2}\right) = \dfrac{27}{16}$，$\varphi(t)_{\min} = \varphi\left(\dfrac{\sqrt{3}}{2}\right) = \dfrac{\sqrt{3}}{4} + \dfrac{7}{16}.$

故 $\sin 2B + 2\cos B$ 的最小值为 $\dfrac{\sqrt{3}}{2} + 1$，最大值为 $\dfrac{3\sqrt{3}}{2}.$

点评：该解法通过整体换元，构造关于新元的一元四次函数，利用导数求得最值，体现了数学抽象、逻辑推理、数学建模及数学运算等核心素养的渗透与应用.

思路3：由 $\sin A$，$\sin B$，$\sin C$ 成等差数列，即 $\sin A + \sin C = 2\sin B$，利用和差化积公式和二倍角公式求得角 B 的取值范围后，再依据解法1或解法2，利用导数求得最值.

解法3：因为 $\sin A$，$\sin B$，$\sin C$ 成等差数列，所以 $\sin A + \sin C = 2\sin B$.

由和差化积公式和二倍角公式，得 $2\sin\dfrac{A+C}{2}\cos\dfrac{A-C}{2} = 2 \times 2\sin\dfrac{B}{2}\cos\dfrac{B}{2}.$

因为 $A + B + C = \pi$，所以 $\dfrac{A+C}{2} = \dfrac{\pi}{2} - \dfrac{B}{2}$，所以 $\cos\dfrac{B}{2}\cos\dfrac{A-C}{2} = 2\sin\dfrac{B}{2}\cos\dfrac{B}{2}.$

因为 $\cos\dfrac{B}{2} \neq 0$，所以 $\sin\dfrac{B}{2} = \dfrac{1}{2}\cos\dfrac{A-C}{2} \leqslant \dfrac{1}{2}.$

由 B 是 $\triangle ABC$ 的内角，可知 $0 < B < \pi$，所以 $0 < \dfrac{B}{2} \leqslant \dfrac{\pi}{6}$，故 $0 < B \leqslant \dfrac{\pi}{3}.$

以下同解法1或解法2.

点评:该解法通过和差化积公式和二倍角公式,结合三角形中角的性质求得角 B 的取值范围,进而利用导数求得最值,体现了数学抽象、逻辑推理及数学运算等核心素养的渗透与应用.

思路 4:基于 $\sin A$, $\sin C$ 在条件中的特征,进行和、差换元,利用两角和与差的正弦公式展开,证明 $\sin A + \sin C \leqslant 2\sin\dfrac{A+C}{2}$,进而由 $\sin A$, $\sin B$, $\sin C$ 成等差数列,求得角 B 取值范围后,再依据解法 1 或解法 2,利用导数求得最值.

解法 4:先来证明 $\sin A + \sin C \leqslant 2\sin\dfrac{A+C}{2}$.

设 $\alpha = \dfrac{A+C}{2}$, $\beta = \dfrac{A-C}{2}$,则 $A = \alpha + \beta$, $C = \alpha - \beta$,

所以 $\sin A + \sin C = \sin(\alpha+\beta) + \sin(\alpha-\beta) = \sin\alpha\cos\beta + \cos\alpha\sin\beta + \sin\alpha\cos\beta - \cos\alpha\sin\beta = 2\sin\alpha\cos\beta \leqslant 2\sin\alpha = 2\sin\dfrac{A+C}{2}$.

由 $\sin A$, $\sin B$, $\sin C$ 成等差数列,即 $\sin A + \sin C = 2\sin B$,知 $2\sin B \leqslant 2\sin\dfrac{A+C}{2}$,

所以 $2\times 2\sin\dfrac{B}{2}\cos\dfrac{B}{2} \leqslant 2\sin\dfrac{A+C}{2}$,即 $2\times 2\sin\dfrac{B}{2}\cos\dfrac{B}{2} \leqslant 2\cos\dfrac{B}{2}$,所以 $\sin\dfrac{B}{2} \leqslant \dfrac{1}{2}$.

由 B 是 $\triangle ABC$ 的内角,可知 $0 < B < \pi$,所以 $0 < \dfrac{B}{2} \leqslant \dfrac{\pi}{6}$,故 $0 < B \leqslant \dfrac{\pi}{3}$.

以下同解法 1 或解法 2.

点评:该解法依据 A, C 在条件中呈现的关系,进行和、差换元,进而利用两角和、差的正弦公式,并结合三角形中角的性质求得角 B 取值范围,进而利用导数求得最值,体现了数学抽象、逻辑推理及数学运算等核心素养的渗透与应用.

该考题属于"新题型",即一题双空,而且是集解三角形、三角恒等变换与导数的应用等知识的交会问题,很好地考查了解三角形的正余弦定理、三角恒等变换、导数在研究函数单调性中的应用、等差数列的概念等知识的综合运用,以及联想、构造、分离、配凑、变换、转化等数学意识,充分考查了数学抽象、逻辑推理、数学建模和数学运算等数学核心素养的渗透和应用,是一道求解思路开阔的填空压轴题,值得我们仔细挖掘和探究.

【题组变式】

变结论 1.已知 $\triangle ABC$ 三个内角为 A,B,C,且 $\sin A$,$\sin B$,$\sin C$ 成等差数列,则 $\sin 2B - 2\cos B$ 的取值范围为_____.

解析:由例题解法 1,得 $0 < B \leqslant \dfrac{\pi}{3}$.

记 $f(B) = \sin 2B - 2\cos B$,$B \in \left(0, \dfrac{\pi}{3}\right]$,则

$f'(B) = \cos 2B \times 2 + 2\sin B = 2(1 - 2\sin^2 B) + 2\sin B = -2(2\sin^2 B - \sin B - 1) = -2(\sin B - 1)(2\sin B + 1)$.

由 $B \in \left(0, \dfrac{\pi}{3}\right]$,可知 $\sin B - 1 < 0$,$2\sin B + 1 > 0$,所以 $f'(B) < 0$.

所以 $f(B)$ 在 $\left(0, \dfrac{\pi}{3}\right]$ 上单调递增,故 $\sin 2B - 2\cos B$ 的取值范围为 $\left(-2, \dfrac{\sqrt{3}}{2} - 1\right]$.

变结论 2.已知 $\triangle ABC$ 三个内角为 A,B,C,且 $\sin A$,$\sin B$,$\sin C$ 成等差数列,则 $\cos 2B + 2\sin B$ 的取值范围为_____.

解析:由例题解法 1,得 $0 < B \leqslant \dfrac{\pi}{3}$,所以 $\sin B \in \left(0, \dfrac{\sqrt{3}}{2}\right]$.

所以 $\cos 2B + 2\sin B = 1 - 2\sin^2 B + 2\sin B = -2\sin^2 B + 2\sin B + 1$.

令 $t = \sin B$,则 $t \in \left(0, \dfrac{\sqrt{3}}{2}\right]$,

所以 $\cos 2B + 2\sin B = -2t^2 + 2t + 1 = -2(t^2 - t) + 1 = -2\left(t - \dfrac{1}{2}\right)^2 + \dfrac{3}{2}$.

所以结合二次函数的图象,

可知当 $t = \dfrac{1}{2}$,即 $\sin B = \dfrac{1}{2}$,$B = \dfrac{\pi}{6}$ 时,$\cos 2B + 2\sin B$ 取得最大值为 $\dfrac{3}{2}$;

当 $t = 0$,即 $\sin B = 0$ 时,$\cos 2B + 2\sin B = 1$.

故 $\cos 2B + 2\sin B$ 的取值范围为 $\left(1, \dfrac{3}{2}\right]$.

变结论3.已知 $\triangle ABC$ 三个内角为 A，B，C，且 $\sin A$，$\sin B$，$\sin C$ 成等差数列，则 $\cos 2B - 2\sin B$ 的取值范围为＿＿＿＿＿＿.

解析：由例题解法1，得 $0 < B \leqslant \dfrac{\pi}{3}$，所以 $\sin B \in \left(0, \dfrac{\sqrt{3}}{2}\right]$.

所以 $\cos 2B - 2\sin B = 1 - 2\sin^2 B - 2\sin B = -2\sin^2 B - 2\sin B + 1$.

令 $t = \sin B$，则 $t \in \left(0, \dfrac{\sqrt{3}}{2}\right]$，

所以 $\cos 2B - 2\sin B = -2t^2 - 2t + 1 = -2(t^2 + t) + 1 = -2\left(t + \dfrac{1}{2}\right)^2 + \dfrac{3}{2}$.

结合二次函数的图象，可知 $\cos 2B - 2\sin B = -2t^2 - 2t + 1$ 在 $\left(0, \dfrac{\sqrt{3}}{2}\right]$ 上单调递减.

当 $t = 0$，即 $\sin B = 0$ 时，$\cos 2B - 2\sin B = 1$；

当 $t = \dfrac{\sqrt{3}}{2}$，即 $\sin B = \dfrac{\sqrt{3}}{2}$，$B = \dfrac{\pi}{3}$ 时，$\cos 2B + 2\sin B$ 取得最小值，为 $-\dfrac{1}{2} - \sqrt{3}$.

故 $\cos 2B - 2\sin B$ 的取值范围为 $\left[-\dfrac{1}{2} - \sqrt{3}, \ 0\right)$.

变条件1.已知 $\triangle ABC$ 三个内角为 A，B，C，且 $\sin A$，$\sin B$，$\sin C$ 成等比数列，则 $\sin 2B + 2\cos B$ 的最小值为＿＿＿＿＿＿，最大值为＿＿＿＿＿＿.

解析：因为 $\sin A$，$\sin B$，$\sin C$ 成等比数列，所以 $\sin A \cdot \sin C = \sin^2 B$.

所以由正弦定理，得 $ac = b^2$.

由余弦定理，得 $\cos B = \dfrac{a^2 + c^2 - b^2}{2ac} = \dfrac{a^2 + c^2 - ac}{2ac}$.

由基本不等式，得 $a^2 + c^2 \geqslant 2ac$，所以 $\cos B \geqslant \dfrac{2ac - ac}{2ac} = \dfrac{1}{2}$.

由 B 是 $\triangle ABC$ 的内角，知 $0 < B < \pi$，所以 $0 < B \leqslant \dfrac{\pi}{3}$.

以下同例题的各种解法.

变条件2.已知 $\triangle ABC$ 三个内角为 A，B，C，且 $\sin^2 A$，$\sin^2 B$，$\sin^2 C$ 成等差数列，则 $\sin 2B + 2\cos B$ 的最小值为＿＿＿＿＿＿，最大值为＿＿＿＿＿＿.

解析：因为 $\sin^2 A$，$\sin^2 B$，$\sin^2 C$ 成等差数列，所以 $\sin^2 A + \sin^2 C = 2\sin^2 B$.

所以由正弦定理，得 $a^2 + c^2 = 2b^2$.

由余弦定理,得 $\cos B = \dfrac{a^2+c^2-b^2}{2ac} = \dfrac{2b^2-b^2}{2ac} = \dfrac{b^2}{2ac}$.

由基本不等式,得 $a^2+c^2 \geqslant 2ac$,即 $2ac \leqslant a^2+c^2$,

所以 $\cos B = \dfrac{b^2}{2ac} \geqslant \dfrac{b^2}{a^2+c^2} = \dfrac{b^2}{2b^2} = \dfrac{1}{2}$.

由 B 是 $\triangle ABC$ 的内角,知 $0 < B < \pi$,所以 $0 < B \leqslant \dfrac{\pi}{3}$.

以下同例题的各种解法.

变条件3.已知 $\triangle ABC$ 三个内角为 A,B,C,且 $\dfrac{1}{\sin A}$,$\dfrac{1}{\sin B}$,$\dfrac{1}{\sin C}$ 成等差数列,则 $\sin 2B + 2\cos B$ 的最小值为 _____,最大值为 _____.

解析:因为 $\dfrac{1}{\sin A}$,$\dfrac{1}{\sin B}$,$\dfrac{1}{\sin C}$ 成等差数列,所以 $\dfrac{1}{\sin A} + \dfrac{1}{\sin C} = \dfrac{2}{\sin B}$.

所以由正弦定理,得 $\dfrac{1}{a} + \dfrac{1}{c} = \dfrac{2}{b}$,即 $b = \dfrac{2ac}{a+c}$.

由余弦定理,得

$$\cos B = \dfrac{a^2+c^2-b^2}{2ac} = \dfrac{(a+c)^2-2ac-b^2}{2ac} = \dfrac{(a+c)^2-b^2}{2ac} - 1 = \dfrac{(a+c)^2-\left(\dfrac{2ac}{a+c}\right)^2}{2ac} - 1.$$

由基本不等式,得 $a+c \geqslant 2\sqrt{ac}$,$\dfrac{2ac}{a+c} \leqslant \sqrt{ac}$,

所以 $\cos B = \dfrac{(a+c)^2-\left(\dfrac{2ac}{a+c}\right)^2}{2ac} - 1 \geqslant \dfrac{\left(2\sqrt{ac}\right)^2-\left(\sqrt{ac}\right)^2}{2ac} - 1$

$$= \dfrac{3ac}{2ac} - 1 = \dfrac{3}{2} - 1 = \dfrac{1}{2}.$$

由 B 是 $\triangle ABC$ 的内角,知 $0 < B < \pi$,所以 $0 < B \leqslant \dfrac{\pi}{3}$.

以下同例题的各种解法.

变条件+结论1.已知 $\triangle ABC$ 三个内角为 A,B,C,且 $\sin A$,$\sin B$,$\sin C$ 成等比数列,则:

(1)$\sin 2B - 2\cos B$ 的取值范围为 _____.

(2)$\cos 2B + 2\sin B$ 的取值范围为 _____.

(3)$\cos 2B - 2\sin B$ 的取值范围为 _____.

解析:参考以上变式题可得.

变条件+结论2.已知 $\triangle ABC$ 三个内角为 A，B，C，且 $\sin^2 A$，$\sin^2 B$，$\sin^2 C$ 成等差数列,则:

(1) $\sin 2B - 2\cos B$ 的取值范围为_____.

(2) $\cos 2B + 2\sin B$ 的取值范围为_____.

(3) $\cos 2B - 2\sin B$ 的取值范围为_____.

解析:参考以上变式题可得.

变条件+结论3.已知 $\triangle ABC$ 三个内角为 A，B，C，且 $\dfrac{1}{\sin A}$，$\dfrac{1}{\sin B}$，$\dfrac{1}{\sin C}$ 成等差数列,则:

(1) $\sin 2B - 2\cos B$ 的取值范围为_____.

(2) $\cos 2B + 2\sin B$ 的取值范围为_____.

(3) $\cos 2B - 2\sin B$ 的取值范围为_____.

解析:参考以上变式题可得.

【解后反思】

对于正、余弦函数形如 $f(2x)+g(x)$ 的式子求最值或取值范围问题是一类典型问题,这类问题的解法是:

(1)若能转化为关于单角的正弦或余弦的二次函数,可利用二次函数的性质或图象求解,像变式题组中的变结论2和变结论3.

(2)若不能直接转化为关于单角的正弦或余弦的二次函数,则需要通过求导,利用导数知识求解,像例题的解法1和解法2.

本文中的例题看似素材平实,但其解析和变式精彩纷呈,可谓是凸显素养立意、妙"点"生花的一道好题.这类问题所传递的导向信息很明确,那就是不以"刷题"为备考方式,不以解决高精尖的难题为唯一追求,把教与学的着眼点放在数学的"问题本质"和能力培养上,将本质性的东西弄熟吃透了,数学抽象、逻辑推理、直观想象和数学建模等数学核心素养提高了,相应的问题便迎刃而解.

第2讲 一道高考三角题的解法与推广

高考数学命题凸显数学学科特点,注重对"基础性"的考查要求,解答题的前几道往往是一些"基础性"试题,旨在考查学生的基础知识、基本能力和基本素养,包括全面合理的知识结构、扎实灵活的解题能力.解三角形作为中学数学的重点内容,每年高考都会在解答题中考查.

【例题】(2022年全国新高考Ⅰ卷第18题)记$\triangle ABC$的内角A,B,C的对边分别为a,b,c,已知$\dfrac{\cos A}{1+\sin A}=\dfrac{\sin 2B}{1+\cos 2B}$.

(1)若$C=\dfrac{2\pi}{3}$,求B;

(2)求$\dfrac{a^2+b^2}{c^2}$的最小值.

先来看第(1)问的解答.

思路1:依据二倍角公式及两角差的余弦公式将条件等式化为$\cos(A+B)=\sin B$,再由条件$C=\dfrac{2\pi}{3}$得到$0<B<\dfrac{\pi}{2}$,进而求得结果.

解法1:由$\dfrac{\cos A}{1+\sin A}=\dfrac{\sin 2B}{1+\cos 2B}$,得$\dfrac{\cos A}{1+\sin A}=\dfrac{2\sin B\cos B}{2\cos^2 B}$,即$\dfrac{\cos A}{1+\sin A}=\dfrac{\sin B}{\cos B}$,

所以$\cos A\cos B=\sin B+\sin A\sin B$,

移项,得$\sin B=\cos A\cos B-\sin A\sin B$,所以$\sin B=\cos(A+B)$,即$\sin B=-\cos C$.

由$C=\dfrac{2\pi}{3}$,得$\cos C=-\dfrac{1}{2}$,从而得$\sin B=\dfrac{1}{2}$.

由于$0<B<\dfrac{\pi}{2}$,所以$B=\dfrac{\pi}{6}$.

点评:该问是以三角形中角的三角函数为背景,本质是考查三角恒等变换

的应用.解法1的思路非常自然,等式右边的分子、分母运用二倍角后约分、降次,再去分母进行整理,利用两角和余弦公式和诱导公式,并结合角的范围求解.

思路2:利用诱导公式将已知条件等式的左边化为右边的"同构式",然后根据三角函数的半角公式化为正切函数等式,再结合 $0 < B < \dfrac{\pi}{2}$,即可求出.

解法2:易得 $\dfrac{\sin x}{1 + \cos x} = \dfrac{2 \sin \dfrac{x}{2} \cos \dfrac{x}{2}}{2 \cos^2 \dfrac{x}{2}} = \dfrac{\sin \dfrac{x}{2} \cos \dfrac{x}{2}}{\cos^2 \dfrac{x}{2}} = \tan \dfrac{x}{2}$.

因为 $\dfrac{\cos A}{1 + \sin A} = \dfrac{\sin 2B}{1 + \cos 2B}$,所以 $\dfrac{\sin \left(\dfrac{\pi}{2} - A \right)}{1 + \cos \left(\dfrac{\pi}{2} - A \right)} = \dfrac{\sin 2B}{1 + \cos 2B}$,所以

$\tan \left(\dfrac{\pi}{4} - \dfrac{A}{2} \right) = \tan B$.

因为 $0 < A < \dfrac{\pi}{2}$,所以 $0 < \dfrac{\pi}{4} - \dfrac{A}{2} < \dfrac{\pi}{4}$;

又因为 $0 < B < \dfrac{\pi}{2}$,且函数 $y = \tan x$ 在 $\left(\dfrac{\pi}{2}, \dfrac{\pi}{2} \right)$ 上单调递增,

所以 $\dfrac{\pi}{4} - \dfrac{A}{2} = B$.

因为 $C = \dfrac{2\pi}{3}$,所以 $\dfrac{\pi}{4} - \dfrac{\dfrac{\pi}{3} - B}{2} = B$,解得 $B = \dfrac{\pi}{6}$.

点评:解法2首先利用诱导公式将已知等式左右两边"同构化",然后利用三角函数的"半角公式"将等式"化弦为切",最后根据角的范围和正切函数的单调性求解.这里需要说明的是,"半角公式"是在教材的习题中出现的,在解答题中不建议直接运用,最好加以证明,以免丢失步骤分.

下面再来研究第(2)问的解答.

思路1:利用正弦定理将目标式化为角的三角函数,然后利用三角恒等变换整理,最后利用均值不等式求最值.

解法1:由(1)知,$\sin B = -\cos C > 0$,所以 $\cos C < 0$.

因为 $0 < C < \pi$，所以 $\dfrac{\pi}{2} < C < \pi$，所以 $0 < B < \dfrac{\pi}{2}$.

由于 $\sin B = -\cos C = \sin\left(C - \dfrac{\pi}{2}\right)$，所以 $B = C - \dfrac{\pi}{2}$,

所以 $C = \dfrac{\pi}{2} + B$，所以 $A = \pi - B - C = \dfrac{\pi}{2} - 2B$.

所以

$$\dfrac{a^2 + b^2}{c^2} = \dfrac{\sin^2 A + \sin^2 B}{\sin^2 C} = \dfrac{\sin^2\left(\dfrac{\pi}{2} - 2B\right) + \sin^2 B}{\sin^2\left(\dfrac{\pi}{2} + B\right)}$$

$$= \dfrac{\cos^2 2B + 1 - \cos^2 B}{\cos^2 B} = \dfrac{\left(2\cos^2 B - 1\right)^2 + 1 - \cos^2 B}{\cos^2 B}$$

$$= \dfrac{4\cos^4 B - 4\cos^2 B + 1 + 1 - \cos^2 B}{\cos^2 B} = \dfrac{4\cos^4 B - 5\cos^2 B + 2}{\cos^2 B}$$

$$= 4\cos^2 B + \dfrac{2}{\cos^2 B} - 5$$

$$\geqslant 2\sqrt{4\cos^2 B \cdot \dfrac{2}{\cos^2 B}} - 5 = 2\sqrt{8} - 5 = 4\sqrt{2} - 5.$$

当且仅当 $4\cos^2 B = \dfrac{2}{\cos^2 B}$，即 $\cos^4 B = \dfrac{1}{2}$，$\cos^2 B = \dfrac{\sqrt{2}}{2}$ 时取等号，所以 $\dfrac{a^2 + b^2}{c^2}$ 的最小值为 $4\sqrt{2} - 5$.

点评：(1) 利用二倍角公式以及两角差的余弦公式将 $\dfrac{\cos A}{1 + \sin A} = \dfrac{\sin 2B}{1 + \cos 2B}$ 化成 $\cos(A + B) = \sin B$，再结合 $0 < B < \dfrac{\pi}{2}$ 求解.

(2) 根据 (1)，将 A，C 分别用 B 的式子表示，再利用正弦定理以及二倍角公式将 $\dfrac{a^2 + b^2}{c^2}$ 化成 $4\cos^2 B + \dfrac{2}{\cos^2 B} - 5$，然后利用均值不等式求得最值.

思路 2：利用正弦定理将目标式化为角的三角函数，然后利用三角恒等变换整理，换元后利用均值不等式求最值.

解法 2：由解法 1，知 $\dfrac{a^2 + b^2}{c^2} = \dfrac{4\cos^4 B - 5\cos^2 B + 2}{\cos^2 B}$,

令 $\cos^2 B = x$，则 $0 < x < 1$,

所以 $\dfrac{a^2+b^2}{c^2} = \dfrac{4x^2-5x+2}{x} = 4x + \dfrac{2}{x} - 5 \geqslant 2\sqrt{4x \cdot \dfrac{2}{x}} - 5 = 4\sqrt{2} - 5$,

当且仅当 $4x = \dfrac{2}{x}$,即 $x^2 = \dfrac{1}{2}$,$x = \dfrac{\sqrt{2}}{2}$,亦即 $\cos^2 B = \dfrac{\sqrt{2}}{2}$ 时取等号,所以 $\dfrac{a^2+b^2}{c^2}$ 的最小值为 $4\sqrt{2} - 5$.

点评:解法2从本质上看与解法1是一样的,换元只是使求解过程简洁、清晰.

思路3:利用正弦定理将目标式化为角的三角函数,然后利用三角恒等变换整理,换元后构造函数,利用导数求最值.

解法3:上同解法2,知 $\dfrac{a^2+b^2}{c^2} = \dfrac{4x^2-5x+2}{x}$,$0 < x < 1$.

令 $g(x) = \dfrac{4x^2-5x+2}{x} = 4x - 5 + 2\dfrac{1}{x}$,$0 < x < 1$,

则 $g'(x) = 4 - \dfrac{2}{x^2} = \dfrac{2\left(\sqrt{2}x+1\right)\left(\sqrt{2}x-1\right)}{x^2}$.

令 $g'(x) = 0$,得 $x = \dfrac{\sqrt{2}}{2}$,所以当 $0 < x < \dfrac{\sqrt{2}}{2}$ 时,$g'(x) < 0$;当 $\dfrac{\sqrt{2}}{2} < x < 1$ 时,$g'(x) > 0$.

所以 $g(x)$ 在 $\left(0, \dfrac{\sqrt{2}}{2}\right)$ 上单调递减,在 $\left(\dfrac{\sqrt{2}}{2}, 1\right)$ 上单调递增,

所以当 $x = \dfrac{\sqrt{2}}{2}$ 时,$g(x)$ 取得最小值,

为 $g\left(\dfrac{\sqrt{2}}{2}\right) = 4 \times \dfrac{\sqrt{2}}{2} - 5 + \dfrac{2}{\dfrac{\sqrt{2}}{2}} = 4\sqrt{2} - 5$.

故当且仅当 $x = \dfrac{\sqrt{2}}{2}$,即 $\cos^2 B = \dfrac{\sqrt{2}}{2}$ 时,$\dfrac{a^2+b^2}{c^2}$ 的最小值为 $4\sqrt{2} - 5$.

点评:解法3构造函数,运用导数研究函数的单调性来求解,体现了导数的工具作用,尤其是出现运用均值不等式因取不到"等号"而失效的情况时,更会显示出应用导数的优越性.

思路4:利用正弦定理将目标式化为角的三角函数,然后利用三角恒等变换整理,设参转化为二次方程,利用判别式求最值.

解法4：上同解法2，知 $\dfrac{a^2+b^2}{c^2}=\dfrac{4x^2-5x+2}{x}$，$0<x<1$.

令 $\dfrac{a^2+b^2}{c^2}=M$，则 $M=\dfrac{4x^2-5x+2}{x}$，所以 $4x^2-(M+5)x+2=0$.

因为 $0<x<1$，所以该方程在 $(0,1)$ 上有实根.

由于二次函数 $f(x)=4x^2-(M+5)x+2$ 的图象恒过定点 $(0,2)$，且对称轴

$x=-\dfrac{-(M+5)}{2\times4}=\dfrac{M+5}{8}>0$，所以

$$f(1)<0,\quad ① \quad \text{或} \quad \begin{cases}\Delta=(M+5)^2-4\times4\times2\geqslant0,\\[1mm] 0<\dfrac{M+5}{8}<1,\qquad\qquad ②\\[1mm] f(1)>0.\end{cases}$$

解①，得 $M>1$；

解②，得 $4\sqrt{2}-5\leqslant M<1$.

综上，可知 M 的最小值为 $4\sqrt{2}-5$，代入 $4x^2-(M+5)x+2=0$ 中解得 $x=\dfrac{\sqrt{2}}{2}$.

故当且仅当 $\cos^2B=\dfrac{\sqrt{2}}{2}$ 时，$\dfrac{a^2+b^2}{c^2}$ 的最小值为 $4\sqrt{2}-5$.

点评：解法4将目标式设参，转化为关于 x 的一元二次方程，利用"根的分布"知识求解，其中将方程在 $(0,1)$ 上有实根等价转化为参数的不等式组是求解的难点和关键.

思路5：根据已知条件得到角的关系，作出三角形示意图，将问题化为边的关系，再结合均值不等式求解.

解法5：由解法1，得 $C=\dfrac{\pi}{2}+B$.

如图1，作 $\angle BCD=\angle B$，$\angle ACD=\dfrac{\pi}{2}$.

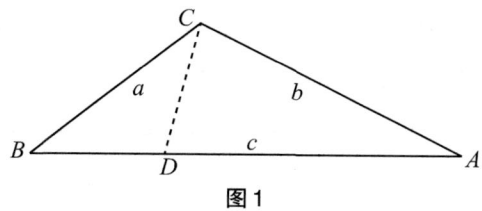

图1

63

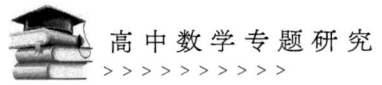

令 $BD = CD = x$，则在 $\mathrm{Rt}\triangle ACD$ 中，$x^2 + b^2 = (c - x)^2$，所以 $2cx = c^2 - b^2$，解得 $x = \dfrac{c^2 - b^2}{2c}$，所以 $AD = AB - BD = c - \dfrac{c^2 - b^2}{2c} = \dfrac{c^2 + b^2}{2c}$，所以 $\cos A = \dfrac{AC}{AD} = \dfrac{b}{\dfrac{c^2 + b^2}{2c}} = \dfrac{2bc}{b^2 + c^2}$.

在 $\triangle ABC$ 中，由余弦定理得 $a^2 = b^2 + c^2 - 2bc\cos A = b^2 + c^2 - 2bc \cdot \dfrac{2bc}{b^2 + c^2}$，

所以 $a^2(b^2 + c^2) = (b^2 + c^2)^2 - 4b^2c^2$，

所以 $c^4 - 2(a^2 + b^2)c^2 = b^2(a^2 + c^2 - b^2)$.

因为由基本不等式，得

$$
\begin{aligned}
b^2(a^2 + c^2 - b^2) &= \frac{1}{2}(2b^2)(a^2 + c^2 - b^2) \\
&\leqslant \frac{1}{2}\left[\frac{2b^2 + a^2 + c^2 - b^2}{2}\right]^2 \\
&= \frac{1}{2}\left(\frac{a^2 + b^2 + c^2}{2}\right)^2 = \frac{1}{8}(a^2 + b^2 + c^2)^2,
\end{aligned}
$$

当且仅当 $2b^2 = a^2 + c^2 - b^2$，即 $3b^2 = a^2 + c^2$ 时等号成立.

所以 $c^4 - 2(a^2 + b^2)c^2 \leqslant \dfrac{1}{8}(a^2 + b^2 + c^2)^2$，

两边同时除以 c^4，得 $1 - 2\left(\dfrac{a^2 + b^2}{c^2}\right) \leqslant \dfrac{1}{8}\left(\dfrac{a^2 + b^2}{c^2} + 1\right)^2$，当且仅当 $3b^2 = a^2 + c^2$ 时等号成立.

令 $\dfrac{a^2 + b^2}{c^2} = M$，则由题意知 $a^2 + b^2 < c^2$，所以 $0 < M < 1$.

所以 $1 - 2M \leqslant \dfrac{1}{8}(M + 1)^2$，整理得 $M^2 + 10M - 7 \geqslant 0$，解得 $M \leqslant -5 - 4\sqrt{2}$（舍去）或 $M \geqslant -5 + 4\sqrt{2}$.

故 $\dfrac{a^2 + b^2}{c^2}$ 的最小值为 $4\sqrt{2} - 5$.

点评：解法5按化边的思路，建立边与边之间的关系，运用均值不等式并结合一元二次不等式的解法求解，其抽象程度高、思维难度大，解法5仅作开阔思路之用，考试时不建议使用.

【例题改编】若已知题设条件不变，将第(2)小题目标式的分子中 b^2 前面

"嵌入"异于"1"的正数,求式子的最小值,可有一系列的改编题,这里分别以"嵌入"2和$\frac{1}{3}$为例,然后探究一般情形.

1. 记 $\triangle ABC$ 的内角 A,B,C 的对边分别为 a,b,c,已知 $\frac{\cos A}{1+\sin A}=\frac{\sin 2B}{1+\cos 2B}$,求 $\frac{a^2+2b^2}{c^2}$ 的最小值.

解析:由上面例题第(2)问的解法1,可得 $\frac{a^2+2b^2}{c^2}=\frac{4\cos^4 B-6\cos^2 B+3}{\cos^2 B}$,

令 $\cos^2 B=x$,则 $0<x<1$,

所以 $\frac{a^2+2b^2}{c^2}=\frac{4x^2-6x+3}{x}=4x+\frac{3}{x}-6\geq 2\sqrt{4x\cdot\frac{3}{x}}-6=4\sqrt{3}-6$,

当且仅当 $4x=\frac{3}{x}$,即 $x^2=\frac{3}{4}$,$x=\frac{\sqrt{3}}{2}$,亦即 $\cos^2 B=\frac{\sqrt{3}}{2}$ 时取等号.

故 $\frac{a^2+2b^2}{c^2}$ 的最小值为 $4\sqrt{3}-6$.

2. 记 $\triangle ABC$ 的内角 A,B,C 的对边分别为 a,b,c,已知 $\frac{\cos A}{1+\sin A}=\frac{\sin 2B}{1+\cos 2B}$,求 $\frac{a^2+\frac{1}{3}b^2}{c^2}$ 的最小值.

解析:由上面例题第(2)问的解法1,

可得 $\frac{a^2+\frac{1}{3}b^2}{c^2}=\frac{4\cos^4 B-\frac{13}{3}\cos^2 B+\frac{4}{3}}{\cos^2 B}$,

令 $\cos^2 B=x$,则 $0<x<1$,

所以 $\frac{a^2+\frac{1}{3}b^2}{c^2}=\frac{4x^2-\frac{13}{3}x+\frac{4}{3}}{x}=4x+\frac{4}{3x}-\frac{13}{3}=4\left(x+\frac{1}{3x}\right)-\frac{13}{3}\geq 8\sqrt{x\cdot\frac{1}{3x}}-\frac{13}{3}=\frac{8}{\sqrt{3}}-\frac{13}{3}=\frac{8\sqrt{3}-13}{3}$,

当且仅当 $x=\frac{1}{3x}$,即 $x^2=\frac{1}{3}$,$x=\frac{\sqrt{3}}{3}$,亦即 $\cos^2 B=\frac{\sqrt{3}}{3}$ 时取等号.

故 $\dfrac{a^2+\dfrac{1}{3}b^2}{c^2}$ 的最小值为 $\dfrac{8\sqrt{3}-13}{3}$.

现在问题来了,如果将 b^2 前面"嵌入"一般性的正数 λ,是否都能求得目标式的最小值?如果不能,正数 λ 应具备什么条件,目标式才能取得最小值?下面来探究这一问题.

【创新问题】 记 $\triangle ABC$ 的内角 A,B,C 的对边分别为 a,b,c,已知 $\dfrac{\cos A}{1+\sin A}=\dfrac{\sin 2B}{1+\cos 2B}$,问 $\dfrac{a^2+\lambda b^2}{c^2}$($\lambda$ 为常数,且 $\lambda>0$)是否存在最小值?λ 应具备什么条件?

思 路:依据上面例题第(2)问的解法 1,可得 $\dfrac{a^2+\lambda b^2}{c^2}=$

$\dfrac{4\cos^4 B-(\lambda+4)\cos^2 B+\lambda+1}{\cos^2 B}$.

令 $\cos^2 B=x$,则 $0<x<1$,

所 以 $\dfrac{a^2+b^2}{c^2}=\dfrac{4x^2-(\lambda+4)x+\lambda+1}{x}=4x+\dfrac{\lambda+1}{x}-(\lambda+4)\geqslant 2\sqrt{4x\cdot\dfrac{\lambda+1}{x}}-$

$(\lambda+4)=4\sqrt{\lambda+1}-\lambda-4$,

当且仅当 $4x=\dfrac{\lambda+1}{x}$,即 $x^2=\dfrac{\lambda+1}{4}$,$x=\dfrac{\sqrt{\lambda+1}}{2}$,亦即 $\cos^2 B=\dfrac{\sqrt{\lambda+1}}{2}$ 时取等号.

下面探究正数 λ 所具备的条件.

由(2)的解法 1,可知 $C=\dfrac{\pi}{2}+B$,$A=\dfrac{\pi}{2}-2B$,因为 $0<\dfrac{\pi}{2}-2B<\dfrac{\pi}{2}$,所以 $0<B<\dfrac{\pi}{4}$,所以 $0<\cos^2 B<\dfrac{1}{2}$,所以 $0<\dfrac{\sqrt{\lambda+1}}{2}<\dfrac{1}{2}$,所以 $0<\lambda<3$.

由此,我们可以推广得到一般性的结论:

记 $\triangle ABC$ 的内角 A,B,C 的对边分别为 a,b,c,已知 $\dfrac{\cos A}{1+\sin A}=\dfrac{\sin 2B}{1+\cos 2B}$,则当 $0<\lambda<3$ 时,$\dfrac{a^2+\lambda b^2}{c^2}$ 有最小值,当且仅当 $\cos^2 B=\dfrac{\sqrt{\lambda+1}}{2}$ 时,有最小值,为 $4\sqrt{\lambda+1}-\lambda-4$.

【解后反思】

解答解三角形问题的核心思路是边、角互换,通过正、余弦定理,将问题转换为边的问题或角的问题,求值问题往往转换为方程问题,取值范围问题转换为函数或均值不等式问题.

解答本文例题的一个难点在于如何转化条件:$\dfrac{\cos A}{1+\sin A}=\dfrac{\sin 2B}{1+\cos 2B}$.上述第(1)问解法2从其结构切入,联想并运用人教A版《普通高中教科书数学必修第二册》(2019年版)第226页练习第1题"求证:$\tan\dfrac{\alpha}{2}=\dfrac{\sin\alpha}{1+\cos\alpha}=\dfrac{1-\cos\alpha}{\sin\alpha}$",则转化条件相对而言就轻松得多了.由此看来,在教学中要重视对教材例、习题应用功能的挖掘.许多"二级结论"往往散落在课本例、习题中,这些"二级结论"虽然不建议直接用来求解解答题,但可以帮助考生在考试中迅速找到解决问题的思路和方向.与此同时,"二级结论"不仅对考生的解题有很好的指引作用,而且对所得结论也有精确的验证作用.因此,无论是同步教学还是在高考复习中,要常态化地指导学生通过对一些典型问题的探讨和拓展,及时归纳、总结出一些常用的"二级结论",这对于学生解题能力的提高和数学素养的提升是颇有裨益的.

第3讲　一道课本研究性习题的探究

课本上的题目是编写者配合基本知识精心编拟的,极具典型性,值得我们认真研究,深入挖掘,细细品味.对课本中的例、习题进行恰如其分地拓展,就必须对课本中的例、习题有着充分的认识,唯有如此,才能揭示蕴含在题目中的数学本质,也才能跳出无穷的试卷和题海,去充分体会数学的魅力,这对学生创新能力的培养、数学核心素养的提高都有着重要的意义.本文从几个视角来探究一道课本研究性习题.

【例题】(人教A版数学5必修第25页复习参考题B组第3题)研究一下,是否存在一个三角形具有以下性质:

(1)三边是连续的三个自然数;(2)最大角是最小角的2倍.

本题是一道颇具探究价值的趣题.题目要求当然是寻找两个性质同时满足的三角形.若只考虑满足其中一个性质,还是比较容易找到的;若考虑上述两个性质同时满足的三角形,其难度显然要大得多.为此,下面就从只考虑满足一个性质和同时满足上述两个性质这两方面来予以探究.

1.探究只满足其中一个性质的三角形.

(1)研究一下,是否存在三边是连续的三个自然数的三角形?

我们很容易想到,三边是2,3,4;3,4,5;4,5,6;… 显然,满足三边是连续的三个自然数的三角形有无数多个.

(2)研究一下,是否存在最大角是最小角的2倍的三角形?

我们不妨设最小角为α,则最大角为2α,另一个角为$\pi-3\alpha$,且满足$\alpha\leqslant\pi-3\alpha\leqslant2\alpha$,即$\dfrac{\pi}{5}\leqslant\alpha\leqslant\dfrac{\pi}{4}$.于是,只要任意设定一个满足$\dfrac{\pi}{5}\leqslant\alpha\leqslant\dfrac{\pi}{4}$的角为最小角,即可确定符合性质的三角形.显然,满足最大角是最小角的2倍的三角形也有无数多个.

2.探究同时满足上述两个性质的三角形.

探究同时满足上述两个性质的三角形,即研究本题的具体解法.

解法1:利用正弦定理和余弦定理联手求解.

设三角形的三边分别为 n, $n+1$, $n+2(n\geqslant2$, $n\in\mathbf{N}^*)$,三个内角由小到大分别为 α, $\pi-3\alpha$, 2α.

由正弦定理可得 $\dfrac{n}{\sin\alpha}=\dfrac{n+2}{\sin2\alpha}$,即 $\dfrac{n}{\sin\alpha}=\dfrac{n+2}{2\sin\alpha\cdot\cos\alpha}$,所以 $\cos\alpha=\dfrac{n+2}{2n}$.

由余弦定理得 $\cos\alpha=\dfrac{(n+1)^2+(n+2)^2-n^2}{2(n+1)(n+1)}=\dfrac{n+5}{2(n+2)}$,所以 $\dfrac{n+2}{2n}=\dfrac{n+5}{2(n+2)}$,解得 $n=4$.

所以三边的长分别为 $4,5,6$.

下面具体验证一下,当三角形(不妨设最小角为 α,最大角为 β)的三边长分别为 $4,5,6$ 时,是否确实满足第二个性质.

当三角形的三边长分别为 $4,5,6$ 时,有 $\cos\alpha=\dfrac{5^2+6^2-4^2}{2\times5\times6}=\dfrac{3}{4}$,所以 $\cos2\alpha=2\cos^2\alpha-1=\dfrac{1}{8}$. 又 $\cos\beta=\dfrac{4^2+5^2-6^2}{2\times4\times5}=\dfrac{1}{8}$,所以 $\cos\beta=\cos2\alpha$.

又 $2\alpha\in(0,\ \pi)$, $\beta\in(0,\ \pi)$,所以 $\beta=2\alpha$.

综上可知,存在三边长分别为 $4,5,6$ 的三角形,满足题中的两个性质.

解法2:利用余弦定理和余弦二倍角公式求解.

设三角形的三边分别为 n, $n+1$, $n+2(n\geqslant2$, $n\in\mathbf{N}^*)$,三个内角由小到大分别为 α, $\pi-3\alpha$, 2α.

则由余弦定理,得 $\cos\alpha=\dfrac{(n+1)^2+(n+2)^2-n^2}{2(n+1)(n+1)}=\dfrac{n+5}{2(n+2)}$, $\cos2\alpha=\dfrac{n^2+(n+1)^2-(n+2)^2}{2n(n+1)}=\dfrac{n-3}{2n}$.

因为 $\cos2\alpha=2\cos^2\alpha-1$,所以 $\dfrac{n-3}{2n}=2\times\left[\dfrac{n+5}{2(n+2)}\right]^2-1$,去分母整理得 $2n^3-n^2-25n-12=0$,因式分解,得 $(n-4)(2n^2+7n+3)=0$.

因为 $n\in\mathbf{N}^*$,所以 $n-4=0$,所以 $n=4$.

所以三边的长分别为 $4,5,6$.

以下同解法1.

解法3:从几何的角度,利用相似三角形求解.

设 $\triangle ABC$ 的三边分别为 n, $n+1$, $n+2(n\geqslant 2$, $n\in \mathbf{N}^*)$,所对应的三个内角分别为 A, B, C,则 $A=\alpha$, $C=2\alpha$.

如图1,作 $\angle ACB$ 的平分线 CD 交 AB 于点 D,则 $\angle DCB=\dfrac{1}{2}\angle ACB=\angle A$,所以 $\triangle ABC\backsim \triangle CBD$,

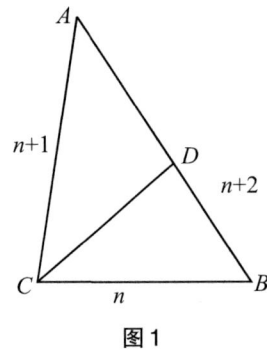

图1

所以 $\dfrac{BD}{BC}=\dfrac{BC}{AB}=\dfrac{DC}{AC}$,所以 $BD=\dfrac{BC^2}{AB}=\dfrac{n^2}{n+2}$,$CD=\dfrac{BC\cdot AC}{AB}=\dfrac{n(n+1)}{n+2}$.

又由 $\angle DCA=\angle A$,得 $CD=AD=AB-BD$,

所以 $\dfrac{n(n+1)}{n+2}=n+2-\dfrac{n^2}{n+2}$,化简得 $n^2-3n-4=0$.

因为 $n\in \mathbf{N}^*$,所以 $n=4$.

所以三边的长分别为 $4,5,6$.

以下同解法1.

【问题拓展】

将课本题拓展到一般情形,可有:

已知 $\triangle ABC$ 的三个内角 A,B,C 所对的边分别为 a,b,c,设 $a=n$, $b=n+1$, $c=n+2(n\geqslant 2$, $n\in \mathbf{N}^*)$,是否存在整数 $k(k\geqslant 2)$ 和 n,使得 $C=kA$?若存在,求出所有 k 的值和对应 n 的值;若不存在,请说明理由.

该拓展题是一道含双参的三角形存在性探索问题,方法较多,这里仅以课本题解法2的思路,联袂余弦定理和余弦二倍角公式列出不等式讨论求解.

解析:假设存在整数 k 和 n,使得 $C = kA(k \geq 2)$,则 $C \geq 2A$.

由余弦定理,得 $\cos A = \dfrac{(n+1)^2 + (n+2)^2 - n^2}{2(n+1)(n+2)} = \dfrac{n+5}{2(n+2)}$,$\cos C = \dfrac{n^2 + (n+1)^2 - (n+2)^2}{2n(n+1)} = \dfrac{n-3}{2n}$.

因为余弦函数在 $(0,\ \pi)$ 上单调递减,且 $0 < 2A \leq C < \pi$,

所以 $\cos C \leq \cos 2A = 2\cos^2 A - 1$.

所以 $\dfrac{n-3}{2n} \leq 2 \times \left[\dfrac{n+5}{2(n+2)} \right]^2 - 1$,

去分母整理得 $2n^3 - n^2 - 25n - 12 \leq 0$,

因式分解,得 $(n-4)(2n^2 + 7n + 3) \leq 0$,解得 $n \leq 4$.

又 $n \geq 2$,$n \in \mathbf{N}^*$,所以 n 的可能整数值为 $2,3,4$.

由上述求解过程,易知

①当 $n = 4$ 时,$C = 2A$.

②当 $n = 3$ 时,$a = 3$,$b = 4$,$c = 5$,此时 $\triangle ABC$ 为直角三角形,且 $C = \dfrac{\pi}{2}$,$\sin A = \dfrac{3}{5}$,

所以 $\dfrac{\pi}{6} < A < \dfrac{\pi}{4}$,所以 $\dfrac{\pi}{3} < 2A < \dfrac{\pi}{2}$,$\dfrac{\pi}{2} < 3A < \dfrac{3\pi}{4}$,所以 $2A < C < 3A$.

故当 $n = 3$ 时,不存在整数 k,使得 $C = kA(k \geq 2)$.

③当 $n = 2$ 时,$\cos C = \dfrac{n-3}{2n} = -\dfrac{1}{4}$,$\cos A = \dfrac{n+5}{2(n+2)} = \dfrac{7}{8}$,易知 $0 < A < \dfrac{\pi}{6}$,$\dfrac{\pi}{2} < C < \dfrac{2\pi}{3}$,

所以 $3A < C < 4A$.

故当 $n = 2$ 时,不存在整数 k,使得 $C = kA(k \geq 2)$.

综上可知,存在整数 k 和 n,使得 $C = kA(k \geq 2)$,且这样的整数对只有一组,即 $k = 2$,$n = 4$.

【同类题】

1.(第10届IMO试题国际奥林匹克数学竞赛试题第1题)求证:有且仅有一个三角形,它的边长为连续整数,有一个角是另一个角的两倍.

解析:见课本题解答.

2.(2021年07月北京朝阳区高一期末考试数学第16题)已知 $\triangle ABC$ 的三边为连续的正整数,给出下列四个结论:

①存在满足条件的三角形,使得三个内角中最大角等于另外两个角之和;

②存在满足条件的三角形,使得三个内角中最大角大于另外两个角之和;

③存在满足条件的三角形,使得三个内角中最大角等于最小角的两倍;

④存在满足条件的三角形,使得三个内角中最大角等于最小角的三倍.

其中所有正确结论的序号是_____.

解析:①存在.例如 $a=3$,$b=4$,$c=5$,则 $a^2+b^2=c^2$,$C=A+B=\dfrac{\pi}{2}$.

②存在.例如 $a=2$,$b=3$,$c=4$,则 $c^2>a^2+b^2$,$C>\dfrac{\pi}{2}>A+B$.

③存在.例如 $a=4$,$b=5$,$c=6$,则 $c^2=a(a+b)$,$C=2A$.

④不存在.若 $C=3A$,则由三倍角和正弦定理,得

$\sin C=\sin 3A \Leftrightarrow \sin C=3\sin A-4\sin^3 A \Leftrightarrow c=3a-4a^3$.

设 $a=n$,$b=n+1$,$c=n+2\,(n\geqslant 2$,$n\in \mathbf{N}^*)$,则 $n+2=3n-4n^3$,

所以 $2n^3-n+1=0$,即 $n^3-n+n^3+1=0$,

所以 $n(n+1)(n-1)+(n+1)(n^2-n+1)=0$,

所以 $(n+1)(2n^2-2n+1)=0$,该方程没有整数解.

故填:①②③.

3.(2013年全国高中数学联赛广西赛区预赛第一试第9题)(1)是否存在三边边长为连续自然数的三角形,使得最大角是最小角的两倍?

(2)是否存在三边边长为连续自然数的三角形,使得最大角是最小角的三倍? 若存在,分别求出该三角形的三边长;若不存在,请说明理由.

解析:(1)见课本题解答.(2)见同类题2④的解答.

【解后反思】

高考命题往往遵循"题在书外,根在书内"的命题原则,很多高考题都源自课本中的定理或定理中的方法,或是例题、习题的重新组合、加工和拓展等.源于课本,高于课本,是历年高考命题的真实写照.课本是一切知识的载体,是一切考题的根本,当学生在遨游题海的时候,课本仿佛方向盘一样,能起到确定方向的作用.在数学复习备考教学中,引导学生回归课本是至关重要的,回归课本、细品课本题目,更能让学生体会到"书中自有黄金屋"的妙处.

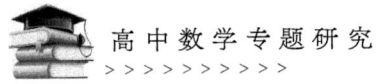

第4讲　一道高考向量题的解法探析

2022年高考北京卷数学第10题以平面几何切入,研究向量的数量积问题,是一道背景熟悉、难度"中庸"的选择压轴题,考查平面向量数量积有关知识及数形结合、化归转化等数学思想方法的理解、掌握和运用.本文从多种思路、不同方法来解答,展示数学的本质.

【例题】(2022年高考北京卷第10题)在 $\triangle ABC$ 中, $AC=3$, $BC=4$, $\angle C=90°$, P 为 $\triangle ABC$ 所在平面内的动点,且 $PC=1$,则 $\overrightarrow{PA}\cdot\overrightarrow{PB}$ 的取值范围是(　　)

A.$[-5,3]$　　　　B.$[-3,5]$　　　　C.$[-6,4]$　　　　D.$[-4,6]$

思路1:由题设条件可知 $\triangle ABC$ 为直角三角形,很自然想到通过建立平面直角坐标系利用坐标法求解.又由条件 $PC=1$ 可知,动点 P 的轨迹是单位圆,因此设 P 点的坐标为三角函数形式,然后表示出 $\overrightarrow{PA},\overrightarrow{PB}$,根据数量积的坐标表示、辅助角公式及正弦函数的性质计算求解.

解法1:依题意,建立如图1所示的平面直角坐标系,则 $C(0,0)$, $A(3,0)$, $B(0,4)$.

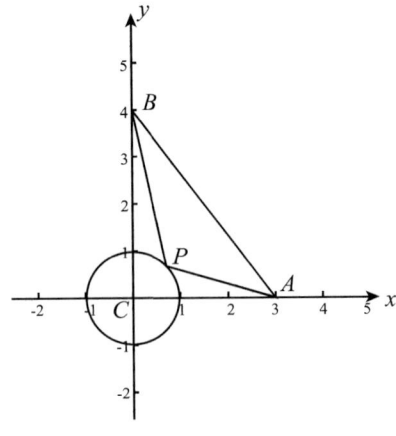

图1

因为 $PC=1$，所以 P 是以 C 为圆心，1 为半径的圆上的动点，

设 $P(\cos\theta,\ \sin\theta), \theta\in[0,\ 2\pi]$，

所以 $\overrightarrow{PA}=(3-\cos\theta,\ -\sin\theta), \overrightarrow{PB}=(-\cos\theta,\ 4-\sin\theta)$，

所以 $\overrightarrow{PA}\cdot\overrightarrow{PB}=(-\cos\theta)\times(3-\cos\theta)+(4-\sin\theta)\times(-\sin\theta)$

$\qquad\qquad =\cos^2\theta-3\cos\theta-4\sin\theta+\sin^2\theta=1-3\cos\theta-4\sin\theta$

$\qquad\qquad =1-5\sin(\theta+\varphi)$，

其中 $\sin\varphi=\dfrac{3}{5}, \cos\varphi=\dfrac{4}{5}$.

因为 $-1\leqslant\sin(\theta+\varphi)\leqslant 1$，所以 $-4\leqslant 1-5\sin(\theta+\varphi)\leqslant 6$，即 $\overrightarrow{PA}\cdot\overrightarrow{PB}\in[-4,\ 6]$.

故选 D.

点评：平面向量数量积的运算有两种形式：一是依据长度和夹角（定义），二是利用坐标运算．在求解涉及几何图形的向量的数量积运算问题时，可先利用向量的加、减运算或数量积的运算律化简后再运算，但一定要注意向量夹角与已知平面图形中的角的关系是相等还是互补．解法 1 是通过建立平面直角坐标系，设出点的坐标，利用数量积的坐标运算转化为三角函数，再利用三角函数求解的.

思路 2：将目标式中的两个向量分解，然后经过向量数量积运算变形后，设角，转化为三角函数形式，再根据辅助角公式及正弦函数的性质计算求解.

解法 2：因为 $\overrightarrow{PA}=\overrightarrow{PC}+\overrightarrow{CA}, \overrightarrow{PB}=\overrightarrow{PC}+\overrightarrow{CB}$，

所以 $\overrightarrow{PA}\cdot\overrightarrow{PB}=(\overrightarrow{PC}+\overrightarrow{CA})\cdot(\overrightarrow{PC}+\overrightarrow{CB})=\overrightarrow{PC}^2-\overrightarrow{PC}\cdot\overrightarrow{CB}+\overrightarrow{CA}\cdot\overrightarrow{PC}+\overrightarrow{CA}\cdot\overrightarrow{CB}$.

因为 $PC=1$，所以 $|\overrightarrow{PC}|=1$，所以 $\overrightarrow{PC}^2=1$；

又因为 $\angle C=90^\circ$，所以 $\overrightarrow{CA}\cdot\overrightarrow{CB}=0$.

所以 $\overrightarrow{PA}\cdot\overrightarrow{PB}=1-\overrightarrow{PC}\cdot\overrightarrow{CB}+\overrightarrow{CA}\cdot\overrightarrow{PC}$.

设 $<\overrightarrow{PC},\overrightarrow{CB}>=\alpha$，则 $<\overrightarrow{CA},\overrightarrow{PC}>=\dfrac{\pi}{2}+\alpha$，

所以 $\overrightarrow{PA}\cdot\overrightarrow{PB}=1-|\overrightarrow{PC}||\overrightarrow{CB}|\cos\alpha+|\overrightarrow{CA}||\overrightarrow{PC}|\cos\left(\dfrac{\pi}{2}+\alpha\right)$.

又因为 $AC=3, BC=4$，所以 $|\overrightarrow{CA}|=3, |\overrightarrow{CB}|=4$，

所 以 $\overrightarrow{PA}\cdot\overrightarrow{PB}=1-4\cos\alpha+3\cos\left(\dfrac{\pi}{2}+\alpha\right)=1-4\cos\alpha-3\sin\alpha=1-5\sin(\alpha+\beta)$，

其中 $\sin\beta = \dfrac{4}{5}$, $\cos\beta = \dfrac{3}{5}$.

因为 $-1 \leqslant \sin(\alpha+\beta) \leqslant 1$, 所以 $-4 \leqslant 1-5\sin(\alpha+\beta) \leqslant 6$, 即 $\overrightarrow{PA} \cdot \overrightarrow{PB} \in [-4, 6]$.

故选 D.

点评: 解法 2 利用基底将向量分解, 然后利用向量的加、减运算或数量积的运算律化简数量积, 设角后利用数量积定义转化为三角函数, 再利用三角函数求解.

思路 3: 取 AB 中点 D 后, 将目标式中的两个向量分解, 然后经过向量数量积运算将目标式转化为关于 $\overrightarrow{PD}$ 的关系式, 最后根据圆的几何性质计算求解.

解法 3: 取 AB 中点为 D, 则 $\overrightarrow{PA} = \overrightarrow{PD} + \overrightarrow{DA}$, $\overrightarrow{PB} = \overrightarrow{PD} + \overrightarrow{DB}$, 且 $\overrightarrow{DB} = -\overrightarrow{DA}$,

所以 $\overrightarrow{PA} \cdot \overrightarrow{PB} = (\overrightarrow{PD} + \overrightarrow{DA}) \cdot (\overrightarrow{PD} + \overrightarrow{DB}) = \overrightarrow{PD}^2 + \overrightarrow{PD} \cdot \overrightarrow{DA} + \overrightarrow{PD} \cdot \overrightarrow{DB} + \overrightarrow{DA} \cdot \overrightarrow{DB}$

$\quad\quad = \overrightarrow{PD}^2 + \overrightarrow{PD} \cdot \overrightarrow{DA} + \overrightarrow{PD} \cdot (-\overrightarrow{DA}) + \overrightarrow{DA} \cdot (-\overrightarrow{DA}) = \overrightarrow{PD}^2 - \overrightarrow{DA}^2$.

因为在 $\mathrm{Rt}\triangle ABC$ 中, $AC=3$, $BC=4$, 所以 $AB = \sqrt{AC^2 + BC^2} = 5$, 所以 $DA = \dfrac{5}{2}$,

所以 $\overrightarrow{DA}^2 = \dfrac{25}{4}$.

所以 $\overrightarrow{PA} \cdot \overrightarrow{PB} = \overrightarrow{PD}^2 - \dfrac{25}{4}$.

因为 $PC=1$, 所以 P 是以 C 为圆心, 1 为半径的圆上的动点, 如图 2.

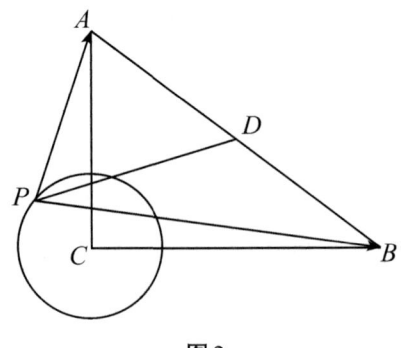

图 2

当 P 为线段 DC 与圆 C 的交点时, $|\overrightarrow{PD}|$ 有最小值, 为 $DC - PC = \dfrac{1}{2}AB - PC =$

$\dfrac{5}{2}-1=\dfrac{3}{2}$;

当 P 为线段 DC 的延长线与圆 C 的交点时, $|\overrightarrow{PD}|$ 有最大值,为 $DC+PC=$ $\dfrac{1}{2}AB+PC=\dfrac{5}{2}+1=\dfrac{7}{2}$.

所以 $\dfrac{3}{2}\leqslant|\overrightarrow{PD}|\leqslant\dfrac{7}{2}$,所以 $\dfrac{9}{4}\leqslant\overrightarrow{PD}^2\leqslant\dfrac{49}{4}$,所以 $-4\leqslant\overrightarrow{PD}^2-\dfrac{25}{4}\leqslant6$,

所以 $-4\leqslant\overrightarrow{PA}\cdot\overrightarrow{PB}\leqslant6$.

即 $\overrightarrow{PA}\cdot\overrightarrow{PB}\in[-4,6]$.

故选 D.

点评:解法 3 首先将向量分解,利用数量积的运算量转化,然后利用勾股定理、直角三角形的性质将数量积化简,最后利用圆的几何性质求解.

其实,将数量积化简为 $\overrightarrow{PA}\cdot\overrightarrow{PB}=\overrightarrow{PD}^2-\dfrac{25}{4}$,其背景就是向量中的"极化恒等式",在这里将这一块知识梳理一下.

1. 极化恒等式.

(1)对于两个非零向量的数量积,有结论:对于非零向量 a, b,有 $a\cdot b=\dfrac{1}{4}\left[(a+b)^2-(a-b)^2\right]$(或 $a\cdot b=\dfrac{1}{4}\left(|a+b|^2-|a-b|^2\right)$).

证明:因为 $(a+b)^2=|a|^2+2a\cdot b+|b|^2$,①

同理:$(a-b)^2=|a|^2-2a\cdot b+|b|^2$.②

由①+②得 $4a\cdot b=(a+b)^2-(a-b)^2$,即 $a\cdot b=\dfrac{1}{4}\left[(a+b)^2-(a-b)^2\right]$.

结论得证.

利用此结论建立起两向量的数量积与两向量的和、两向量的差三者之间的等量关系,可以"知二求一".

(2)在三角形中,利用上述结论,可得等式:

在 $\triangle ABC$ 中,D 为边 BC 的中点,则有 $\overrightarrow{AB}\cdot\overrightarrow{AC}=|\overrightarrow{AD}|^2-|\overrightarrow{BD}|^2$.(如图3)

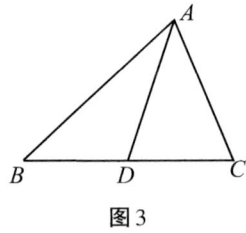

图3

证明:由上述结论,可得

$$\overrightarrow{AB} \cdot \overrightarrow{AC} = \frac{1}{4}\left[(\overrightarrow{AB}+\overrightarrow{AC})^2 - (\overrightarrow{AB}-\overrightarrow{AC})^2\right] = \frac{1}{4}\left[(2\overrightarrow{AD})^2 - (\overrightarrow{BC})^2\right] = \frac{1}{4}\left[(2\overrightarrow{AD})^2 - (2\overrightarrow{BD})^2\right] = |\overrightarrow{AD}|^2 - |\overrightarrow{BD}|^2.$$

结论得证.

我们把该等式称为极化恒等式.

2.极化恒等式的几何意义.

两个非零向量的数量积可以表示为以这两个向量为邻边的平行四边形的"和对角线"与"差对角线"平方差的$\frac{1}{4}$.(如图4)

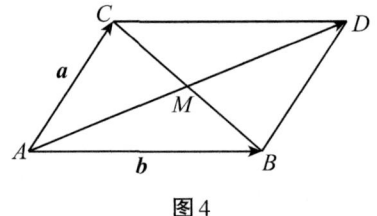

图4

由于极化恒等式将两个非零向量的数量积转化为这两个向量的"和向量"与"差向量",因而当两个向量的"和向量"与"差向量"均为已知向量时,可以考虑应用极化恒等式进行转化.特别是在求解有中点或能够构造中点的向量的数量积问题时,极化恒等式有着很好的应用.

思路4:取AB中点D,将目标式利用两向量数量积定义和余弦定理,再利用"平行四边形两条对角线的平方和等于四条边的平方和"转化为关于$\overrightarrow{PD}$的关系式,最后根据圆的几何性质计算求解.

解法4:取AB中点为D,则$\overrightarrow{PA} \cdot \overrightarrow{PB} = |\overrightarrow{PA}||\overrightarrow{PB}|\cos\angle APB = |\overrightarrow{PA}||\overrightarrow{PB}| \times$

$$\frac{\left|\overrightarrow{PA}\right|^2+\left|\overrightarrow{PB}\right|^2-\left|\overrightarrow{AB}\right|^2}{2\left|\overrightarrow{PA}\right|\left|\overrightarrow{PB}\right|}=\frac{\left|\overrightarrow{PA}\right|^2+\left|\overrightarrow{PB}\right|^2-\left|\overrightarrow{AB}\right|^2}{2}.$$

因为在 $\text{Rt}\triangle ABC$ 中，$AC=3$，$BC=4$，所以 $AB=\sqrt{AC^2+BC^2}=5$，所以 $DA=\dfrac{5}{2}$，

所以 $\left|\overrightarrow{AB}\right|^2=25,\overrightarrow{DA}^2=\dfrac{25}{4}$.

由三角形中线定理，知 $\left|\overrightarrow{PA}\right|^2+\left|\overrightarrow{PB}\right|^2=2\left(\overrightarrow{PD}^2+\left|\overrightarrow{DA}\right|^2\right)=2\overrightarrow{PD}^2+\dfrac{\left|\overrightarrow{AB}\right|^2}{2}$，

所以 $\overrightarrow{PA}\cdot\overrightarrow{PB}=\dfrac{2\overrightarrow{PD}^2+\dfrac{\left|\overrightarrow{AB}\right|^2}{2}-\left|\overrightarrow{AB}\right|^2}{2}=\overrightarrow{PD}^2-\dfrac{\left|\overrightarrow{AB}\right|^2}{4}=\overrightarrow{PD}^2-\dfrac{25}{4}$.

因为 $PC=1$，所以 P 是以 C 为圆心，1 为半径的圆上的动点，如图 2.

当 P 为线段 DC 与圆 C 的交点时，$\left|\overrightarrow{PD}\right|$ 有最小值，为 $DC-PC=\dfrac{1}{2}AB-PC=\dfrac{5}{2}-1=\dfrac{3}{2}$；

当 P 为线段 DC 的延长线与圆 C 的交点时，$\left|\overrightarrow{PD}\right|$ 有最大值，为 $DC+PC=\dfrac{1}{2}AB+PC=\dfrac{5}{2}+1=\dfrac{7}{2}$.

所以 $\dfrac{3}{2}\leqslant\left|\overrightarrow{PD}\right|\leqslant\dfrac{7}{2}$，所以 $\dfrac{9}{4}\leqslant\overrightarrow{PD}^2\leqslant\dfrac{49}{4}$，所以 $-4\leqslant\overrightarrow{PD}^2-\dfrac{25}{4}\leqslant6$，所以 $-4\leqslant\overrightarrow{PA}\cdot\overrightarrow{PB}\leqslant6$.

即 $\overrightarrow{PA}\cdot\overrightarrow{PB}\in\left[-4,\ 6\right]$.

故选 D.

点评：解法 4 利用数量积定义和余弦定理转化，然后利用勾股定理、三角形中线定理(又称阿波罗尼奥斯定理)将数量积化简，最后利用圆的几何性质求解.

【解后反思】

以上 4 种解题方法主要体现了 3 种解题思路：

一是"数化"，即从坐标法的角度思考，建立平面直角坐标系，利用向量的坐标运算将目标式转化，然后将点的坐标设为三角函数形式，利用三角函数知

识求解得到结论,如解法 1. 坐标法是解决向量问题的常用方法之一.

二是"形化",即从向量基底法的角度思考,利用基底向量建立运算关系将目标式转化,然后利用向量的极化恒等式或三角形中线定理,最后利用圆的几何性质求解得到结论,如解法 3、解法 4. 基底法可谓解决向量问题的通性通法.

三是"形数结合化",即首先从向量基底法的角度思考,利用基底向量建立运算关系将目标式转化,然后设角并利用数量积定义将目标式化为三角函数形式,利用三角函数知识求解得到结论,如解法 2. 对于向量综合问题而言,形数结合是常用的解题方法.

解答本文高考题的 3 种思路、4 种解法各具特色,各显其妙,均很好体现了向量数量积问题的数学本质.因此,解答经典考题时要主动归纳总结各种方法,并熟练掌握处理问题的通性通法,在掌握基本方法的同时,要学会分析、比较、优化解题方法,唯有如此,当遇到不同问题时,才会选择恰当的方法,使解题少走弯路.

第5讲 一道高考复数题的多种解法

复数是高中数学的基础知识,也是历年高考考查的基本考点,在高考试卷中往往处在前两题的位置,多数情况下考查复数的有关概念或代数形式的四则运算.下面对一道高考复数题的解法进行探究.

【例题】(2020年高考全国卷Ⅱ理科第15题)设复数 z_1,z_2 满足 $|z_1|=|z_2|=2$,$z_1+z_2=\sqrt{3}+\mathrm{i}$,则 $|z_1-z_2|=$ _____.

思路1:令 $z_1=a+b\mathrm{i}(a,b\in\mathbf{R})$,$z_2=c+d\mathrm{i}(c,d\in\mathbf{R})$,根据复数的相等可求得 $ac+bd=-2$,代入复数模长的公式中即可得到结果.

解法1:设 $z_1=a+b\mathrm{i}(a,b\in\mathbf{R})$,$z_2=c+d\mathrm{i}(c,d\in\mathbf{R})$,

则由 $z_1+z_2=\sqrt{3}+\mathrm{i}$,

得 $a+c+(b+d)\mathrm{i}=\sqrt{3}+\mathrm{i}$,

所以 $\begin{cases}a+c=\sqrt{3},\\b+d=1.\end{cases}$

由 $|z_1|=|z_2|=2$,得 $a^2+b^2=4$,$c^2+d^2=4$.

又 $|z_1+z_2|=4$,

所以 $(a+c)^2+(b+d)^2=a^2+c^2+b^2+d^2+2(ac+bd)=4$,

所以 $ac+bd=-2$.

所以 $|z_1-z_2|=|(a-c)+(b-d)\mathrm{i}|=\sqrt{(a-c)^2+(b-d)^2}$
$$=\sqrt{8-2(ac+bd)}=\sqrt{8+4}=2\sqrt{3}.$$

点评:该解法分别设出复数 z_1,z_2 的代数形式,利用复数的模和加法运算及复数相等的充要条件进行转化,求得 $ac+bd$ 后,整体代入求解,体现了整体代入思想的运用.设出复数的代数形式,利用复数相等的充要条件转化是解决复数问题的通性通法.

思路2:令 $z_1=a+b\mathrm{i}(a,b\in\mathbf{R})$,根据 $z_1+z_2=\sqrt{3}+\mathrm{i}$,表示出 z_2,然后利用模

长公式得到整体关系,代入两复数差的模长公式求得结果.

解法 2:设 $z_1 = a + bi(a, b \in \mathbf{R})$,则由 $z_1 + z_2 = \sqrt{3} + i$,

得 $z_2 = \sqrt{3} - a + (1 - b)i(a, b \in \mathbf{R})$.

由 $|z_1| = |z_2| = 2$,得

$a^2 + b^2 = 4$,$(\sqrt{3} - a)^2 + (1 - b)^2 = a^2 + b^2 - 2\sqrt{3}a - 2b + 4 = 4$,所以 $a^2 + b^2 = 4$,

$a^2 + b^2 - 2\sqrt{3}a - 2b = 0$.

又 $z_1 - z_2 = 2a - \sqrt{3} + (2b - 1)i$,

所以 $|z_1 - z_2| = |2a - \sqrt{3} + (2b - 1)i|$

$$= \sqrt{(2a - \sqrt{3})^2 + (2b - 1)^2} \sqrt{2(a^2 + b^2) + 2(a^2 + b^2 - 2\sqrt{3}a - 2b) + 4}$$

$$= \sqrt{2 \times 4 + 2 \times 0 + 4} = 2\sqrt{3}.$$

点评:该解法设出复数 z_1 的代数形式,然后利用 $z_1 + z_2 = \sqrt{3} + i$ 表示出 z_2,而后由 $|z_1| = |z_2| = 2$ 得到整体关系,最后代入两复数差的模长公式求得结果.该解法虽然减少了参数的数量,但有着较强的技巧性,也体现了整体代入思想的运用.

思路 3:设复数 z_1,z_2 所对应的点为 Z_1,Z_2,$\overrightarrow{OP} = \overrightarrow{OZ_1} + \overrightarrow{OZ_2}$,根据复数的几何意义及复数的模,判定平行四边形 OZ_1PZ_2 为菱形,$|\overrightarrow{OP}| = |\overrightarrow{OZ_1}| = |\overrightarrow{OZ_2}| = 2$,进而根据复数的减法的几何意义利用几何方法计算 $|z_1 - z_2|$.

解法 3:如图 1 所示,设复数 z_1,z_2 所对应的点为 Z_1,Z_2,则 $\overrightarrow{OP} = \overrightarrow{OZ_1} + \overrightarrow{OZ_2}$.

由已知 $|\overrightarrow{OP}| = \sqrt{3 + 1} = 2 = |\overrightarrow{OZ_1}| = |\overrightarrow{OZ_2}|$,

所以平行四边形 OZ_1PZ_2 为菱形,且 $\triangle OPZ_1$,$\triangle OPZ_2$ 都是正三角形,所以 $\angle Z_1OZ_2 = 120°$.

在 $\triangle Z_1OZ_2$ 中,由余弦定理得

$$|\overrightarrow{Z_1Z_2}|^2 = |\overrightarrow{OZ_1}|^2 + |\overrightarrow{OZ_2}|^2 - 2|\overrightarrow{OZ_1}||\overrightarrow{OZ_2}|\cos 120° = 2^2 + 2^2 - 2 \cdot 2 \cdot 2 \cdot \left(-\frac{1}{2}\right) =$$

12.

所以 $|z_1 - z_2| = |\overrightarrow{Z_1Z_2}| = 2\sqrt{3}$.

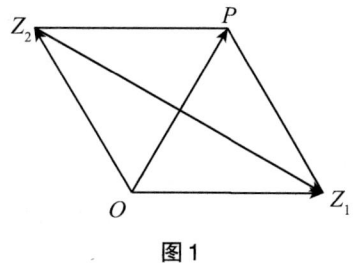

图1

点评:该解法利用复数及其运算的几何意义,转化为几何问题求解.复数的几何意义将复数与复平面上的点(或"以原点为起点的向量")建立了一一对应关系,使"数"的问题可用"点"(或"向量")的问题进行转化求解,实现了"数"与"形"的有机结合.对于涉及复数的模,与平面上的点的结合问题、与平面向量的结合问题,一般宜用复数的几何意义来求解.

思路4:结合复数的表示,将问题转化到平行四边形中,利用平行四边形的性质"平行四边形两条对角线的平方和等于四条边的平方和"求解,比较简洁.

解法4:如图1所示,设复数z_1,z_2所对应的向量分别为$\overrightarrow{OZ_1}$,$\overrightarrow{OZ_2}$,

则由$|z_1|=|z_2|=2$,得$|\overrightarrow{OZ_1}|=|\overrightarrow{OZ_2}|=2$,

所以以$\overrightarrow{OZ_1}$,$\overrightarrow{OZ_2}$为邻边的四边形OZ_1PZ_2是平行四边形(菱形),

所以有$|\overrightarrow{OP}|^2+|\overrightarrow{Z_1Z_2}|^2=2\left(|\overrightarrow{OZ_1}|^2+|\overrightarrow{OZ_2}|^2\right)$,

即$|z_1+z_2|^2+|z_1-z_2|^2=2\left(|z_1|^2+|z_2|^2\right)$.

因为$z_1+z_2=\sqrt{3}+i$,所以$|z_1+z_2|=2$.

所以$|z_1-z_2|^2=2\left(|z_1|^2+|z_2|^2\right)-|z_1+z_2|^2=2\times(4+4)-4=12$,

所以$|z_1-z_2|=2\sqrt{3}$.

点评:本解法利用了复数模的一个结论:设复数z_1,z_2,则$|z_1+z_2|^2+|z_1-z_2|^2=2\left(|z_1|^2+|z_2|^2\right)$,其思路简洁、明快,对选择、填空题而言特别适用,但理解、掌握所用的结论是关键.

该试题是一道已知两复数的模与两复数的和,求两复数差的模的问题.试题素养立意,思路入口宽,解法灵活多样,既能很好地考查考生对复数的概念、性质、公式、几何意义等知识的掌握情况,体现基础性的要求,又能考查综合运

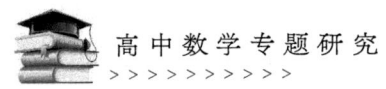
用多种数学思想如化归转化、数形结合及分析、解决问题的能力,体现综合性、创新性、应用性的要求,是一道质朴蕴奇的优质试题.

【解后反思】

根据本题的探讨过程,给出下面一个结论:

在复平面内,O 是坐标原点,复数 z_1,z_2 所对应的点分别为 Z_1,Z_2,z_1+z_2 所对应的点为 P,则四边形 OZ_1PZ_2 是平行四边形.

特别地,若 $|z_1|=|z_2|$,则平行四边形 OZ_1PZ_2 是菱形;若 $|z_1-z_2|=|z_1+z_2|$,则平行四边形 OZ_1PZ_2 是矩形;若 $|z_1|=|z_2|$,且 $|z_1-z_2|=|z_1+z_2|$,则平行四边形 OZ_1PZ_2 是正方形.

复数是历年高考的必考内容,多以选择题或填空题的形式出现,主要考查复数的有关概念、几何意义和复数代数形式的四则运算,试题活而不难.但随着课改和高考命题改革的推进,从上述高考题所传递出信息可以看出,高考复数命题将趋于多元化,不止局限于复数的概念和代数运算,将会挖掘和考查复数更深层次的内容或复数与其他知识的交会等,难度也会有增加的趋势,这一变化在学习或复习备考的过程中理应引起我们的重视.

第三篇 数列与不等式

　　数列与不等式在高考中常常需要运用高阶思维来解题.解题时,需运用逻辑思维分析题目,分类讨论复杂情况,通过化归思维简化问题,尝试逆向思维寻求解答,并利用数形结合直观理解.这些思维方法能帮助学生深入理解题目,提高解题效率和准确性.

第 1 讲 一道二阶线性递推数列题的探究

本文对一道二阶线性递推数列试题,从追溯试题原型到对原型解法探究,再到提炼求解一类问题通法,直到最后拓展问题的一般性结论,均体现了深度探究的过程.

【例题】(2021年八省新高考联考第17题)已知各项都为正数的数列 $\{a_n\}$ 满足 $a_{n+2} = 2a_{n+1} + 3a_n$.

(1)证明:数列 $\{a_n + a_{n+1}\}$ 为等比数列;

(2)若 $a_1 = \dfrac{1}{2}$,$a_2 = \dfrac{3}{2}$,求 $\{a_n\}$ 的通项公式.

分析:这是一道二阶线性递推数列求通项公式试题,它的课本原型是普通高中课程标准实验教科书人教A版数学必修5第69页复习参考题B组第6题.本试题虽由该课本题目改编而来,但递推关系完全相同,可谓如出一辙.由于试题设置了两问,第1问证明等比数列,第2问求数列的通项公式,相当于有了台阶式的过渡,比之课本题,无形中降低了难度.这里,首先研究课本题的解法,通过对课本题解法的研究,得到求解这类二阶线性递推数列问题的通法,从而水到渠成地得到试题的解法.

【原型再现】(人教A版数学必修5第69页B组第6题)已知数列 $\{a_n\}$ 中,$a_1 = 5$,$a_2 = 2$,$a_n = 2a_{n-1} + 3a_{n-2}$($n \geq 3$),对于这个数列的通项公式作一研究,能否写出它的通项公式?

解法1:由 $a_n = 2a_{n-1} + 3a_{n-2}$,得 $a_n + a_{n-1} = 3(a_{n-1} + a_{n-2})$,

以及 $a_n - 3a_{n-1} = -(a_{n-1} - 3a_{n-2})$.

又 $a_1 = 5$,$a_2 = 2$,

所以 $a_n + a_{n-1} = 3^{n-2}(a_2 + a_1) = 7 \cdot 3^{n-2}$,

$a_n - 3a_{n-1} = (-1)^{n-2}(a_2 - 3a_1) = 13 \cdot (-1)^{n-1}$.

由以上两式,得 $4a_n = 3^{n-1} \times 7 + (-1)^{n-1} \times 13$.

所以数列 $\{a_n\}$ 的通项公式是 $a_n = \dfrac{1}{4}\left[7 \cdot 3^{n-1} + 13 \cdot (-1)^{n-1}\right]$.

点评:这是普通高中课程标准实验教科书人教A版数学必修5教师教学用书中提供的解法,该解法中,为什么得到" $a_n + a_{n-1} = 3(a_{n-1} + a_{n-2})$, $a_n - 3a_{n-1} = -(a_{n-1} - 3a_{n-2})$"这两个关系式,让人感到"突兀",我们只能权当是"观察"出来的.为了易于大家理解,下面给出求解这类数列问题的一种通用方法.

解法2:将 $a_n = 2a_{n-1} + 3a_{n-2}$ 两边同时减去 λa_{n-1},得 $a_n - \lambda a_{n-1} = (2-\lambda)a_{n-1} + 3a_{n-2}$,即 $a_n - \lambda a_{n-1} = (2-\lambda)\left(a_{n-1} + \dfrac{3}{2-\lambda}a_{n-2}\right)$.

令 $-\lambda = \dfrac{3}{2-\lambda}$,得 $\lambda^2 - 2\lambda - 3 = 0$,解得 $\lambda = -1$,或 $\lambda = 3$.

当 $\lambda = -1$ 时, $a_n + a_{n-1} = 3(a_{n-1} + a_{n-2})$,又 $a_2 + a_1 = 2 + 5 = 7$,

所以 $a_n + a_{n-1} = 7 \cdot 3^{n-2}$.①

当 $\lambda = 3$ 时, $a_n - 3a_{n-1} = -(a_{n-1} - 3a_{n-2})$,又 $a_2 - 3a_1 = 2 - 3 \times 5 = -13$,

所以 $a_n - 3a_{n-1} = -13 \cdot (-1)^{n-2} = 13 \cdot (-1)^{n-1}$. ②

①×3+②,得 $4a_n = 3^{n-2} \times 7 \times 3 + (-1)^{n-1} \times 13 = 3^{n-1} \times 7 + (-1)^{n-1} \times 13$.

所以数列 $\{a_n\}$ 的通项公式是 $a_n = \dfrac{1}{4}\left[7 \cdot 3^{n-1} + 13 \cdot (-1)^{n-1}\right]$.

点评:课本题中的二阶递推关系式所反映的数列其实是两个等比数列的"合体".解法2通过配凑 λa_{n-1},运用待定系数法得到关于 λ 的方程(数列 $\{a_n\}$ 的特征方程),解方程求出 λ 的值,根据 λ 的值构造出两个等比数列进而求得通项公式,体现了构造思想和化归转化思想的运用.

将上述解法2的思路推广到一般递推公式,形如 $a_{n+2} = pa_{n+1} + qa_n$ 的二阶线性递推数列 $\{a_n\}$ 求通项公式的一类问题,便可得到求解这类问题的通法.

在递推式的两边同时减去 λa_{n+1},得 $a_{n+2} - \lambda a_{n+1} = (p-\lambda)a_{n+1} + qa_n$,

即 $a_{n+2} - \lambda a_{n+1} = (p-\lambda)\left(a_{n+1} + \dfrac{q}{p-\lambda}a_n\right)$.

令 $-\lambda = \dfrac{q}{p-\lambda}$,求出 λ 的值,构造以 $a_2 - \lambda a_1$ 为首项,公比为 $p-\lambda$ 的等比数列 $\{a_{n+1} - \lambda a_n\}$.

　　这一通法是将二阶线性递推式,通过待定系数法转化为两个一阶线性递推式,然后将两个一阶线性递推式联立成方程组,通过解方程组求出数列的通项公式,体现了方程思想、降维转化思想的运用.

　　按照上面所述的通法,我们现在来解答【例题】.

　　解析:将 $a_{n+2} = 2a_{n+1} + 3a_n$ 的两边同时减去 λa_{n+1},

　　得 $a_{n+2} - \lambda a_{n+1} = (2-\lambda)a_{n+1} + 3a_n$,即 $a_{n+2} - \lambda a_{n+1} = (2-\lambda)\left(a_{n+1} + \dfrac{3}{2-\lambda}a_n\right)$.

　　令 $-\lambda = \dfrac{3}{2-\lambda}$,得 $\lambda^2 - 2\lambda - 3 = 0$,解得 $\lambda = -1$,或 $\lambda = 3$.

　　当 $\lambda = -1$ 时,有 $a_{n+2} + a_{n+1} = 3(a_{n+1} + a_n)$,所以数列 $\{a_n + a_{n+1}\}$ 是以 $a_1 + a_2$ 为首项,3 为公比的等比数列.

　　因为 $a_1 = \dfrac{1}{2}$,$a_2 = \dfrac{3}{2}$,所以 $a_1 + a_2 = 2$.

　　所以若 $\lambda = -1$,则 $a_n + a_{n+1} = (a_1 + a_2) \cdot 3^{n-1} = 2 \cdot 3^{n-1}$.　①

　　当 $\lambda = 3$ 时,有 $a_{n+2} - 3a_{n+1} = -(a_{n+1} - 3a_n)$,所以数列 $\{a_{n+1} - 3a_n\}$ 是以 $a_2 - 3a_1$ 为首项,-1 为公比的等比数列.

　　所以 $a_{n+1} - 3a_n = (a_2 - 3a_1) \cdot (2-\lambda)^{n-1}$.

　　而由 $a_1 = \dfrac{1}{2}$,$a_2 = \dfrac{3}{2}$,得 $a_2 - 3a_1 = 0$,所以 $a_{n+1} - 3a_n = 0$.　②

　　故由①②,得 $4a_n = 2 \cdot 3^{n-1}$,所以 $a_n = \dfrac{1}{2} \cdot 3^{n-1}$.

　　需要说明的是,对于 $\lambda = 3$ 的情形,当代入 a_1,a_2 的值后虽然得到 $a_2 - 3a_1 = 0$,但仍借助了其递推关系 $a_{n+1} - 3a_n = 0$,最终求得数列 $\{a_n\}$ 的通项公式的.

【问题拓展】

　　对于一般的二阶线性递推数列的通项公式,依据上述通法研究的思路,我们可以推得下面两个一般性结论.

　　结论 1. 已知数列 $\{a_n\}$ 中,$a_1 = a$,$a_2 = b$,且满足 $a_{n+2} = pa_{n+1} + qa_n$.若特征方程 $\lambda^2 - p\lambda - q = 0$ 有两个不等实数根 λ_1,λ_2,则数列 $\{a_n\}$ 的通项公式为 $a_n = s\lambda_1^{n-1} + t\lambda_2^{n-1}$.其中 s,t 由 $\begin{cases} s + t = a, \\ s\lambda_1 + t\lambda_2 = -b \end{cases}$ 确定.

证明:将 $a_{n+2}=pa_{n+1}+qa_n$ 的两边同时减去 λa_{n+1},

得 $a_{n+2}-\lambda a_{n+1}=(p-\lambda)a_{n+1}+qa_n$,即 $a_{n+2}-\lambda a_{n+1}=(p-\lambda)\left(a_{n+1}+\dfrac{q}{p-\lambda}a_n\right)$.

令 $-\lambda=\dfrac{q}{p-\lambda}$,得 $\lambda^2-p\lambda-q=0$,

因为方程 $\lambda^2-p\lambda-q=0$ 有两个不等实数根 λ_1,λ_2,所以 $\lambda_1+\lambda_2=p$,$\lambda_1\lambda_2=-q$.

当 $\lambda=\lambda_1$ 时,有 $a_{n+2}-\lambda_1a_{n+1}=\lambda_2(a_{n+1}-\lambda_1a_n)$,

所以数列 $\{a_{n+1}-\lambda_1a_n\}$ 是以 $a_2-\lambda_1a_1=b-\lambda_1a$ 为首项,λ_2 为公比的等比数列,所以 $a_{n+1}-\lambda_1a_n=(b-\lambda_1a)\lambda_2^{n-1}$. ①

同理,当 $\lambda=\lambda_2$ 时,可得 $a_{n+1}-\lambda_2a_n=(b-\lambda_2a)\lambda_1^{n-1}$. ②

由题设知,该数列的每一项都是唯一确定的,因此数列的通项公式也是唯一确定的.

又由①②,知 a_n 可用 λ_1^{n-1},λ_2^{n-1} 唯一地线性表示,

设 $a_n=s\lambda_1^{n-1}+t\lambda_2^{n-1}$,由 $a_1=a$,$a_2=b$,所以 s,t 由 $\begin{cases}s+t=a,\\s\lambda_1+t\lambda_2=b\end{cases}$ 唯一确定.

结论2. 已知数列 $\{a_n\}$ 中,$a_1=a$,$a_2=b$,且满足 $a_{n+2}=pa_{n+1}+qa_n$.若特征方程 $\lambda^2-p\lambda-q=0$ 有两个相等实数根 λ,则数列 $\{a_n\}$ 的通项公式为 $a_n=(sn+t)\lambda^{n-1}$. 其中 s,t 由 $\begin{cases}(s+t)\lambda=a,\\(2s+t)\lambda^2=b\end{cases}$ 确定.

证明:将 $a_{n+2}=pa_{n+1}+qa_n$ 的两边同时减去 λa_{n+1},

得 $a_{n+2}-\lambda a_{n+1}=(p-\lambda)a_{n+1}+qa_n$,即 $a_{n+2}-\lambda a_{n+1}=(p-\lambda)\left(a_{n+1}+\dfrac{q}{p-\lambda}a_n\right)$.

令 $-\lambda=\dfrac{q}{p-\lambda}$,得 $\lambda^2-p\lambda-q=0$.

因为方程 $\lambda^2-p\lambda-q=0$ 有两个相等实数根,则 $\lambda=\dfrac{p}{2}$,$\lambda^2=-q$.

所以由 $a_{n+2}-\lambda a_{n+1}=(p-\lambda)\left(a_{n+1}+\dfrac{q}{p-\lambda}a_n\right)$,得 $a_{n+2}-\lambda a_{n+1}=\lambda(a_{n+1}-\lambda a_n)$,

所以数列 $\{a_{n+1}-\lambda a_n\}$ 是以 $a_2-\lambda a_1=b-\lambda a$ 为首项,λ 为公比的等比数列,

所以 $a_{n+1} - \lambda a_n = (b - \lambda a)\lambda^{n-1}.$ ①

两边同时除以 λ^{n+1}，得 $\dfrac{a_{n+1}}{\lambda^{n+1}} - \dfrac{a_n}{\lambda^n} = \dfrac{b - \lambda a}{\lambda^2}.$

所以数列 $\left\{\dfrac{a_n}{\lambda^n}\right\}$ 是以 $\dfrac{a}{\lambda}$ 为首项，$\dfrac{b - \lambda a}{\lambda^2}$ 为公差的等差数列，

所以 $\dfrac{a_n}{\lambda^n} = \dfrac{a}{\lambda} + (n-1) \cdot \dfrac{b - \lambda a}{\lambda^2},$

解得 $a_n = \dfrac{(b - \lambda a)n + 2a\lambda - b}{\lambda} \cdot \lambda^{n-1} = (sn + t)\lambda^{n-1}.$

因为 $a_1 = a, a_2 = b$，所以 s，t 由 $\begin{cases}(s+t)\lambda = a, \\ (2s+t)\lambda^2 = b\end{cases}$ 唯一确定.

第2讲 线性型数列互嵌问题的解法

若两个数列出现在同一个递推关系式中,我们把这样的数列问题称之为"数列互嵌".以往,数列互嵌问题大多出现在竞赛试题中,随着2019年高考数学全国Ⅱ卷理科第19题的出现,这类问题逐步成为高考或各地模拟考试的热点,为此研究和探讨这类问题的求解策略实属必要.由于数列互嵌问题中的两个数列"你中有我,我中有你",盘根错节,因此求解这类问题,既要注意两个数列之间的相互渗透和相互影响,又要根据所给递推式的结构特点眼观全局,从整体入手或抽茧剥丝进行分析.本文就递推式形如 $\begin{cases} a_{n+1}=pa_n+qb_n+c, \\ b_{n+1}=ra_n+sb_n+d \end{cases}$ (其中 p,q 不全为 0,r,s 不全为 0)的一类"线性型"数列互嵌问题的常见类型和解法予以探究.

1.系数交错,目标明确型.

递推式形如 $\begin{cases} a_{n+1}=pa_n+qb_n+c, \\ b_{n+1}=qa_n+pb_n+d \end{cases}$ (其中 p,q 不全为 0),且证明的结论具有明确的指向性,最典型的试题莫过于2019年高考全国Ⅱ卷理科第19题.该试题中的两个递推式巧妙地将两个数列"嵌入"其中,其结构优美,浑然天成.而且两个递推关系式关系紧密,尤其是右边 a_n,b_n 的"系数"交错相同,可谓珠联璧合,很好地反映了递推数列一类问题的本质.由于目标指向性明确,这样也给考生解答问题提供了较为广阔的思考空间.

例1.(2019年高考全国Ⅱ卷理科第19题)已知数列 $\{a_n\}$ 和 $\{b_n\}$ 满足 $a_1=1$,$b_1=0$,$4a_{n+1}=3a_n-b_n+4$,$4b_{n+1}=3b_n-a_n-4$.

(1)证明: $\{a_n+b_n\}$ 是等比数列,$\{a_n-b_n\}$ 是等差数列;

(2)求 $\{a_n\}$ 和 $\{b_n\}$ 的通项公式.

思路1:(1)可通过对题意中的 $4a_{n+1}=3a_n-b_n+4$ 以及 $4b_{n+1}=3b_n-a_n-4$ 两式进行相加和相减,推导出数列 $\{a_n+b_n\}$ 是等比数列以及数列 $\{a_n-b_n\}$ 是等差

数列.(2)可通过(1)中的结果推导出数列$\{a_n+b_n\}$以及数列$\{a_n-b_n\}$的通项公式,然后利用数列$\{a_n+b_n\}$以及数列$\{a_n-b_n\}$的通项公式即可得出结果.

解法1:(加减运算法)(1)将$4a_{n+1}=3a_n-b_n+4,4b_{n+1}=3b_n-a_n-4$相加可得

$4a_{n+1}+4b_{n+1}=3a_n+3b_n-a_n-b_n$,整理可得$a_{n+1}+b_{n+1}=\dfrac{1}{2}(a_n+b_n)$.

又$a_1+b_1=1$,故$\{a_n+b_n\}$是首项为1,公比为$\dfrac{1}{2}$的等比数列.

将$4a_{n+1}=3a_n-b_n+4,4b_{n+1}=3b_n-a_n-4$作差可得$4a_{n+1}-4b_{n+1}=3a_n-3b_n+a_n-b_n+8$,整理可得$a_{n+1}-b_{n+1}=a_n-b_n+2$.

又$a_1-b_1=1$,故$\{a_n-b_n\}$是首项为1,公差为2的等差数列.

(2)由$\{a_n+b_n\}$是首项为1,公比为$\dfrac{1}{2}$的等比数列可得$a_n+b_n=\left(\dfrac{1}{2}\right)^{n-1}$.　①

由$\{a_n-b_n\}$是首项为1,公差为2的等差数列可得$a_n-b_n=2n-1$.　　②

①②相加,化简得$a_n=\left(\dfrac{1}{2}\right)^n+n-\dfrac{1}{2}$,

①②相减,化简得$b_n=\left(\dfrac{1}{2}\right)^n-n+\dfrac{1}{2}$.

点评:该解法依据两个递推式的特点,并结合(1)的目标,利用两式相加和相减运算,先从整体上证明数列是等比或等差数列,然后再求得个体数列的通项公式.

思路2:(1)要证明$\{a_n+b_n\}$是等比数列,只要证明存在非零常数q,使得$a_{n+1}+b_{n+1}=q(a_n+b_n)$即可;要证明$\{a_n-b_n\}$是等差数列,只要证明存在常数$d$,使得$a_{n+1}-b_{n+1}=(a_n-b_n)+d$即可.本题可运用待定系数法证明.

解法2:(待定系数法)(1)设$a_{n+1}+b_{n+1}=q(a_n+b_n)(q\neq0)$,

则$\dfrac{1}{4}\left[(3a_n-b_n+4)+(3b_n-a_n-4)\right]=q(a_n+b_n)$,

整理得$2a_n+2b_n=4qa_n+4qb_n$.

令$4q=2$,得$q=\dfrac{1}{2}$,所以$a_{n+1}+b_{n+1}=\dfrac{1}{2}(a_n+b_n)$.

又$a_1+b_1=1$,故$\{a_n+b_n\}$是首项为1,公比为$\dfrac{1}{2}$的等比数列.

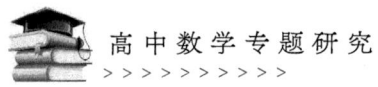

设 $a_{n+1} - b_{n+1} = (a_n - b_n) + d$,

则 $\frac{1}{4}\left[(3a_n - b_n + 4) - (3b_n - a_n - 4)\right] = (a_n - b_n) + d$,

整理得 $4a_n - 4b_n + 8 = 4a_n - 4b_n + 4d$.

令 $4d = 8$, 得 $d = 2$, 所以 $a_{n+1} - b_{n+1} = a_n - b_n + 2$.

又 $a_1 - b_1 = 1$, 故 $\{a_n - b_n\}$ 是首项为 1, 公差为 2 的等差数列.

(2) 同解法 1.

点评: 该解法依据 (1) 的目标, 利用两式相加和相减运算, 先从整体上证明数列是等比或等差数列, 然后再求得个体数列的通项公式.

思路 3: 从代数方程的角度, 联立两个递推式, 将其看成是二元一次方程组, 通过消元降维分别得到单个数列的递推关系, 再进行求解.

解法 3: (消元降维法) 由 $4a_{n+1} = 3a_n - b_n + 4$, 得 $b_n = -4a_{n+1} + 3a_n + 4$,

所以 $b_{n+1} = -4a_{n+2} + 3a_{n+1} + 4$.

代入 $4b_{n+1} = 3b_n - a_n - 4$,

得 $4(-4a_{n+2} + 3a_{n+1} + 4) = 3(-4a_{n+1} + 3a_n + 4) - a_n - 4$,

整理得 $2a_{n+2} - 3a_{n+1} + a_n - 1 = 0$,

所以 $2(a_{n+2} - a_{n+1}) = (a_{n+1} - a_n) + 1$,

所以 $2(a_{n+2} - a_{n+1} - 1) = a_{n+1} - a_n - 1$,

即数列 $\{a_{n+1} - a_n - 1\}$ 是首项为 $-\frac{1}{4}$, 公比为 $\frac{1}{2}$ 的等比数列.

所以 $a_{n+1} - a_n - 1 = -\frac{1}{4} \cdot \left(\frac{1}{2}\right)^{n-1}$, 即 $a_{n+1} - a_n = -\left(\frac{1}{2}\right)^{n+1} + 1$.

所以 $a_2 - a_1 = -\left(\frac{1}{2}\right)^2 + 1$, $a_3 - a_2 = -\left(\frac{1}{2}\right)^3 + 1$, $\cdots$, $a_n - a_{n-1} = -\left(\frac{1}{2}\right)^n + 1$.

以上各式相加,

得 $a_n - a_1 = -\left[\left(\frac{1}{2}\right)^2 + \left(\frac{1}{2}\right)^3 + \cdots + \left(\frac{1}{2}\right)^n\right] + n - 1$,

解得 $a_n = \left(\frac{1}{2}\right)^n + n - \frac{1}{2}$.

由 $a_n=\left(\dfrac{1}{2}\right)^n+n-\dfrac{1}{2}$,得 $a_{n+1}=\left(\dfrac{1}{2}\right)^{n+1}+n+\dfrac{1}{2}$,

所以 $b_n=-4a_{n+1}+3a_n+4=-4\left[\left(\dfrac{1}{2}\right)^{n+1}+n+\dfrac{1}{2}\right]+3\left[\left(\dfrac{1}{2}\right)^n+n-\dfrac{1}{2}\right]+4=\left(\dfrac{1}{2}\right)^n-$

$n+\dfrac{1}{2}$.

解法 4:(消元降维法)由 $4b_{n+1}=3b_n-a_n-4$,得 $a_n=-4b_{n+1}+3b_n-4$,

所以 $a_{n+1}=-4b_{n+2}+3b_{n+1}-4$.

代入 $4a_{n+1}=3a_n-b_n+4$,

得 $4\left(-4b_{n+2}+3b_{n+1}+4\right)=3\left(-4b_{n+1}+3b_n-4\right)-b_n+4$,

整理得 $2b_{n+2}-3b_{n+1}+b_n+1=0$,

所以 $2\left(b_{n+2}-b_{n+1}\right)=\left(b_{n+1}-b_n\right)-1$,

所以 $2\left(b_{n+2}-b_{n+1}+1\right)=b_{n+1}-b_n+1$,

即数列 $\{b_{n+1}-b_n+1\}$ 是首项为 $-\dfrac{1}{4}$,公比为 $\dfrac{1}{2}$ 的等比数列.

所以 $b_{n+1}-b_n+1=-\dfrac{1}{4}\cdot\left(\dfrac{1}{2}\right)^{n-1}$,即 $b_{n+1}-b_n=\left(\dfrac{1}{2}\right)^{n+1}-1$.

所以 $b_2-b_1=-\left(\dfrac{1}{2}\right)^2-1$,$b_3-b_2=-\left(\dfrac{1}{2}\right)^3-1$,$\cdots$,$b_n-b_{n-1}=-\left(\dfrac{1}{2}\right)^n-1$.

以上各式相加,

得 $b_n-b_1=-\left[\left(\dfrac{1}{2}\right)^2+\left(\dfrac{1}{2}\right)^3+\cdots+\left(\dfrac{1}{2}\right)^n\right]-(n-1)$,

解得 $b_n=\left(\dfrac{1}{2}\right)^n-n+\dfrac{1}{2}$.

由 $b_n=\left(\dfrac{1}{2}\right)^n-n+\dfrac{1}{2}$,得 $b_{n+1}=\left(\dfrac{1}{2}\right)^{n+1}-n-\dfrac{1}{2}$,

所以 $a_n=-4b_{n+1}+3b_n-4=-4\left[\left(\dfrac{1}{2}\right)^{n+1}-n-\dfrac{1}{2}\right]+3\left[\left(\dfrac{1}{2}\right)^n-n+\dfrac{1}{2}\right]-4=\left(\dfrac{1}{2}\right)^n+$

$n-\dfrac{1}{2}$.

点评:解法3和解法4其实是同一种方法,不同的是以哪个单个数列为主来求解.本题在求解的过程中还运用到了"累加法"求和.消元降维法是求解这

类递推数列问题的一般性方法.

2. 系数交错,目标不明型.

递推式形如 $\begin{cases} a_{n+1}=pa_n+qb_n+c, \\ b_{n+1}=qa_n+pb_n+d \end{cases}$ (其中 p,q 不全为0),但没有证明的目标.

求解这类问题待定系数法就不适用了,而加减运算法是首选,消元降维法也是可运用的选择.

例2. 已知数列 $\{a_n\}$ 和 $\{b_n\}$ 满足 $a_1=2,b_1=1,4a_{n+1}=3a_n+b_n+4,4b_{n+1}=3b_n+a_n+4$. 求 $\{a_n\}$ 和 $\{b_n\}$ 的通项公式.

思路:由于该变式没有了像例1(1)那样的目标结论的过渡,所以不方便用待定系数法求解,而运用加减运算法或消元降维法求解都可,读者可自行完成.

解析:可求得 $a_n=\left(\dfrac{1}{2}\right)^n+n+\dfrac{1}{2},b_n=-\left(\dfrac{1}{2}\right)^n+n+\dfrac{1}{2}$.

例3. 已知数列 $\{a_n\}$ 和 $\{b_n\}$ 满足 $a_1=2,b_1=1,a_{n+1}=5a_n+3b_n+7,b_{n+1}=5b_n+3a_n$,求 $\{a_n\}$ 和 $\{b_n\}$ 的通项公式.

思路:对于该题,由于系数相对要复杂一些,所以利用加减运算法求解较好.

解析:两式相加,整理得 $a_{n+1}+b_{n+1}+1=8(a_n+b_n+1)$,

所以数列 $\{a_n+b_n+1\}$ 是首项为 $a_1+b_1+1=4$,公比为8的等比数列,

故得 $a_n+b_n+1=4\cdot 8^{n-1}$. ①

两式相减,整理得 $a_{n+1}-b_{n+1}+7=2(a_n-b_n+7)$,

所以数列 $\{a_n-b_n+7\}$ 是首项为 $a_1-b_1+7=8$,公比为2的等比数列,

故得 $a_n-b_n+7=8\cdot 2^{n-1}$. ②

由①②,解得 $a_n=2\cdot 8^{n-1}+4\cdot 2^{n-1}-4,b_n=2\cdot 8^{n-1}+4\cdot 2^{n-1}+3$.

当然,利用消元降维法也可以求解,读者不妨自行完成.

3. 系数无关型.

形如 $\begin{cases} a_{n+1}=pa_n+qb_n+c, \\ b_{n+1}=ra_n+sb_n+d \end{cases}$ (其中 p,q 不全为0, r,s 不全为0,且 $p\neq s$ 或 $q\neq r$)的

一般"线性型"数列互嵌问题,消元降维法是求解这类问题的首选.

例 4. 已知数列 $\{a_n\}$ 和 $\{b_n\}$ 满足 $a_1 = 1$，$b_1 = 5$，$a_{n+1} = -2a_n + b_n + 2$，$b_{n+1} = 3b_n - 4a_n + 4$，求 $\{a_n\}$ 和 $\{b_n\}$ 的通项公式.

思路：由于两个递推式中的系数没有关系，可从代数方程的角度，利用消元降维法求解.

解析：（消元降维法）由 $a_{n+1} = -2a_n + b_n + 2$，得 $b_n = a_{n+1} + 2a_n - 2$，

所以 $b_{n+1} = a_{n+2} + 2a_{n+1} - 2$.

代入 $b_{n+1} = 3b_n - 4a_n + 4$，

得 $a_{n+2} + 2a_{n+1} - 2 = 3(a_{n+1} + 2a_n - 2) - 4a_n + 4$，

整理得 $a_{n+2} - a_{n+1} - 2a_n = 0$，即 $a_{n+2} + a_{n+1} = 2(a_{n+1} + a_n)$，

所以数列 $\{a_{n+1} + a_n\}$ 是首项为 $a_2 + a_1 = 6$，公比为 2 的等比数列，

故得 $a_{n+1} + a_n = 6 \cdot 2^{n-1} = 3 \cdot 2^n$.

所以 $a_{n+1} - 2^{n+1} = -(a_n - 2^n)$，

所以数列 $\{a_n - 2^n\}$ 是首项为 -1，公比为 -1 的等比数列，

所以 $a_n - 2^n = (-1)^n$，从而得 $a_n = 2^n + (-1)^n$.

所以 $b_n = a_{n+1} + 2a_n - 2 = 2^{n+2} + (-1)^n - 2$.

点评：该题在运用消元降维法求解转化的过程中，两次"配凑"构造等比数列，需要有较高的数学抽象、数学运算和数学建模等数学核心素养.

至此，递推式形如 $\begin{cases} a_{n+1} = pa_n + qb_n + c, \\ b_{n+1} = ra_n + sb_n + d \end{cases}$（其中 p, q 不全为 0，r, s 不全为 0）的一类"线性型"数列互嵌问题的常见类型和求解策略，我们得到了很好的解决，读者在运用中可以根据不同的类型，选用相应的求解策略.

第3讲　两数列公共项问题的一种"通法"

数列是历年高考考查的重点内容.在众多数列问题中,由两个数列的公共项构成的数列问题是难点.由于序号与项之间的关系错综复杂,求解中往往令许多考生感到困惑而茫然不知所措.为此,下面就从一道原创数列试题的解法谈起,探究求两个数列的公共项构成新数列这一类问题的一种"通法".

【例题】已知数列$\{a_n\}$的前n项和为S_n,且满足$3n^2-29n-2S_n=0$.

(1)求数列$\{a_n\}$的通项公式;

(2)已知数列$\{b_n\}$的通项公式为$b_n=2^n$,若由数列$\{a_n\}$与$\{b_n\}$的公共项按从小到大排列得到数列$\{c_n\}$,求数列$\{c_n\}$的前n项和T_n.

思路:(1)利用关系$a_n=S_n-S_{n-1}$求得数列$\{a_n\}$的通项公式;

(2)公共项就是两个数列相同的项,通过递推推理寻找两数列公共项的规律,然后求出公共项所构成的新数列的前n项和.

解答该试题的重点和难点在于寻找两数列公共项的构成特点和规律.

解析:(1)因为$3n^2-29n-2S_n=0$,所以$S_n=\dfrac{3}{2}n^2-\dfrac{29}{2}n$.

当$n=1$时,$a_1=\dfrac{3}{2}-\dfrac{29}{2}=-13$;

当$n\geqslant 2$时,$a_n=S_n-S_{n-1}=\dfrac{3}{2}n^2-\dfrac{29}{2}n-\dfrac{3}{2}(n-1)^2+\dfrac{29}{2}(n-1)=3n-16$.

当$n=1$时满足$a_n=3n-16$,故数列$\{a_n\}$的通项公式为$a_n=3n-16$.

(2)设$b_m=a_n$,即$2^m=3n-16$,m,$n\in \mathbf{N}^*$.

由于$b_m=2^m$,所以$b_{m+1}=2^{m+1}=2\cdot 2^m=2(3n-16)=6n-32=3\left(2n-\dfrac{16}{3}\right)-16$,

由$2n-\dfrac{16}{3}\notin \mathbf{N}^*$,可知$b_{m+1}\notin \{a_n\}$,即$b_{m+1}$不是两个数列的公共项.

$b_{m+2}=2^{m+2}=2^2\cdot 2^m=4(3n-16)=12n-64=3(4n-16)-16$,

由 $4n-16 \in \mathbf{N}^*$，可知 $b_{m+2} \in \{a_n\}$，所以 b_{m+2} 是两个数列的公共项.

因此，若 $c_k = b_m = a_n$，则 $c_{k+1} = b_{m+2} = a_{4n-16}$.

所以 $\dfrac{c_{k+1}}{c_k} = \dfrac{b_{m+2}}{b_m} = \dfrac{2^{m+2}}{2^m} = 4$，且 $c_1 = 2$，

所以两数列的公共项所构成的新数列 $\{c_n\}$ 是以 2 为首项，4 为公比的等比数列，

所以 $\{c_n\}$ 的前 n 项和 $T_n = \dfrac{2(1-4^n)}{1-4} = \dfrac{2^{2n+1}-2}{3}$.

点评：该试题以数列的通项公式和前 n 项和公式的求法为背景，考查利用 S_n 与 a_n 的关系求数列的通项公式、两个数列公共项的找法和规律、等比数列的前 n 项和公式等知识与方法，考查数学抽象、逻辑推理和数学运算等数学核心素养.

【解后反思】

因为公共项就是两个数列中的相同项，例题求解的关键就是如何分析两数列 $\{a_n\}$ 与 $\{b_n\}$ 公共项的特点和规律并求出公共项.通过观察、比较可以看出，数列 $\{b_n\}$ 的项要比数列 $\{a_n\}$ 的项增加得"快"，所以解答时选取数列 $\{b_n\}$，并从假如该数列的第 n 项是两个数列的公共项开始，然后结合数列 $\{a_n\}$ 逐一递推验证该数列 $\{b_n\}$ 的第 $n+1$ 项、第 $n+2$ 项……是否是两个数列的公共项，进一步从中找到规律，得到两个数列的公共项从小到大排列数列 $\{c_n\}$ 的通项公式.这一求两个数列的公共项的方法的"核心"是依次递推寻找公共项，我们不妨称之为"递推寻项法".运用"递推寻项法"求两个数列 $\{a_n\}$ 与 $\{b_n\}$ 的公共项所构成的新数列 $\{c_n\}$ 的一般步骤为：

（1）设 $b_m = a_n = b_k$，从中得到项数 m，n 的等式关系.

（2）在项增加"较快"的数列 $\{b_n\}$ 中依次验证某个相同项（如 b_m）后面的递推项（如 b_{m+1}，b_{m+2}…），并将其项的表达式与另一个数列 $\{a_n\}$ 的通项公式相比较，断定后面的递推项是否是另一个数列 $\{a_n\}$ 的项，从而发现项 b_m 后面的项.

（3）发现 c_{k+1}，c_k 之间的递推关系，得出数列 $\{c_n\}$ 的通项公式.

例题是一个等差数列与一个等比数列的公共项构成的新数列问题.其实，对于两个等差数列的公共项问题.两个等比数列的公共项问题，以及等差或等

比数列与完全多项式型数列的公共项问题等,运用"递推寻项法"来解决可得心应手.

下面进一步举例归纳"递推寻项法"在求解两数列"公共项"问题中的应用.

1.两个等差数列的公共项问题.

例1.(2020年全国新高考Ⅰ卷第14题)将数列$\{2n-1\}$与$\{3n-2\}$的公共项从小到大排列得到数列$\{a_n\}$,则$\{a_n\}$的前n项和为_____.

解析:记$b_n=2n-1$,$c_n=3n-2$.

因为两数列$\{2n-1\}$与$\{3n-2\}$存在公共项,

故设$b_m=c_n$,即$2m-1=3n-2$,m,$n\in\mathbf{N}^*$.

因为$c_n=3n-2$,所以$c_{n+1}=3(n+1)-2=3n+3-2=3n-2+3=2m-1+3=2\left(m+\dfrac{3}{2}\right)-1$,

由$m+\dfrac{3}{2}\notin\mathbf{N}^*$,可知$c_{n+1}\notin\{b_m\}$,即$c_{n+1}$不是两个数列的公共项.

$c_{n+2}=3(n+2)-2=3n+6-2=3n-2+6=2m-1+6=2(m+3)-1$,

由$m+3\in\mathbf{N}^*$,可知$c_{n+2}\in\{b_m\}$,所以c_{n+2}是两个数列的公共项.

因此,若$a_k=b_m=c_n$,则$a_{k+1}=b_{m+3}=c_{n+2}$.

所以$a_{k+1}-a_k=b_{m+3}-b_m=2(m+3)-1-(2m-1)=6$,且$a_1=1$,

所以两数列的公共项所构成的新数列$\{a_n\}$是以1为首项,6为公差的等差数列,所以$\{a_n\}$的前n项和为$n\cdot1+\dfrac{n(n-1)}{2}\cdot6=3n^2-2n$.

例2.数列$\{a_n\}$与$\{b_n\}$的通项公式分别为$a_n=5n-1$,$b_n=2n+2$,它们的公共项由小到大排列得到数列$\{c_n\}$,求数列$\{c_n\}$的通项公式.

解析:数列$\{a_n\}$增加得较快,所以依据数列$\{a_n\}$递推找公共项.

设$a_m=b_n$,即$5m-1=2n+2$,m,$n\in\mathbf{N}^*$.

由$a_m=5m-1$,所以$a_{m+1}=5(m+1)-1=5m+5-1=5m-1+5=2n+2+5=2\left(n+\dfrac{5}{2}\right)+2$,由$n+\dfrac{5}{2}\notin\mathbf{N}^*$,可知$a_{m+1}\notin\{b_n\}$,即$a_{m+1}$不是两个数列的公共项.

$a_{m+2}=5(m+2)-1=5m+10-1=5m-1+10=2n+2+10=2(n+5)+2$,

由 $n+5\in\mathbf{N}^*$，可知 $a_{m+2}\in\{b_n\}$，所以 a_{m+2} 是两个数列的公共项.

因此，若 $c_k=a_m=b_n$，则 $c_{k+1}=a_{m+2}=b_{n+5}$.

所以 $c_{k+1}-c_k=a_{m+2}-a_m=5(m+2)-1-(5m-1)=10$，且 $c_1=4$，

所以两数列的公共项所构成的新数列 $\{c_n\}$ 是以 4 为首项，10 为公差的等差数列，所以 $\{c_n\}$ 的通项公式为 $c_n=4+(n-1)\times 10=10n-6$.

2. 两个等比数列的公共项问题.

例3. 数列 $\{a_n\}$ 与 $\{b_n\}$ 的通项公式分别为 $a_n=4^n$，$b_n=8^n$，它们的公共项由小到大排列得到数列 $\{c_n\}$，求数列 $\{c_n\}$ 的通项公式.

解析：数列 $\{b_n\}$ 增加得较快，所以依据数列 $\{b_n\}$ 递推找公共项.

设 $a_m=b_n$，即 $4^m=8^n$，$2m=3n$，m，$n\in\mathbf{N}^*$.

由 $b_n=8^n$，所以 $b_{n+1}=8^{n+1}=8\cdot 8^n=8\cdot 4^m=4^{m+\frac{3}{2}}$，

由 $m+\dfrac{3}{2}\notin\mathbf{N}^*$，可知 $b_{n+1}\notin\{a_m\}$，即 b_{n+1} 不是两个数列的公共项.

$b_{n+2}=8^{n+2}=8^2\cdot 8^n=4^3\cdot 4^m=4^{m+3}$，

由 $m+3\in\mathbf{N}^*$，可知 $b_{n+2}\in\{b_m\}$，即 b_{n+2} 是两个数列的公共项.

因此，若 $c_k=a_m=b_n$，则 $c_{k+1}=a_{m+3}=b_{n+2}$.

所以 $\dfrac{c_{k+1}}{c_k}=\dfrac{b_{n+2}}{b_n}=\dfrac{8^{n+2}}{8^n}=64$，且 $c_1=64$，

所以两数列的公共项所构成的新数列 $\{c_n\}$ 是以 64 为首项，64 为公比的等比数列，所以 $\{c_n\}$ 的通项公式为 $c_n=64\cdot 64^{n-1}=64^n$.

3. 等差数列与等比数列的公共项问题.

例4. 数列 $\{a_n\}$ 与 $\{b_n\}$ 的通项公式分别为 $b_n=3^n$，$c_n=4n-1$，它们的公共项由小到大排列得到数列 $\{c_n\}$，求数列 $\{c_n\}$ 的通项公式.

解析：数列 $\{a_n\}$ 增加得较快，所以依据数列 $\{a_n\}$ 递推找公共项.

设 $a_m=b_n$，即 $3^m=4n-1$，m，$n\in\mathbf{N}^*$.

因为 $a_m=3^m$，所以 $a_{m+1}=3^{m+1}=3\cdot 3^m=3(4n-1)=12n-3=4\left(3n-\dfrac{1}{2}\right)-1$，

由 $3n-\dfrac{1}{2}\notin\mathbf{N}^*$，可知 $a_{m+1}\notin\{b_n\}$，即 a_{m+1} 不是两个数列的公共项.

$a_{m+2} = 3^{m+2} = 3^2 \cdot 3^m = 9(4n-1) = 36n-9 = 4(9n-2)-1$,

由 $9n-2 \in \mathbf{N}^*$，可知 $a_{m+2} \in \{b_n\}$，所以 a_{m+2} 是两个数列的公共项.

因此，若 $c_k = a_m = b_n$，则 $c_{k+1} = a_{m+2} = b_{9n-2}$.

所以 $\dfrac{c_{k+1}}{c_k} = \dfrac{a_{m+2}}{a_m} = \dfrac{3^{m+2}}{3^m} = 9$，且 $c_1 = 3$，

所以两数列的公共项所构成的新数列 $\{c_n\}$ 是以 3 为首项，9 为公比的等比数列，所以 $\{c_n\}$ 的通项公式为 $c_n = 3 \cdot 9^{n-1} = 3^{2n-1}$.

4. 等差或等比数列与完全多项式型数列的公共项问题.

例 5. 数列 $\{a_n\}$ 与 $\{b_n\}$ 的通项公式分别为 $a_n = 3^{n-1}$，$b_n = n^3$，它们的公共项由小到大排列得到数列 $\{c_n\}$，求数列 $\{c_n\}$ 的通项公式.

解析：数列 $\{a_n\}$ 增加得较快，所以依据数列 $\{b_n\}$ 递推找公共项.

设 $a_m = b_n$，即 $3^{m-1} = n^3$，m，$n \in \mathbf{N}^*$.

因为 $a_m = 3^{m-1}$，所以 $a_{m+1} = 3^{m+1-1} = 3 \cdot 3^{m-1} = 3n^3 = \left(3^{\frac{1}{3}} n\right)^3$，

由 $3^{\frac{1}{3}} n \notin \mathbf{N}^*$，可知 $a_{m+1} \notin \{b_n\}$，即 a_{m+1} 不是两个数列的公共项.

$a_{m+2} = 3^{m+2-1} = 3^2 \cdot 3^{m-1} = 9n^3 = \left(9^{\frac{1}{3}} n\right)^3$，

由 $9^{\frac{1}{3}} n \notin \mathbf{N}^*$，可知 $a_{m+2} \notin \{b_n\}$，即 a_{m+2} 不是两个数列的公共项.

$a_{m+3} = 3^{m+3-1} = 3^3 \cdot 3^{m-1} = 27n^3 = (3n)^3$，

由 $3n \in \mathbf{N}^*$，可知 $a_{m+3} \in \{b_n\}$，所以 a_{m+3} 是两个数列的公共项.

因此，若 $c_k = a_m = b_n$，则 $c_{k+1} = a_{m+3} = b_{3n}$.

所以 $\dfrac{c_{k+1}}{c_k} = \dfrac{a_{m+3}}{a_m} = \dfrac{3^{m+3}}{3^m} = 27$，且 $c_1 = 1$，

所以两数列的公共项所构成的新数列 $\{c_n\}$ 是以 1 为首项，27 为公比的等比数列，所以 $\{c_n\}$ 的通项公式为 $c_n = 1 \cdot 27^{n-1} = 27^{n-1}$.

综上可知，"递推寻项法"是一种整体上从一个数列中寻找公共项的解题方法，这种方法自然、通俗易懂，可操作性强，适用范围广，易于同学们理解和接受. 它还是求两个数列 $\{b_n\}$，$\{c_n\}$ 的公共项所构成的新数列 $\{a_n\}$ 的一种"通法"，为解决两个数列的公共项问题开辟了一条行之有效的途径，值得推广.

第4讲　一道高考不等式题的探究

新高考数学在多选题的设计上,增强了选项的灵活性,突出对发散性思维和创新性思维的考查,引导教学注重培养核心素养和数学能力.2022年新高考Ⅱ卷选择压轴题的第12题就是具有这种潜质的一道试题.为此,本文以该试题为母题,从解法到变式等不同视角进行深度探究.

【例题】(2022年全国新高考Ⅱ卷第12题)若实数x,y满足$x^2+y^2-xy=1$,则(　　)

A.$x+y\leqslant 1$　　　　B.$x+y\geqslant -2$　　　　C.$x^2+y^2\leqslant 2$　　　　D.$x^2+y^2\geqslant 1$

思路1:从已知二元变量条件等式切入,配方后利用基本不等式变形,将已知等式转化为关于$x+y$的一元二次不等式,求解后对选项A、B作出判断;接着运用重要不等式的变形,结合已知条件等式转化为关于x^2+y^2的不等式,求解后对选项C、D作出判断.

解法1:将$x^2+y^2-xy=1$,配方变形得$(x+y)^2-3xy=1.$

由基本不等式的变形,得$xy\leqslant\left(\dfrac{x+y}{2}\right)^2=\dfrac{(x+y)^2}{4}$,

因此$-3xy\geqslant -\dfrac{3(x+y)^2}{4}.$

代入已知条件等式$(x+y)^2-3xy=1$,得$(x+y)^2-\dfrac{3(x+y)^2}{4}\leqslant 1$,

所以$\dfrac{(x+y)^2}{4}\leqslant 1$,即$(x+y)^2\leqslant 4$,所以$-2\leqslant x+y\leqslant 2$.故A错误,B正确.

又由重要不等式$x^2+y^2\geqslant 2xy$,得$|x|^2+|y|^2\geqslant 2|xy|$,

即$x^2+y^2\geqslant 2|xy|$,所以$|xy|\leqslant\dfrac{x^2+y^2}{2}$,解得$-\dfrac{x^2+y^2}{2}\leqslant -xy\leqslant\dfrac{x^2+y^2}{2}.$

代入已知条件等式 $x^2 + y^2 - xy = 1$,得 $\begin{cases} x^2 + y^2 + \dfrac{x^2 + y^2}{2} \geqslant 1, \\ x^2 + y^2 - \dfrac{x^2 + y^2}{2} \leqslant 1, \end{cases}$ 解得 $\begin{cases} x^2 + y^2 \geqslant \dfrac{3}{2}. \\ x^2 + y^2 \leqslant 2. \end{cases}$

显然 C 正确,而由 $x^2 + y^2 \geqslant \dfrac{3}{2}$ 可知 D 错误.

故选 BC.

点评:该解法中应用了重要不等式 $x^2 + y^2 \geqslant 2xy$ 的一种变形 $x^2 + y^2 \geqslant 2|xy|$,对此变形及其应用大多数同学"不习惯",因而要重视对知识基础性、全面性的学习,避免知识死角的出现.

思路 2:从已知二元变量条件等式切入,先应用重要不等式 $x^2 + y^2 \geqslant 2xy$ 和基本不等式变形 $xy \leqslant \left(\dfrac{x+y}{2}\right)^2$,求解后对选项 A、B 作出判断;同解法 1 对选项 C、D 作出判断.

解法 2:将重要不等式 $x^2 + y^2 \geqslant 2xy$ 两边都加上 $x^2 + y^2$,得 $2(x^2 + y^2) \geqslant x^2 + y^2 + 2xy$,即 $2(x^2 + y^2) \geqslant (x+y)^2$,所以 $x^2 + y^2 \geqslant \dfrac{(x+y)^2}{2}$.

由基本不等式变形,得 $xy \leqslant \left(\dfrac{x+y}{2}\right)^2 = \dfrac{(x+y)^2}{4}$,所以有 $-xy \geqslant -\dfrac{(x+y)^2}{4}$.

将 $x^2 + y^2 \geqslant \dfrac{(x+y)^2}{2}$ 和 $-xy \geqslant -\dfrac{(x+y)^2}{4}$ 都代入已知条件等式 $x^2 + y^2 - xy = 1$ 中,

得 $\dfrac{(x+y)^2}{2} - \dfrac{(x+y)^2}{4} \leqslant 1$,从而 $(x+y)^2 \leqslant 4$,解得 $-2 \leqslant x+y \leqslant 2$.因此 A 错误,B 正确.

下同解法 1.

故选 BC.

点评:该解法首先推导并运用重要不等式变形 $x^2 + y^2 \geqslant \dfrac{(x+y)^2}{2}$,再结合基本不等式的变形,代入已知条件等式求解后作出判断的.

思路 3:首先将已知条件等式进行配方,将左边化为平方和的形式后进行三角代换,这样将问题化为三角函数关系,恒等变形后利用辅助角和三角函数的有界性等求解作出判断.

解法3:由 $x^2+y^2-xy=1$ 得 $x^2-xy+\dfrac{1}{4}y^2+\dfrac{3}{4}y^2=1$,

配方,得 $\left(x-\dfrac{y}{2}\right)^2+\left(\dfrac{\sqrt{3}}{2}y\right)^2=1$.

令 $x-\dfrac{y}{2}=\cos\alpha$,$\dfrac{\sqrt{3}}{2}y=\sin\alpha$,所以 $y=\dfrac{2}{\sqrt{3}}\sin\alpha$,$x=\dfrac{y}{2}+\cos\alpha=\cos\alpha+\dfrac{1}{\sqrt{3}}\sin\alpha$,

所以 $x+y=\cos\alpha+\dfrac{1}{\sqrt{3}}\sin\alpha+\dfrac{2}{\sqrt{3}}\sin\alpha=\cos\alpha+\sqrt{3}\sin\alpha=2\sin\left(\alpha+\dfrac{\pi}{6}\right)$.

因为 $-2\leqslant 2\sin\left(\alpha+\dfrac{\pi}{6}\right)\leqslant 2$,所以 $-2\leqslant x+y\leqslant 2$.因此 A 错误,B 正确.

又 $x^2+y^2=\left(\cos\alpha+\dfrac{1}{\sqrt{3}}\sin\alpha\right)^2+\left(\dfrac{2}{\sqrt{3}}\sin\alpha\right)^2$

$=\cos^2\alpha+\dfrac{5}{3}\sin^2\alpha+\dfrac{2}{\sqrt{3}}\sin\alpha\cos\alpha$

$=1+\dfrac{1}{\sqrt{3}}\sin 2\alpha-\dfrac{1}{3}\cos 2\alpha+\dfrac{1}{3}=\dfrac{4}{3}+\dfrac{2}{3}\sin\left(2\alpha-\dfrac{\pi}{6}\right)$.

因为 $-1\leqslant\sin\left(2\alpha-\dfrac{\pi}{3}\right)\leqslant 1$,所以 $\dfrac{2}{3}\leqslant\dfrac{4}{3}+\dfrac{2}{3}\sin\left(2\alpha-\dfrac{\pi}{6}\right)\leqslant 2$,

所以 $\dfrac{2}{3}\leqslant x^2+y^2\leqslant 2$.因此 C 正确,D 错误.

故选 BC.

点评:该解法首先将已知条件等式进行配方,三角代换后进行三角恒等变换,再利用三角函数知识和方法求解作出判断.

思路4:将二元变量 x,y 分别设为极坐标,代入已知条件等式后利用极坐标运算并结合三角知识求解作出判断.

解法4:在极坐标系中,设 $x=\rho\cos\alpha$,$y=\rho\sin\alpha$,则 $\rho^2=x^2+y^2$.

代入 $x^2+y^2-xy=1$,得 $\rho^2-\rho^2\sin\alpha\cos\alpha=1$,

即 $\rho^2(1-\sin\alpha\cos\alpha)=1$，所以 $\rho^2=\dfrac{1}{1-\sin\alpha\cos\alpha}=\dfrac{1}{1-\dfrac{1}{2}\sin 2\alpha}$.

由 $-1\leqslant\sin 2\alpha\leqslant 1$，得 $\dfrac{1}{2}\leqslant 1-\dfrac{1}{2}\sin 2\alpha\leqslant\dfrac{3}{2}$，

所以 $\dfrac{2}{3}\leqslant\dfrac{1}{1-\dfrac{1}{2}\sin 2\alpha}\leqslant 2$，即 $\dfrac{2}{3}\leqslant\rho^2\leqslant 2$.

所以 $\dfrac{2}{3}\leqslant x^2+y^2\leqslant 2$. 所以 C 正确，D 错误.

又由 $\rho^2-\rho^2\sin\alpha\cos\alpha=1$，得 $\sin\alpha\cos\alpha=\dfrac{\rho^2-1}{\rho^2}=1-\dfrac{1}{\rho^2}$，

所以 $(x+y)^2=x^2+y^2+2xy=\rho^2+2\rho^2\sin\alpha\cos\alpha=\rho^2+2\rho^2\left(1-\dfrac{1}{\rho^2}\right)=\rho^2+2\rho^2-$

$2\rho^2\cdot\dfrac{1}{\rho^2}=3\rho^2-2$，

由 $\dfrac{2}{3}\leqslant\rho^2\leqslant 2$，得 $0\leqslant 3\rho^2-2\leqslant 4$，

所以 $0\leqslant(x+y)^2\leqslant 4$，解得 $-2\leqslant x+y\leqslant 2$.

因此 A 错误，B 正确.

故选 BC.

点评：该解法从极坐标视角将二元变量 x,y 设为极坐标，然后将问题转化为三角知识求解，解题思路颇具新意.

思路 5：从已知二元条件等式切入，进行和差换元，消去二元变量 x，y 的"积"后转化为新元的椭圆模型，然后应用椭圆的有关几何性质作出判断.

解法 5：设 $x=s+t$，$y=s-t$，则 $x^2+y^2-xy=(s+t)^2+(s-t)^2-(s+t)(s-t)=$ $s^2+2st+t^2+s^2-2st+t^2-s^2+t^2=s^2+3t^2$.

因为 $x^2+y^2-xy=1$，所以 $s^2+3t^2=1$，即 $s^2+\dfrac{t^2}{\dfrac{1}{3}}=1$.

在平面直角坐标系 sOt 中，方程 $s^2+\dfrac{t^2}{\dfrac{1}{3}}=1$ 对应的图形是焦点在 s 轴上的椭

圆，所以 $-1 \leqslant s \leqslant 1$，$-\dfrac{\sqrt{3}}{3} \leqslant t \leqslant \dfrac{\sqrt{3}}{3}$.

因为 $x + y = 2s$，所以有 $-2 \leqslant x + y \leqslant 2$. 因此 A 错误，B 正确.

又由 $s^2 + 3t^2 = 1$，得 $s^2 = 1 - 3t^2$，

所以 $x^2 + y^2 = (s+t)^2 + (s-t)^2 = 2s^2 + 2t^2 = 2(1 - 3t^2) + 2t^2 = 2 - 4t^2$.

因为 $-\dfrac{\sqrt{3}}{3} \leqslant t \leqslant \dfrac{\sqrt{3}}{3}$，所以 $0 \leqslant t^2 \leqslant \dfrac{1}{3}$，所以有 $\dfrac{2}{3} \leqslant 2 - 4t^2 \leqslant 2$，所以有 $\dfrac{2}{3} \leqslant x^2 + y^2 \leqslant 2$.

因此 C 正确，D 错误.

故选 BC.

点评：该解法首先进行和差换元，然后将已知二元变量条件等式转化为椭圆方程，再运用椭圆的范围的几何性质求解，充分体现直观想象素养的渗透与运用.

该题是一道高考选择压轴题，在关于 x,y 的"齐二次"二元条件等式下，判断选项中的"齐一次"或"齐二次"不等式能否成立. 由于试题条件等式和各选项的目标不等式是关于 x,y 的"平方和"、"积"或"和"的"齐次"结构形式，所以为考生解答该试题提供了自主发挥的空间.

【例题改编】

若例题的已知二元变量条件等式不变，而调整或改变各选项的目标不等式，则有：

1. 若实数 x,y 满足 $x^2 + y^2 - xy = 1$，则（　　　　）

A.$xy \geqslant -\dfrac{1}{3}$ 　　　B.$x + y \leqslant 1$ 　　　　C.$xy \leqslant 1$ 　　　D.$x^2 + y^2 \leqslant 2$

解析：由例题解析，知 B 错误，D 正确.

由重要不等式 $x^2 + y^2 \geqslant 2xy$，得 $x^2 + y^2 \geqslant 2|xy|$，

代入已知条件等式 $x^2 + y^2 - xy = 1$，得 $2|xy| - xy \leqslant 1$.

若 $xy < 0$，则 $-2xy - xy \leqslant 1$，所以 $-3xy \leqslant 1$，所以 $xy \geqslant -\dfrac{1}{3}$，A 正确；

若 $xy \geqslant 0$，则 $2xy - xy \leqslant 1$，所以 $xy \leqslant 1$，C 正确.

故选 ACD.

若强化二元变量 x, y 的范围,并改变例题的已知二元变量条件等式和选项的目标不等式,则有:

2. 若正实数 x, y 满足 $xy - x - y = 3$,则(　　　)

A. $x + y \leqslant 2$　　　　　B. $x + y \geqslant 6$　　　　　C. $xy \geqslant 9$　　　　　D. $x^2 + y^2 \geqslant 18$

解析:由基本不等式变形 $xy \leqslant \left(\dfrac{x+y}{2}\right)^2$,代入已知条件等式 $xy - x - y = 3$,

得 $\left(\dfrac{x+y}{2}\right)^2 - x - y \geqslant 3$,即 $\dfrac{(x+y)^2}{4} - x - y - 3 \geqslant 0$,

整理得 $(x+y)^2 - 4(x+y) - 12 \geqslant 0$,解得 $x + y \leqslant -2$(舍去),或 $x + y \geqslant 6$,

因此 A 错误, B 正确.

由基本不等式 $\dfrac{x+y}{2} \geqslant \sqrt{xy}$,得 $x + y \geqslant 2\sqrt{xy}$,代入已知条件等式

$xy - x - y = 3$,

得 $xy - 2\sqrt{xy} - 3 \geqslant 0$,所以 $\left(\sqrt{xy}\right)^2 - 2\sqrt{xy} - 3 \geqslant 0$,

解得 $\sqrt{xy} \leqslant -1$(舍去),或 $\sqrt{xy} \geqslant 3, xy \geqslant 9$. 因此 C 正确.

由重要不等式 $x^2 + y^2 \geqslant 2xy$,得 $2\left(x^2 + y^2\right) \geqslant (x+y)^2$,

即 $x^2 + y^2 \geqslant \dfrac{(x+y)^2}{2}$,又由选项 B 可知 $x + y \geqslant 6$,

所以 $x^2 + y^2 \geqslant \dfrac{6^2}{2} = 18$,因此 D 正确.

故选 BCD.

若强化两个二元变量的范围,改变例题题设中的条件等式,并对应调整各选项目标不等式的设置,则有:

3. 已知正数 x, y 满足 $x + \sqrt{xy} = 1$,则(　　　)

A. $0 < x < 1$　　　　　　　　B. $y - x > 0$

C. $x + y \geqslant 2\sqrt{2} - 2$　　　　D. $9x + 16y \geqslant 8$

解析:由 $x + \sqrt{xy} = 1$,得 $\sqrt{xy} = 1 - x$,且 $0 < x < 1$. 故 A 正确.

将 $\sqrt{xy} = 1 - x$ 两边平方,得 $xy = (1 - x)^2$,

所以 $y=\dfrac{x^2-2x+1}{x}=x+\dfrac{1}{x}-2$，所以 $y-x=\dfrac{1}{x}-2\,(0<x<1)$，结合图象可知 B 错误.

$$x+y=2x+\dfrac{1}{x}-2\geqslant 2\sqrt{2x\cdot\dfrac{1}{x}}-2=2\sqrt{2}-2,$$

当且仅当 $2x=\dfrac{1}{x}$，即 $x=\dfrac{\sqrt{2}}{2}\in(0，1)$ 时等号成立，因此 C 正确.

$$9x+16y=9x+16\left(x+\dfrac{1}{x}-2\right)=25x+\dfrac{16}{x}-32\geqslant 2\sqrt{25x\cdot\dfrac{16}{x}}-32=40-32=8,$$

当且仅当 $25x=\dfrac{16}{x}$，即 $x=\dfrac{4}{5}\in(0，1)$ 时取等号. 因此 D 正确.

故选 ACD.

若强化两个二元变量的范围，并进一步改变例题题设中的条件等式，并结合运用"1"的代换，设置调整各选项目标不等式，则有：

4. 已知正数 x,y 满足 $3x+5y-xy=0$，则（　　　　）

A. $xy\geqslant 60$ 　　　　　　　　B. $x+y\geqslant 4\sqrt{15}$

C. $x+y\geqslant 8+2\sqrt{15}$ 　　　　D. $\dfrac{x}{5}+\dfrac{y}{3}\geqslant 4$

解析：由 $3x+5y-xy=0$，得 $\dfrac{5}{x}+\dfrac{3}{y}=1$，所以由基本不等式，得 $2\sqrt{\dfrac{5}{x}\cdot\dfrac{3}{y}}\leqslant 1$，

所以 $\dfrac{60}{xy}\leqslant 1$，所以 $xy\geqslant 60$，当且仅当 $\begin{cases}\dfrac{5}{x}=\dfrac{3}{y},\\[2mm]\dfrac{5}{x}+\dfrac{3}{y}=1,\end{cases}$ 即 $x=10，\ y=6$ 时等号成立. 故 A 正确.

因　为　$x+y=(x+y)\cdot 1=(x+y)\cdot\left(\dfrac{5}{x}+\dfrac{3}{y}\right)=8+\dfrac{5y}{x}+\dfrac{3x}{y}\geqslant 8+2\sqrt{\dfrac{5y}{x}\cdot\dfrac{3x}{y}}=8+2\sqrt{15},$

当且仅当 $\begin{cases}\dfrac{5y}{x}=\dfrac{3x}{y},\\[2mm]\dfrac{5}{x}+\dfrac{3}{y}=1,\end{cases}$ 即 $x=5+\sqrt{15}，\ y=3+\sqrt{15}$ 时，等号成立. 故 B 错

误,C正确.

因为 $\dfrac{x}{5}+\dfrac{y}{3}=\left(\dfrac{x}{5}+\dfrac{y}{3}\right)\cdot 1=\left(\dfrac{x}{5}+\dfrac{y}{3}\right)\cdot\left(\dfrac{5}{x}+\dfrac{3}{y}\right)=2+\dfrac{5y}{3x}+\dfrac{3x}{5y}\geqslant 2+2\sqrt{\dfrac{5y}{3x}\cdot\dfrac{3x}{5y}}=4,$

当且仅当 $\begin{cases}\dfrac{5y}{3x}=\dfrac{3x}{5y},\\[2mm]\dfrac{5}{x}+\dfrac{3}{y}=1,\end{cases}$ 即 $x=10$，$y=6$ 时,等号成立.故 D 正确.

故选 ACD.

【解后反思】

解答高考题这类二元变量问题的知识、方法有:

(1)运用基本不等式及其变形.高考题已知条件等式和选项的目标不等式中,二元变量 x，y 的结构式有 $x^2+y^2,xy,x+y$,与这些结构式相关联的基本不等式及变形有:① $\dfrac{x+y}{2}\geqslant\sqrt{xy}$；② $xy\leqslant\dfrac{\left(x+y\right)^2}{4}$；③ $x^2+y^2\geqslant\dfrac{\left(x+y\right)^2}{2}$；④ $x^2+y^2\geqslant 2|xy|$ 等,以上各式当且仅当 $x=y$ 时,取得等号.运用上面的不等关系,对已知条件等式进行"放缩",分别建立关于目标不等式中各结构式的不等关系,求解得到结论.

(2)配方后进行三角代换.将高考题已知条件等式中的变量 x 视为"主元"进行配方,即 $x^2+y^2-xy=1\rightarrow\left(x-\dfrac{y}{2}\right)^2+\dfrac{3}{4}y^2=1$,然后进行三角代换,从而化为三角函数问题求解.

(3)运用二元变量的和、差、积等运算之间的等量转化关系.二元变量 x，y 的运算有: $x+y,x-y,xy,x^2+y^2$ 等,这些运算之间的等量转化关系有:① $\left(x+y\right)^2=x^2+y^2+2xy$；② $\left(x-y\right)^2=x^2+y^2-2xy$；③ $\left(x+y\right)^2+\left(x-y\right)^2=2\left(x^2+y^2\right)$；④ $\left(x+y\right)^2-\left(x-y\right)^2=4xy$.运用这些等量转化关系,直接对已知条件等式进行变形,从而得到目标不等式的结论.同时,运用这些关系,也为两变量的和差换元提供了有力支撑.

在复习备考中,对于典型的高考真题,一要引导学生从各个条件联系的关键点上,寻求多种解题途径,即"一题多解",就是指从不同视角、不同的切入点探究问题不同的解答方案.二要重视问题的变式,通过变式教学引导学生把握变化中的不变,能从不同方面、不同视角和不同情况来说明某一事物,从"变"的现象中发现"不变"的本质,从"不变"中探求规律,从而概括出事物的一般属性.这样有利于培养学生灵活多变的思维品质,提高其数学核心素养,培养其探索精神和创新意识,从而真正把对能力的培养落到实处.

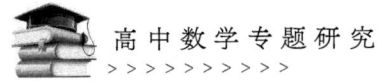

第5讲 一道数列不等式测试题的多视角探究

数列不等式证明问题,知识融合交会、综合性强,思想方法蕴含丰富,是高考重点考查的一类问题,常处于高考压轴题最后一个小题的位置.证明数列不等式问题,关键是抓住数列结构特征及不等式基本性质,充分运用构造、裂项、放缩等技巧来求解.下面对一道数列不等式证明测试题从溯源和变式等方面予以探究.

【例题】(清华大学中学生标准学术能力2022年1月新高考诊断性测试第22题)已知函数 $f(x)=\ln x-ax+\dfrac{a}{x}(a>0)$.

(1)当 $a=\dfrac{1}{2}$ 时,①解关于 x 的不等式 $f(x)>0$;

②证明:$\left(1+\dfrac{1}{2^2}\right)\left(1+\dfrac{1}{3^2}\right)\cdots\left(1+\dfrac{1}{n^2}\right)<e^{\frac{3}{4}}(n\in\mathbf{N}^*,\ n\geqslant 2)$.

(2)若函数 $g(x)=f(x)-\ln 2+\dfrac{3a}{x}$ 恰有三个不同的零点,求实数 a 的取值范围.

该题是以基本函数"$\ln x$"为背景,以导数在研究函数的性质中的应用为主导命制的综合压轴题,其中第(1)问的第②小问是数列不等式的证明,是我们下面要探究的问题.

思路:第(1)问的第②小问:由第①小问的解答可得到不等式 $\ln x<\dfrac{x}{2}-\dfrac{1}{2x}$ →赋值 $x=1+\dfrac{1}{n^2}$,构造数列不等式→分母缩小,第一次"放缩",裂项→累加,求和→舍项,第二次"放缩"→对数式化为指数式,证得结论.

解析:①当 $a=\dfrac{1}{2}$ 时,$f(x)=\ln x-\dfrac{x}{2}+\dfrac{1}{2x}$,

所以 $f'(x)=\dfrac{1}{x}-\dfrac{1}{2}-\dfrac{1}{2x^2}=-\dfrac{(x-1)^2}{2x^2}\leqslant 0$,

所以 $f(x)$ 在 $(0, +\infty)$ 上单调递减.

又 $f(1)=0$,所以 $f(x)>0$ 的解集为 $(0, 1)$.

②证明:由①可知,当 $x\in(1, +\infty)$ 时,$f(x)<0$,即 $\ln x<\dfrac{x}{2}-\dfrac{1}{2x}$.

令 $x=1+\dfrac{1}{n^2}(n\in\mathbf{N}^*, n\geqslant 2)$,

则 $\ln\left(1+\dfrac{1}{n^2}\right)<\dfrac{1}{2}\left(1+\dfrac{1}{n^2}\right)-\dfrac{1}{2\left(1+\dfrac{1}{n^2}\right)}=\dfrac{1+2n^2}{2n^2(n^2+1)}=\dfrac{1}{2}\left(\dfrac{1}{n^2}+\dfrac{1}{n^2+1}\right)<\dfrac{1}{n^2-1}=$

$\dfrac{1}{2}\left(\dfrac{1}{n-1}-\dfrac{1}{n+1}\right)$,

所以 $\ln\left[\left(1+\dfrac{1}{2^2}\right)\left(1+\dfrac{1}{3^2}\right)\cdots\left(1+\dfrac{1}{n^2}\right)\right]=\ln\left(1+\dfrac{1}{2^2}\right)+\ln\left(1+\dfrac{1}{3^2}\right)+\cdots+\ln\left(1+\dfrac{1}{n^2}\right)$

$<\dfrac{1}{2}\left(1-\dfrac{1}{2}+\dfrac{1}{2}-\dfrac{1}{3}+\cdots+\dfrac{1}{n-1}-\dfrac{1}{n+1}\right)=\dfrac{1}{2}\left(1+\dfrac{1}{2}-\dfrac{1}{n}-\dfrac{1}{n+1}\right)<\dfrac{1}{2}\left(1+\dfrac{1}{2}\right)=\dfrac{3}{4}$,

故 $\left(1+\dfrac{1}{2^2}\right)\left(1+\dfrac{1}{3^2}\right)\cdots\left(1+\dfrac{1}{n^2}\right)<\mathrm{e}^{\frac{3}{4}}(n\in\mathbf{N}^*, n\geqslant 2)$ 得证.

(2)实数 a 的取值范围为 $\left(0,\dfrac{1}{4}\right)$,解答过程从略.

点评:数列不等式证明问题,融构造数列不等式、裂项、数列累加求和、对数运算及放缩于一题,体现了知识间的交会运用.其中,两次"放缩"在证明的过程中起到了关键作用.

【例题溯源】(2017年高考全国卷Ⅲ理科第21题)已知函数 $f(x)=x-1-a\ln x$.

(1)若 $f(x)\geqslant 0$,求 a 的值;

(2)设 m 为整数,且对于任意正整数 n,$\left(1+\dfrac{1}{2}\right)\left(1+\dfrac{1}{2^2}\right)\cdots\cdots\left(1+\dfrac{1}{2^n}\right)<m$,求 m 的最小值.

解析:(1) $a=1$;(2)m 的最小值为3.解答过程从略.

上述测试题与该高考题本质上可谓如出一辙.由此可以看出,在强调命题改革的今天,通过改编、创新等手段来赋予往年高考试题新的生命,演变为新高考,已成为高考数学命题的一个新趋势,值得我们在复习备考的过程中加

以关注和重视.

导数及其应用是高考考查的核心内容,其解答题常处于高考压轴题的位置.在导数及其应用解答题中融入数列不等式证明问题,不仅体现了高考命题知识间的交会、综合,也使得"导数题"起到了高考"把关定向"的作用.在高考中,数列不等式的证明往往设置在导数及其应用解答题的最后一问,先由导数知识证明或推理得到函数的基础不等式结论,然后将结论通过赋值转换为数列的不等关系,再运用数列中如裂项、求和、累加、放缩等方法,使得数列不等式得以证明.

【例题变式】

在基本函数 $\ln x$ 为设问背景的导数应用的前提下,从数列不等式证明过程中放缩的不同切入途径考虑,可有下面的变式题.

1.(2021届河南省洛阳市第二次统考第21题改编)已知函数 $f(x)=x-\ln x$.

(1)求 $f(x)$ 的最小值;

(2)对 $\forall n\in\mathbf{N}^*$,证明:$\left(1+\dfrac{1}{3}\right)\left(1+\dfrac{1}{3^2}\right)\left(1+\dfrac{1}{3^3}\right)\cdots\left(1+\dfrac{1}{3^n}\right)<\dfrac{1}{2}$.

解析:(1)$f(x)$ 的最小值为1.

(2)由(1)可知,当 $x\in(1,\ +\infty)$ 时,$f(x)>1$,即 $x-\ln x>1$,

所以 $\ln x<x-1$.

令 $x=1+\dfrac{1}{3^n}$,则 $\ln\left(1+\dfrac{1}{3^n}\right)<1+\dfrac{1}{3^n}-1=\dfrac{1}{3^n}$,

所以 $\ln\left[\left(1+\dfrac{1}{3}\right)\left(1+\dfrac{1}{3^2}\right)\left(1+\dfrac{1}{3^3}\right)\cdots\left(1+\dfrac{1}{3^n}\right)\right]=\ln\left(1+\dfrac{1}{3}\right)+\ln\left(1+\dfrac{1}{3^2}\right)+$

$\ln\left(1+\dfrac{1}{3^3}\right)+\cdots+\ln\left(1+\dfrac{1}{3^n}\right)<\dfrac{1}{3}+\dfrac{1}{3^2}+\dfrac{1}{3^3}+\cdots+\dfrac{1}{3^n}=\dfrac{\dfrac{1}{3}\times\left(1-\dfrac{1}{3^n}\right)}{1-\dfrac{1}{3}}=\dfrac{1}{2}\left(1-\dfrac{1}{3^n}\right)=\dfrac{1}{2}-$

$\dfrac{1}{2\cdot3^n}<\dfrac{1}{2}$.

故 $\left(1+\dfrac{1}{3}\right)\left(1+\dfrac{1}{3^2}\right)\left(1+\dfrac{1}{3^3}\right)\cdots\left(1+\dfrac{1}{3^n}\right)<\dfrac{1}{2}$ 得证.

点评:本题第(2)问不等式证明过程中的最后一步"$\dfrac{1}{2}-\dfrac{1}{2\cdot3^n}<\dfrac{1}{2}$"是应用了"添舍放缩法"对不等式进行证明的.

2.已知函数$f(x)=1-ax+\ln x$.

(1)若不等式$f(x)\leqslant0$恒成立,求实数a的取值范围;

(2)证明:不等式$2\ln(2\times3\times4\times\cdots\times n)>\dfrac{n^2-2n+1}{n}(n\in\mathbf{N}^*,\ n\geqslant2)$.

解析:(1)由题意$f(x)\leqslant0$恒成立,知$ax-(\ln x+1)\geqslant0$恒成立,

所以$a\geqslant\dfrac{\ln x+1}{x}$.

令$\varphi(x)=\dfrac{\ln x+1}{x}$,$x\in(0,\ +\infty)$,则$a\geqslant\varphi(x)_{\max}$.

由$\varphi'(x)=\dfrac{1-(\ln x+1)}{x^2}=-\dfrac{\ln x}{x^2}$,可知$\varphi(x)$在$(0,\ 1)$单调递增,在$(1,\ +\infty)$单调递减.

所以$\varphi(x)$在$x=1$处取得最大值,且最大值为$\varphi(1)=1$,所以$a\geqslant1$.

故a的取值范围为$[1,\ +\infty)$.

(2)证明:由(1)可知$\dfrac{\ln x+1}{x}\leqslant1$,即$\ln x\leqslant x-1$,当且仅当$x=1$时,等号成立.

令$x=\dfrac{1}{n^2}$,则$x-1=\dfrac{1}{n^2}-1\geqslant\ln\dfrac{1}{n^2}=-2\ln n$,$n\in\mathbf{N}^*,\ n\geqslant2$.

所以$2\ln n\geqslant1-\dfrac{1}{n^2}=1-\dfrac{1}{n\cdot n}>1-\dfrac{1}{n\cdot(n-1)}=1-\left(\dfrac{1}{n-1}-\dfrac{1}{n}\right)=1-\dfrac{1}{n-1}+\dfrac{1}{n}$,

$n\in\mathbf{N}^*,\ n\geqslant2$.

所以$2\ln(2\times3\times4\times\cdots\times n)=2(\ln2+\ln3+\ln4+\cdots+\ln n)>\left(1-\dfrac{1}{2-1}+\dfrac{1}{2}\right)+$

$\left(1-\dfrac{1}{3-1}+\dfrac{1}{3}\right)+\left(1-\dfrac{1}{4-1}+\dfrac{1}{4}\right)+\cdots+\left(1-\dfrac{1}{n-1}+\dfrac{1}{2}\right)=n-1-1+\dfrac{1}{n}=n+\dfrac{1}{n}-2=$

$\dfrac{n^2-2n+1}{n}(n\in\mathbf{N}^*,\ n\geqslant2)$.

故不等式$2\ln(2\times3\times4\times\cdots\times n)>\dfrac{n^2-2n+1}{n}(n\in\mathbf{N}^*,\ n\geqslant2)$得证.

点评:本题第(2)问中,"$1-\dfrac{1}{n\cdot n}>1-\dfrac{1}{n\cdot(n-1)}=1-\left(\dfrac{1}{n-1}-\dfrac{1}{n}\right)$"应用了裂

项放缩的技巧,从而证明数列不等式.

3.(2021届百师联盟新高考卷二轮复习联考第22题)已知函数$f(x)=\ln(1+x)-\dfrac{kx}{x+1}+1$.

(1)求函数$f(x)$的极值;

(2)(i)当$x>0$时,$f(x)>0$恒成立,求正整数k的最大值;

(ii)证明:$(1+1\times2)(1+2\times3)\cdots[1+n(n+1)]>e^{n\left(2-\frac{3}{n+1}\right)}$.

解析:(1)当$k\leqslant0$时,$f(x)$无极值;

当$k>0$时,$f(x)$的极小值为$\ln k-k+2$,无极大值.

(2)(i)k的最大值为3.

(ii)证明:将所证不等式两边取自然对数,

得$\ln\left\{(1+1\times2)(1+2\times3)\cdots[1+n(n+1)]\right\}>2n-\dfrac{3n}{n+1}$,

即只需证$\ln(1+1\times2)+\ln(1+2\times3)+\cdots+\ln[1+n(n+1)]>2n-\dfrac{3n}{n+1}$.

由(i)知$\ln(1+x)>\dfrac{3x}{x+1}-1=2-\dfrac{3}{x+1}$.

令 $x=n(n+1)$, 则 $\ln[1+n(n+1)]>2-\dfrac{3}{n(n+1)+1}>2-\dfrac{3}{n(n+1)}=2-3\left(\dfrac{1}{n}-\dfrac{1}{n+1}\right)$,

所以$\ln(1+1\times2)+\ln(1+2\times3)+\cdots+\ln[1+n(n+1)]$

$>2-3\left(1-\dfrac{1}{2}\right)+2-3\left(\dfrac{1}{2}-\dfrac{1}{3}\right)+\cdots+2-3\left(\dfrac{1}{n}-\dfrac{1}{n+1}\right)$

$=2n-3\left(1-\dfrac{1}{2}+\dfrac{1}{2}-\dfrac{1}{3}+\cdots+\dfrac{1}{n}-\dfrac{1}{n+1}\right)=2n-\dfrac{3n}{n+1}$.

故$(1+1\times2)(1+2\times3)\cdots[1+n(n+1)]>e^{n\left(2-\frac{3}{n+1}\right)}$得证.

点评:本题第(2)问的第(ii)小问在不等式的证明过程中,"$2-\dfrac{3}{n(n+1)+1}>2-\dfrac{3}{n(n+1)}$"这一步应用了减小分母进行放缩,从而使不等式顺利得到证明.

【解后反思】

通过上述测试题和变式题的解析可以看出,在数列不等式的证明过程中往往需要用到放缩法.放缩法灵活多变、技巧性强,如何把握放缩的"度",使得放缩"恰到好处",这是放缩法的精髓和关键所在.在解题中要多观察、分析、思考和体会,深入剖析问题特征,抓住规律进行恰当地放缩,从而顺利完成数列不等式的证明.在数列不等式证明时,用到的放缩方法主要有:

1.裂项放缩.常用的裂项放缩技巧有:$\dfrac{1}{n} - \dfrac{1}{n+1} = \dfrac{1}{n(n+1)} < \dfrac{1}{n^2} < \dfrac{1}{n(n-1)} = \dfrac{1}{n-1} - \dfrac{1}{n}$,$\sqrt{k+1} - \sqrt{k} = \dfrac{1}{\sqrt{k+1} + \sqrt{k}} < \dfrac{1}{2\sqrt{k}} < \dfrac{1}{\sqrt{k-1} + \sqrt{k}} = \sqrt{k} - \sqrt{k+1}$ 等,如变式2.

2.分式放缩.对于分式,若分子增大,则分式的值增大,若分母增大,则分式的值减小;对于复合式,有两个"姐妹"不等式 $\dfrac{b}{a} > \dfrac{b+m}{a+m}(b > a > 0,\ m > 0)$ 和 $\dfrac{b}{a} < \dfrac{b+m}{a+m}(a > b > 0,\ m > 0)$,利用上述性质对数列不等式放缩可达到解决问题的目的,如变式3.

3.添舍项放缩.根据数列不等式的特点,将数列不等式的一边添项或舍项进行放缩,可达到解决问题的目的,如变式1.许多时候是多种方法共用,比如例题要经过多次放缩后才能达到证明不等式的目的.

第6讲　一道含有绝对值不等式的高考题探究

高考数学命题突出学科特点,注重考查内容的基础性和全面性,同时突出对主干、重点知识的考查.含有绝对值的不等式作为数学高考全国卷的选考内容,是全国卷命题的重点题型.本文以2021年的一道高考题为例,主要针对 $|x-a|+|x-b|\geqslant c$ 和 $|x-a|+|x-b|\leqslant c$ 型绝对值不等式问题,从试题解法、变式及方法规律等方面进行分析探究.

【例题】(2021年高考全国乙卷第23题)已知函数 $f(x)=|x-a|+|x+3|$.

(1)当 $a=1$ 时,求不等式 $f(x)\geqslant6$ 的解集;

(2)若 $f(x)>-a$,求 a 的取值范围.

首先来看第(1)小题的解法.

思路1:将 $a=1$ 代入函数解析式,分 $x<-3,-3\leqslant x\leqslant1$ 和 $x>1$ 三种情况去掉绝对值,再解不等式 $f(x)\geqslant6$,即可得到解集.

解法1:(零点分段讨论法)当 $a=1$ 时, $f(x)=|x-1|+|x+3|$.

①若 $x<-3$,则 $1-x-x-3\geqslant6$,解得 $x\leqslant-4$.

②若 $-3\leqslant x\leqslant1$,则 $1-x+x+3\geqslant6$,所以 $4\geqslant6$ 矛盾,此时 $x\in\varnothing$.

③若 $x>1$,则 $x-1+x+3\geqslant6$,解得 $x\geqslant2$.

综上,不等式 $f(x)\geqslant6$ 的解集为 $(-\infty,-4]\cup[2,+\infty)$.

点评:解法1运用零点分段法求解,体现了分类讨论数学思想的运用.零点分段法是求解绝对值不等式最为基础、最常用的方法,首先确定各绝对式的零点,然后依据这些零点作为分界点划分区间分段求解,最后合并得到结论.注意:分类讨论时要做到不重不漏.

思路2:将 $a=1$ 代入函数解析式,利用绝对值的几何意义,借助数轴求解.

解法2:(几何意义法)当 $a=1$ 时, $f(x)=|x-1|+|x+3|$.

因为 $|x-1|+|x+3|$ 表示数轴上的点到1和 -3 的距离之和,所以 $f(x)\geqslant6$ 表

示数轴上的点到1和-3的距离之和大于等于6.

由于当$x=2$或$x=-4$时所对应的数轴上的点到1，-3所对应的点的距离之和等于6,所以数轴上到1，-3所对应点的距离之和大于等于6的点的范围为$x\leqslant-4$或$x\geqslant2$(如图1).

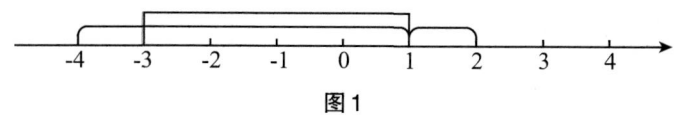

图1

故不等式$f(x)\geqslant6$的解集为$(-\infty,\ -4]\cup[2,\ +\infty)$.

点评:解法2利用绝对值的几何意义求解,体现了数形结合的运用.

思路3:将$a=1$代入函数解析式,然后化为分段函数作出函数图象,借助函数图象直观求解.

解法3:(函数图象法)当$a=1$时,$f(x)=|x-1|+|x+3|=$
$$\begin{cases}1-x-x-3=-2x-2,\ x<-3,\\ 1-x+x+3=4,\ -3\leqslant x\leqslant1,\\ x-1+x+3=2x+2,\ x>1,\end{cases}$$
作出函数图象,如图2,

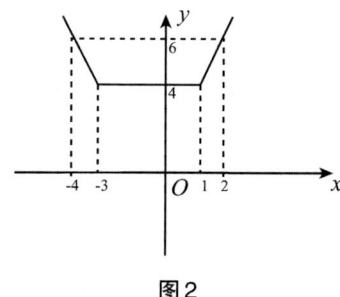

图2

由图2可知,当$-2x-2=6$时,解得$x=-4$;

当$2x+2=6$时,解得$x=2$.

故不等式$f(x)\geqslant6$的解集为$(-\infty,\ -4]\cup[2,\ +\infty)$.

点评:解法3将函数化为分段函数后,作出其图象,数形结合直观求解.

再来看第(2)小题的解法.

思路1:利用绝对值的几何意义和绝对值基本不等式$|x|\geqslant a$的结论求解.

解法1:(几何意义法)由绝对值的几何意义可知,$|x-a|$表示数轴上数x的对应点与数a的对应点之间的距离,

所以 $f(x)=|x-a|+|x+3|=|x-a|+|x-(-3)|\geqslant|a-(-3)|=|a+3|$.

所以由 $f(x)>-a$,得 $|a+3|>-a$,

所以 $a+3>-a$ 或 $a+3<-(-a)$,解得 $a>-\dfrac{3}{2}$.

故 a 的取值范围为 $\left(-\dfrac{3}{2},\ +\infty\right)$.

点评:解法1利用绝对值的几何意义和绝对值基本不等式求解,思路简单,熟练掌握基本知识是求解的关键.

思路2:利用绝对值三角不等式和绝对值基本不等式 $|x|\geqslant a$ 求解.

解法2:(绝对值三角不等式法)依题意 $f(x)>-a$,即 $|x-a|+|x+3|>-a$ 恒成立,

所以由绝对值三角不等式,

得 $|x-a|+|x+3|=|a-x|+|x+3|\geqslant|a+3|$,

所以 $|a+3|>-a$,所以 $a+3>-a$ 或 $a+3<-(-a)$,解得 $a>-\dfrac{3}{2}$.

故 a 的取值范围为 $\left(-\dfrac{3}{2},\ +\infty\right)$.

点评:解法2利用绝对值三角不等式和绝对值不等式求解,是考试中首选的解题方法.

思路3:通过对两个绝对值式零点的分类比较求解.

解法3:(零点讨论法)分别令 $|x-a|=0$,$|x+3|=0$,解得 $x=a$ 和 $x=-3$.

若 $a\leqslant-3$,则

$$f(x)=|x-a|+|x+3|=\begin{cases}a-x-x-3=-2x+a-3, & x<a,\\ x-a-x-3=-a-3, & a\leqslant x\leqslant-3,\\ x-a+x+3=2x-a+3, & x>-3,\end{cases}$$

此时 $[f(x)]_{\min}=-a-3$.

所以由 $f(x)>-a$,得 $[f(x)]_{\min}>-a$,即 $-a-3>-a$,无解.

若 $a>-3$,则

$$f(x)=|x-a|+|x+3|=\begin{cases} a-x-x-3=-2x+a-3, & x<-3, \\ a-x+x+3=a+3, & -3\leqslant x\leqslant a, \\ x-a+x+3=2x-a+3, & x>a, \end{cases}$$

此时$\left[f(x)\right]_{\min}=a+3.$

所以由$f(x)>-a$,得$\left[f(x)\right]_{\min}>-a$,即$a+3>-a$,解得$a>-\dfrac{3}{2}.$

故a的取值范围为$\left(-\dfrac{3}{2},\ +\infty\right).$

点评:解法3利用绝对值零点讨论,去掉绝对值后转化为一般的不等式恒成立问题求解,解题过程逻辑清晰、思路严谨.

【例题变式】

若改变试题中函数的解析式,使得两个绝对值中都含有参数,则有:

1.(2020年高考全国卷Ⅱ第23题)已知函数$f(x)=|x-a^2|+|x-2a+1|.$

(1)当$a=2$时,求不等式$f(x)\geqslant4$的解集;

(2)若$f(x)\geqslant4$,求a的取值范围.

解析:(1)当$a=2$时,$f(x)=|x-4|+|x-3|.$

当$x\leqslant3$时,$f(x)=4-x+3-x=7-2x\geqslant4$,解得$x\leqslant\dfrac{3}{2}$;

当$3<x<4$时,$f(x)=4-x+x-3=1\geqslant4$,无解;

当$x\geqslant4$时,$f(x)=x-4+x-3=2x-7\geqslant4$,解得$x\geqslant\dfrac{11}{2}$;

综上所述,$f(x)\geqslant4$的解集为$\left\{x\left|x\leqslant\dfrac{3}{2}\text{或}x\geqslant\dfrac{11}{2}\right.\right\}.$

(2)由绝对值三角不等式,得$|x-a^2|+|x-2a+1|\geqslant\left|(x-a^2)-(x-2a+1)\right|=|-a^2+2a-1|=(a-1)^2$(当且仅当$2a-1\leqslant x\leqslant a^2$时取等号),

所以$f(x)_{\min}=(a-1)^2.$

因为$f(x)\geqslant4$,所以$f(x)_{\min}\geqslant4$,所以$(a-1)^2\geqslant4$,解得$a\leqslant-1$或$a\geqslant3.$

故a的取值范围为$(-\infty,\ -1]\cup[3,\ +\infty).$

点评:第(1)题考查绝对值不等式的求解,利用零点讨论法解答;第(2)题是不等式的恒成立问题,在利用绝对值三角不等式求得$f(x)$的最值后,转化利

用最值法求解. 不等式恒成立问题的求解原理是:(1)若 $a \geqslant f(x)$(或>)对 $x \in D$ 恒成立,则 $a \geqslant f(x)_{\max}$(或>);(2)若 $a \leqslant f(x)$(或<)对 $x \in D$ 恒成立,则 $a \leqslant f(x)_{\min}$ (或<).

若改变试题中函数的解析式,使得绝对值中不含有参数,而在第(2)小题中给出另外一个含有参数的绝对值函数,在不等式"恒成立"下求参数的取值范围问题,则有:

2.(清华大学中学生标准学术能力2021年11月诊断性理科测试第23题)已知函数 $f(x) = 2|x+1| - |x-2|$.

(1)求不等式 $f(x) \leqslant 0$ 的解集;

(2)设 $g(x) = |3x-a|$,若对于任意 $x \in \mathbf{R}$,都有 $g(x) \geqslant f(x)$,求 a 的取值范围.

解 析 :(1) $f(x) = 2|x+1| - |x-2| = \begin{cases} -x-4, & x < -1, \\ 3x, & -1 \leqslant x < 2, \\ x+4, & x \geqslant 2, \end{cases}$ 函 数 $f(x)$ 在

$(-\infty, -1]$ 上单调递减,在 $[-1, +\infty)$ 上单调递增, $f(-4) = 0, f(0) = 0$,所以 $f(x) \leqslant 0$ 的解集为 $[-4, 0]$.

(2)因为 $g\left(\dfrac{a}{3}\right) = \left|3 \times \dfrac{a}{3} - a\right| = 0$,又 $g(x) \geqslant f(x)$,

所以 $f\left(\dfrac{a}{3}\right) \leqslant 0$,所以 $-4 \leqslant \dfrac{a}{3} \leqslant 0$,所以 $-12 \leqslant a \leqslant 0$.

因为 $g(x) = |3x-a| = \begin{cases} -3x+a, & x < \dfrac{a}{3}, \\ 3x-a, & x \geqslant \dfrac{a}{3}. \end{cases}$

下面证明当 $-12 \leqslant a \leqslant 0$ 时,对于任意 $x \in \mathbf{R}$,都有 $g(x) \geqslant f(x)$.

①当 $-12 \leqslant x < -4$ 时,因为 $\dfrac{a}{3} > -4$,所以 $g(x) - f(x) = -3x+a - (-x-4) = -2x + 4+a$.

由 $x < -4, a \geqslant -12$,得 $g(x) - f(x) > 0$,所以 $g(x) > f(x)$.

②当 $-4 \leqslant x \leqslant 0$ 时,由 $f(x) \leqslant 0 \leqslant g(x)$,得 $g(x) \geqslant f(x)$.

因为 $\dfrac{a}{3} \leqslant 0$,所以当 $0 < x < 2$ 时, $g(x) - f(x) = 2x - a - 4 \geqslant -a \geqslant 0$;

当 $x \geqslant 2$ 时,$g(x)-f(x)=-a \geqslant 0$.

综上,当 $-12 \leqslant a \leqslant 0$ 时,对于任意 $x \in \mathbf{R}$,都有 $g(x) \geqslant f(x)$.

点评:第(1)小题将绝对值函数化为分段函数后,利用各段的单调性和比较分界点的函数值大小,确定不等式的解集.第(2)小题首先作出判断,然后在对变量 x 进行划分讨论的基础上进行证明.分类讨论时要做到不重不漏.

若改变试题中函数的解析式,使得两个绝对值中都含有两个不同参数,同时将第(2)小题母题的不等式"恒成立"改为不等式"能成立",则有:

3.已知函数 $f(x)=|bx-a|+|bx-1|(a,\ b \in \mathbf{R})$.

(1)当 $a=3$,$b=2$ 时,求不等式 $f(x) \leqslant 6$ 的解集;

(2)$\exists x \in \mathbf{R}$,使得 $f(x) \leqslant a^2-a-3$ 成立,求实数 a 的取值范围.

解析:(1)当 $a=3$,$b=2$ 时,因为 $f(x) \leqslant 6$,所以 $|2x-3|+|2x-1| \leqslant 6$.

当 $x < \dfrac{1}{2}$ 时,$-(2x-3)-(2x-1)=-4x+4 \leqslant 6$,结合 $x < \dfrac{1}{2}$,解得 $-\dfrac{1}{2} \leqslant x < \dfrac{1}{2}$;

当 $\dfrac{1}{2} \leqslant x \leqslant \dfrac{3}{2}$ 时,$-(2x-3)+(2x-1)=2 \leqslant 6$,结合 $\dfrac{1}{2} \leqslant x \leqslant \dfrac{3}{2}$,解得 $\dfrac{1}{2} \leqslant x \leqslant \dfrac{3}{2}$;

当 $x > \dfrac{3}{2}$ 时,$(2x-3)+(2x-1)=4x-4 \leqslant 6$,结合 $x > \dfrac{3}{2}$,解得 $\dfrac{3}{2} < x \leqslant \dfrac{5}{2}$.

综上所述,关于 x 的不等式 $f(x) \leqslant 6$ 的解集为 $\left\{ x \left| -\dfrac{1}{2} \leqslant x \leqslant \dfrac{5}{2} \right. \right\}$.

(2)当 $x \in \mathbf{R}$ 时,$f(x)=|bx-a|+|bx-1| \geqslant |bx-a+1-bx|=|1-a|$,

即 $f(x)_{\min}=|1-a|$,所以 $\exists x \in \mathbf{R}$,

使得 $f(x) \leqslant a^2-a-3$ 成立等价于 $f(x)_{\min} \leqslant a^2-a-3$,等价于 $|1-a| \leqslant a^2-a-3$,等价于 $\begin{cases} a \leqslant 1, \\ 1-a \leqslant a^2-a-3, \end{cases}$ 或 $\begin{cases} a > 1, \\ a-1 \leqslant a^2-a-3, \end{cases}$

解得 $a \leqslant -2$ 或 $a \geqslant 1+\sqrt{3}$.故实数 a 的取值范围为 $(-\infty,\ -2] \cup [1+\sqrt{3},\ +\infty)$.

点评:本题(1)考查绝对值不等式的求解,利用零点讨论法解答;本题(2)是不等式的"能成立"问题,在利用绝对值三角不等式求得 $f(x)$ 最值后,等价转化求解.不等式"能成立"问题求解原理是:(1)若 $a \geqslant f(x)$(或>)在 $x \in D$ 成立(有解),则 $a \geqslant f(x)_{\min}$(或>);(2)若 $a \leqslant f(x)$(或<)对 $x \in D$ 成立(有解),则 $a \leqslant f(x)_{\max}$

(或<).

【解后反思】

1.绝对值不等式的解法.

(1)两个基本不等式：

①不等式$|x|\leqslant a(a>0)$的解集为$\{x|-a\leqslant x\leqslant a\}$,数轴表示为

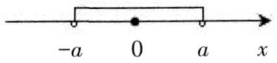

②不等式$|x|\geqslant a(a>0)$的解集为$\{x|x\geqslant a$或$x\leqslant -a\}$,数轴表示为

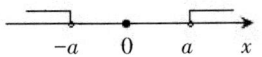

③两个基本不等式的解法口诀：小于取中间,大于取两边.

(2)$|ax+b|\leqslant c$和$|ax+b|\geqslant c$型.

这种类型的不等式的解法是将$ax+b$看作一个整体替换x,转化为两个基本不等式型来解决,即$|ax+b|\leqslant c$可化为$-c\leqslant ax+b\leqslant c$,$|ax+b|\geqslant c$可化为$ax+b\geqslant c$或$ax+b\leqslant -c$,然后解之.

(3)$|x-a|+|x-b|\geqslant c$和$|x-a|+|x-b|\leqslant c$型.

这种类型的不等式的解法有三种：

①几何法.$|x-a|+|x-b|>c$($c>0$)的几何意义：数轴上到点$x_1=a$和$x_2=b$的距离之和大于c的全体,$|x-a|+|x-b|\geqslant|x-a-(x-b)|=|a-b|$.利用绝对值不等式的几何意义求解,体现了数形结合思想.

②零点划分区间法.利用绝对值号内式子对应方程的根,将数轴分为$(-\infty,\ a],(a,\ b],(b,\ +\infty)$(此处设$a<b$)三个部分,在每个部分上去掉绝对值号,分别列出对应的不等式求解,然后取各个不等式解集的并集,体现了分类讨论思想.

③构造法.构造函数,利用函数的图象求解,体现了函数方程思想.

2.绝对值三角不等式.

绝对值三角不等式是一类特殊的不等式,它反映的是实数和与差的绝对值和绝对值的和差之间的关系,是处理含绝对值问题的重要工具,在许多问题中都有着重要的应用.

（1）绝对值三角不等式的几何背景.

绝对值三角不等式的几何背景就是关于向量的三角不等式$|a|-|b|\leqslant|a+b|\leqslant|a|+|b|$.实际上,用向量$a,b$替换实数$a,b$时,问题就从一维扩展到二维.当向量$a,b$不共线时,$a+b,a,b$构成三角形,由"三角形两边之和大于第三边"可知$|a|-|b|<|a+b|<|a|+|b|$.当向量$a,b$共线时,①若$a,b$同向（相当于$ab\geqslant0$）,则$|a+b|=|a|+|b|$;②若$a,b$反向（相当于$ab<0$）,则$|a+b|<|a|+|b|$.

（2）绝对值三角不等式的推广.

①把三角不等式中的两个实数相加,推广到两个实数相减,得到$|a|-|b|\leqslant|a+b|\leqslant|a|+|b|$.

②推广到多个实数相加,即$|a_1+a_2+\cdots+a_n|\leqslant|a_1|+|a_2|+\cdots+|a_n|$,当且仅当$a_1,a_2,\cdots,a_n$同号或至少有一个为零其余同号时等号成立.

【迁移提升】

（1）解绝对值不等式的关键是把含绝对值的不等式转化为不含绝对值的不等式,然后再求解.但这种转化必须是等价转化,不能扩大也不能缩小解集的范围.同时要注意不等式组的解集中,对不等式端点值的取舍情况.

（2）绝对值三角不等式是处理含绝对值问题的重要工具,特别是在含绝对值不等式的证明中有重要的应用.用这种方法要对绝对值内的式子进行分拆、重组、添项、减项等配凑变换,使要证明式子与已知联系起来,最后通过绝对值的运算及不等依据完成证明.绝对值三角不等式也常用在与最值有关的问题中,重点是多个绝对值之和（差）的问题.在应用它求最值时,要把$a\pm b$变为常数,同时能取到"等号".

第7讲　同条件下一类不等式的证明

以"$xyz = x + y + z + 2$"为已知条件背景的不等式问题,往往能够启迪思维,开发智力,因而备受广大数学教育工作者的青睐,并积极致力于对这些不等式挖掘和探索的研究中,演变出了众多灵巧、新颖、有趣、实用且深浅适度,富有启发性的优美不等式.

【例题】(《数学通讯》"问题征解"2021年第8期第507题)设正数 x, y, z 满足 $x + y + z + 2 = xyz$,求证:$\sqrt[3]{x} + \sqrt[3]{y} + \sqrt[3]{z} \geqslant 3\sqrt[3]{2}$.

证法1:由 $x + y + z + 2 = xyz$,

利用三元 $AM - GM$ 不等式,得 $xyz = x + y + z + 2 \geqslant 3\sqrt[3]{xyz} + 2$,当且仅当 $x = y = z$ 时取等号.

令 $\sqrt[3]{xyz} = t$,则 $t^3 - 3t - 2 \geqslant 0$,

所以 $t^3 - 8 - 3t + 6 \geqslant 0$,即 $(t^3 - 8) - 3(t - 2) \geqslant 0$,

所以 $(t - 2)(t^2 + 2t + 4) - 3(t - 2) \geqslant 0$,

所以 $(t - 2)(t^2 + 2t + 1) \geqslant 0$,所以 $(t - 2)(t + 1)^2 \geqslant 0$,所以 $t \geqslant 2$.

所以 $\sqrt[3]{xyz} \geqslant 2$.

再利用三元 $AM - GM$ 不等式,

得 $\sqrt[3]{x} + \sqrt[3]{y} + \sqrt[3]{z} \geqslant 3\sqrt[3]{\sqrt[3]{x} \cdot \sqrt[3]{y} \cdot \sqrt[3]{z}} \geqslant 3\sqrt[3]{\sqrt[3]{xyz}} \geqslant 3\sqrt[3]{2}$,当且仅当 $x = y = z$ 时取等号.

从而证得 $\sqrt[3]{x} + \sqrt[3]{y} + \sqrt[3]{z} \geqslant 3\sqrt[3]{2}$,当且仅当 $x = y = z$ 时取等号.

点评:证法1首先将条件等式利用三元 $AM - GM$ 不等式转化,换元 $\sqrt[3]{xyz} = t$ 后通过配凑、因式分解求得 t 的范围,从而证得不等式 $\sqrt[3]{xyz} \geqslant 2$.在此基础上将所证不等式的左边利用三元 $AM - GM$ 不等式转化,最后结合 $\sqrt[3]{xyz} \geqslant 2$ 完成不等式的证明.该证法步骤简洁,其中证明并进一步运用不等式 $\sqrt[3]{xyz} \geqslant 2$ 是解题的关键点.需要提醒注意的是,在该证法中,两次运用了三元 $AM-GM$ 不等式,且等号成立的条件是一致的.

证法 2:由公式 $(x+y+z)^3 = x^3+y^3+z^3+3x^2y+3x^2z+3xy^2+3y^2z+3xz^2+3yz^2+6xyz$,得

$$\left(\sqrt[3]{x} + \sqrt[3]{y} + \sqrt[3]{z} \right)^3$$

$$= \left(\sqrt[3]{x} \right)^3 + \left(\sqrt[3]{y} \right) + \left(\sqrt[3]{z} \right)^3 + 3\left(\sqrt[3]{x} \right)^2 \cdot \sqrt[3]{y} + 3\left(\sqrt[3]{x} \right)^2 \cdot \sqrt[3]{z} + 3\sqrt[3]{x} \cdot \left(\sqrt[3]{y} \right)^2 +$$

$$3\left(\sqrt[3]{y} \right)^2 \cdot \sqrt[3]{z} + 3\sqrt[3]{x} \cdot \left(\sqrt[3]{z} \right)^2 + 3\sqrt[3]{y} \cdot \left(\sqrt[3]{z} \right)^2 + 6\sqrt[3]{x} \cdot \sqrt[3]{y} \cdot \sqrt[3]{z}$$

$$= x+y+z + 3\sqrt[3]{xyz}\left(\frac{\sqrt[3]{x}}{\sqrt[3]{z}} + \frac{\sqrt[3]{x}}{\sqrt[3]{y}} + \frac{\sqrt[3]{y}}{\sqrt[3]{z}} + \frac{\sqrt[3]{y}}{\sqrt[3]{x}} + \frac{\sqrt[3]{z}}{\sqrt[3]{y}} + \frac{\sqrt[3]{z}}{\sqrt[3]{x}} \right) + 6\sqrt[3]{xyz}$$

$$= x+y+z + 3\sqrt[3]{xyz}\left[\left(\frac{\sqrt[3]{x}}{\sqrt[3]{z}} + \frac{\sqrt[3]{z}}{\sqrt[3]{x}} \right) + \left(\frac{\sqrt[3]{x}}{\sqrt[3]{y}} + \frac{\sqrt[3]{y}}{\sqrt[3]{x}} \right) + \left(\frac{\sqrt[3]{y}}{\sqrt[3]{z}} + \frac{\sqrt[3]{z}}{\sqrt[3]{y}} \right) \right] + 6\sqrt[3]{xyz}.$$

由三元 $AM-GM$ 不等式,得 $x+y+z \geqslant 3\sqrt[3]{xyz}$,

由二元 $AM-GM$ 不等式,得 $\left(\frac{\sqrt[3]{x}}{\sqrt[3]{z}} + \frac{\sqrt[3]{z}}{\sqrt[3]{x}} \right) + \left(\frac{\sqrt[3]{x}}{\sqrt[3]{y}} + \frac{\sqrt[3]{y}}{\sqrt[3]{x}} \right) + \left(\frac{\sqrt[3]{y}}{\sqrt[3]{z}} + \frac{\sqrt[3]{z}}{\sqrt[3]{y}} \right) \geqslant$

$$2\sqrt{\frac{\sqrt[3]{x}}{\sqrt[3]{z}} \cdot \frac{\sqrt[3]{z}}{\sqrt[3]{x}}} + 2\sqrt{\frac{\sqrt[3]{x}}{\sqrt[3]{y}} \cdot \frac{\sqrt[3]{y}}{\sqrt[3]{x}}} + 2\sqrt{\frac{\sqrt[3]{y}}{\sqrt[3]{z}} \cdot \frac{\sqrt[3]{z}}{\sqrt[3]{y}}} = 6,$$

由证法 1 可知 $\sqrt[3]{xyz} \geqslant 2$.

以上不等式当且仅当 $x=y=z$ 时取等号.

所以 $\left(\sqrt[3]{x} + \sqrt[3]{y} + \sqrt[3]{z} \right)^3 \geqslant 3 \times 2 + 3 \times 2 \times 6 + 6 \times 2 = 54$,

所以 $\sqrt[3]{x} + \sqrt[3]{y} + \sqrt[3]{z} \geqslant 3\sqrt[3]{2}$,

从而证得 $\sqrt[3]{x} + \sqrt[3]{y} + \sqrt[3]{z} \geqslant 3\sqrt[3]{2}$,当且仅当 $x=y=z$ 时取等号.

点评:证法 2 首先将所证不等式的左边"取"立方,利用三项的完全立方公式展开后分组,然后分别利用三元 $AM-GM$ 不等式、二元 $AM-GM$ 不等式和证法 1 所证得的不等式 $\sqrt[3]{xyz} \geqslant 2$,同向相加后完成不等式的证明.该证法涉及到

的知识点较多,运算也较冗繁一些,但对思维的开阔是有益的,只要正确运用知识、准确运算,便可完成不等式的证明.

证法3:对于条件等式$x+y+z+2=xyz$,可以进行换元:存在正数α,β,γ,使得$x=\dfrac{\beta+\gamma}{\alpha}$, $y=\dfrac{\gamma+\alpha}{\beta}$, $z=\dfrac{\alpha+\beta}{\gamma}$,

则$\sqrt[3]{x}+\sqrt[3]{y}+\sqrt[3]{z}=\sqrt[3]{\dfrac{\beta+\gamma}{\alpha}}+\sqrt[3]{\dfrac{\gamma+\alpha}{\beta}}+\sqrt[3]{\dfrac{\alpha+\beta}{\gamma}}$.

由二元$AM-GM$不等式,得$\beta+\gamma\geqslant 2\sqrt{\beta\gamma}$,$\gamma+\alpha\geqslant 2\sqrt{\gamma\alpha}$,$\alpha+\beta\geqslant 2\sqrt{\alpha\beta}$,当且仅当$\alpha=\beta=\gamma$时三个不等式同时取等号.

所以$\sqrt[3]{x}+\sqrt[3]{y}+\sqrt[3]{z}\geqslant\sqrt[3]{\dfrac{2\sqrt{\beta\gamma}}{\alpha}}+\sqrt[3]{\dfrac{2\sqrt{\gamma\alpha}}{\beta}}+\sqrt[3]{\dfrac{2\sqrt{\alpha\beta}}{\gamma}}$,当且仅当$\alpha=\beta=\gamma$时取等号.

由三元$AM-GM$不等式,得$\sqrt[3]{\dfrac{2\sqrt{\beta\gamma}}{\alpha}}+\sqrt[3]{\dfrac{2\sqrt{\gamma\alpha}}{\beta}}+\sqrt[3]{\dfrac{2\sqrt{\alpha\beta}}{\gamma}}\geqslant$

$3\sqrt[3]{\sqrt[3]{\dfrac{2\sqrt{\beta\gamma}}{\alpha}}\cdot\sqrt[3]{\dfrac{2\sqrt{\gamma\alpha}}{\beta}}\cdot\sqrt[3]{\dfrac{2\sqrt{\alpha\beta}}{\gamma}}}=3\sqrt[3]{\sqrt[3]{\dfrac{8\sqrt{\beta\gamma}\cdot\sqrt{\gamma\alpha}\cdot\sqrt{\alpha\beta}}{\alpha\beta\gamma}}}=3\sqrt[3]{\sqrt[3]{\dfrac{8\alpha\beta\gamma}{\alpha\beta\gamma}}}=$

$3\sqrt[3]{\sqrt[3]{8}}=3\sqrt[3]{2}$,当且仅当$\alpha=\beta=\gamma$时取等号.

所以$\sqrt[3]{\dfrac{2\sqrt{\beta\gamma}}{\alpha}}+\sqrt[3]{\dfrac{2\sqrt{\gamma\alpha}}{\beta}}+\sqrt[3]{\dfrac{2\sqrt{\alpha\beta}}{\gamma}}\geqslant 3\sqrt[3]{2}$,当且仅当$\alpha=\beta=\gamma$时取等号.

从而证得$\sqrt[3]{x}+\sqrt[3]{y}+\sqrt[3]{z}\geqslant 3\sqrt[3]{2}$,当且仅当$x=y=z$时取等号.

点评:证法3将已知条件等式进行等价换元,将所证不等式的左边转化为关于新元的式子后,运用二元$AM-GM$不等式和三元$AM-GM$不等式,完成不等式证明.该证法通过换元,另辟蹊径,其抽象程度要求较高,能很好地促进数学思维能力的发展.要注意的是,在运用二元和三元$AM-GM$不等式时,等号成立的条件都是一致的.

【同源变式】

在这里仅举几例同条件下与根式有关的几个不等式问题,供有兴趣的读者研究时参考.

1. 设正数 x,y,z 满足 $x+y+z+2=xyz$,求证:$\sqrt[3]{xyz} \geqslant 2$.

证明:由例题的证法1得证.

2. 设正数 x,y,z 满足 $x+y+z+2=xyz$,求证:$\sqrt{xy}+\sqrt{yz}+\sqrt{xz} \leqslant xyz-2$.

证明:由二元 $AM-GM$ 不等式和已知条件式,得 $\sqrt{xy}+\sqrt{yz}+\sqrt{xz} \leqslant$ $\dfrac{(x+y)+(y+z)+(z+x)}{2}=x+y+z=xyz-2$.

3. 设正数 x,y,z 满足 $x+y+z+2=xyz$,求证:$\sqrt{xyz}+\dfrac{4}{\sqrt{xyz}} \geqslant \dfrac{2}{\sqrt{x}}+\dfrac{2}{\sqrt{y}}+\dfrac{2}{\sqrt{z}}$.

证明:由 $x+y+z+2=xyz$,得

$$\sqrt{xyz}+\dfrac{4}{\sqrt{xyz}} \geqslant \dfrac{2}{\sqrt{x}}+\dfrac{2}{\sqrt{y}}+\dfrac{2}{\sqrt{z}}$$

$$\Leftrightarrow xyz+4 \geqslant 2\left(\sqrt{xy}+\sqrt{yz}+\sqrt{xz}\right)$$

$$\Leftrightarrow x+y+z+6 \geqslant 2\left(\sqrt{xy}+\sqrt{yz}+\sqrt{xz}\right).$$

又由 $x+y+z+2=xyz$,利用三元 $AM-GM$ 不等式,得 $x+y+z+2 \leqslant \left(\dfrac{x+y+z}{3}\right)^3$,

令 $x+y+z=t$,所以 $t+2 \leqslant \left(\dfrac{t}{3}\right)^3$,所以 $t^3-27t+54 \geqslant 0$,即 $(t-6)(t+3)^2 \geqslant 0$,所以 $t-6 \geqslant 0$,所以 $t \geqslant 6$,所以 $x+y+z \geqslant 6$,即 $6 \leqslant x+y+z$.

所以 $x+y+z+6 \geqslant 2\left(\sqrt{xy}+\sqrt{yz}+\sqrt{xz}\right)$

$$\Leftrightarrow 2(x+y+z) \geqslant 2\left(\sqrt{xy}+\sqrt{yz}+\sqrt{xz}\right)$$

$$\Leftrightarrow x+y-2\sqrt{xy}+y+z-2\sqrt{yz}+z+x-2\sqrt{xz} \geqslant 0$$

$$\Leftrightarrow \left(\sqrt{x}-\sqrt{y}\right)^2+\left(\sqrt{y}-\sqrt{z}\right)^2+\left(\sqrt{z}-\sqrt{x}\right)^2 \geqslant 0$$

恒成立.

故 $\sqrt{xyz}+\dfrac{4}{\sqrt{xyz}} \geqslant \dfrac{2}{\sqrt{x}}+\dfrac{2}{\sqrt{y}}+\dfrac{2}{\sqrt{z}}$.

4. 设正数 x,y,z 满足 $x+y+z+2=xyz$,求证:$xyz \geqslant \sqrt{(x+2)(y+2)(z+2)}$.

证明:由 $x+y+z+2=xyz$ 和二元 $AM-GM$ 不等式,

得 $x(yz-1)=y+z+2 \geqslant 2\sqrt{yz}+2=2(\sqrt{yz}+1)$,

所以 $x(\sqrt{yz}-1) \geqslant 2$,即 $x\sqrt{yz} \geqslant x+2$.

同理 $y\sqrt{xz} \geqslant y+2$,$z\sqrt{xy} \geqslant z+2$.

三式相乘,得 $xyz \geqslant \sqrt{(x+2)(y+2)(z+2)}$.

5.设正数 x,y,z 满足 $x+y+z+2=xyz$,求证:$x^2+y^2+z^2 \geqslant 8\sqrt{3\left(\dfrac{1}{x^2}+\dfrac{1}{y^2}+\dfrac{1}{z^2}\right)}$.

证明:由变式题1不等式,得 $xyz \geqslant 8$,所以 $x^2+y^2+z^2=\sqrt{(x^2+y^2+z^2)^2} \geqslant$

$\sqrt{3(x^2y^2+y^2z^2+x^2z^2)} \geqslant \dfrac{8}{xyz}\sqrt{3(x^2y^2+y^2z^2+x^2z^2)} \geqslant 8\sqrt{3\left(\dfrac{1}{x^2}+\dfrac{1}{y^2}+\dfrac{1}{z^2}\right)}$.

【迁移提升】

在各级各类数学竞赛乃至高考中,不等式试题扮演着十分重要的角色.本文在对一道不等式题探究其解法的基础上,对同一已知条件下与根式有关的几个不等式进行了探究.本文目的不仅仅是掌握几道不等式的解法,更重要的是着眼于激发学生探究的兴趣和积极性,通过对不等式解法和演变的探究,学会如何挖掘问题条件蕴含的内涵和联系,学会数学地思考问题,学会看准目标进行代数恒等变形的技能,从而开发智能,培养创新,优化数学思维品质.

对典型数学题目演变和探究的教学,可以多角度、全方位地折射出该问题所在学科部分或全部的内涵;引导学生建构事物的本质属性,成为学习活动的促进者;创设有利于学生发展、能够独立探究的学习情境,让学生自己去发现,去创造,使学习成为一个积极主动的索取过程;启发学生进行联想,发现各种演变的实质联系,探索一般规律,使问题逐渐深化,使学生思维的抽象程度提高;能有意识地引导学生从"变"的现象中发现"不变"的本质,从"不变"中探求规律,逐步培养学生灵活多变的思维品质,提高其数学核心素养.

第8讲 一个经典不等式的推广与演变

在诸多数学资料中,我们常见到如下不等式.

【例题】已知 x,y,z 是正实数,求证: $\dfrac{x}{y+z}+\dfrac{y}{z+x}+\dfrac{z}{x+y}\geqslant\dfrac{3}{2}$. ①

不等式①虽形式简洁,但内涵丰富、深刻,对此从以下几个视角进行探究.

由于直接证明不等式①并非易事,所以我们先来推出一个等价不等式.

因为 x,y,z 是正实数,所以 $x+y+z>0$,所以

$$\frac{x}{y+z}+\frac{y}{z+x}+\frac{z}{x+y}\geqslant\frac{3}{2}$$

$$\Leftrightarrow\left(\frac{x}{y+z}+\frac{y}{z+x}+\frac{z}{x+y}\right)(x+y+z)\geqslant\frac{3}{2}(x+y+z)$$

$$\Leftrightarrow\frac{x(x+y+z)}{y+z}+\frac{y(x+y+z)}{z+x}+\frac{z(x+y+z)}{x+y}\geqslant\frac{3}{2}(x+y+z)$$

$$\Leftrightarrow\frac{x^2}{y+z}+\frac{y^2}{z+x}+\frac{z^2}{x+y}+(x+y+z)\geqslant\frac{3}{2}(x+y+z)$$

$$\Leftrightarrow\frac{x^2}{y+z}+\frac{y^2}{z+x}+\frac{z^2}{x+y}\geqslant\frac{1}{2}(x+y+z).\ ②$$

因此,要证明不等式①成立,只要证明不等式②成立即可.

证明:由柯西不等式,得

$$\left(\frac{x^2}{y+z}+\frac{y^2}{z+x}+\frac{z^2}{x+y}\right)\cdot 2(x+y+z)$$

$$=\left(\frac{x^2}{y+z}+\frac{y^2}{z+x}+\frac{z^2}{x+y}\right)\cdot\left[(x+y)+(y+z)+(z+x)\right]$$

$$\geqslant\left(\frac{x}{\sqrt{y+z}}\cdot\sqrt{y+z}+\frac{y}{\sqrt{z+x}}\cdot\sqrt{z+x}+\frac{z}{\sqrt{x+y}}\cdot\sqrt{x+y}\right)^2=(x+y+z)^2,$$

故有 $\dfrac{x^2}{y+z}+\dfrac{y^2}{z+x}+\dfrac{z^2}{x+y}\geqslant\dfrac{1}{2}(x+y+z)$.

不等式②得证,所以不等式①得证.

我们把不等式①②分别写成:

$$\frac{x}{y+z}+\frac{y}{z+x}+\frac{z}{x+y}\geqslant\frac{3^{2-1}}{2}\left(x+y+z\right)^{1-1},$$

$$\frac{x^2}{y+z}+\frac{y^2}{z+x}+\frac{z^2}{x+y}\geqslant\frac{3^{2-2}}{2}\left(x+y+z\right)^{2-1}.$$

由此猜测:

$$\frac{x^r}{y+z}+\frac{y^r}{z+x}+\frac{z^r}{x+y}\geqslant\frac{3^{2-r}}{2}\left(x+y+z\right)^{r-1}\left(r\in\mathbf{N},\ r\geqslant1\right). ③$$

证明:当 $r=1$,2 时,不等式③分别是不等式①②.

当 $r>3$ 时,由柯西不等式及幂函数 $y=x^{\alpha}(\alpha>1)$ 的凹性,有

$$\left(\frac{x^r}{y+z}+\frac{y^r}{z+x}+\frac{z^r}{x+y}\right)\cdot2\left(x+y+z\right)$$

$$=\left(\frac{x^r}{y+z}+\frac{y^r}{z+x}+\frac{z^r}{x+y}\right)\cdot\left[\left(x+y\right)+\left(y+z\right)+\left(z+x\right)\right]$$

$$\geqslant\left(\frac{x^{\frac{r}{2}}}{\sqrt{y+z}}\cdot\sqrt{y+z}+\frac{y^{\frac{r}{2}}}{\sqrt{z+x}}\cdot\sqrt{z+x}+\frac{z^{\frac{r}{2}}}{\sqrt{x+y}}\cdot\sqrt{x+y}\right)^2$$

$$=\left(x^{\frac{r}{2}}+y^{\frac{r}{2}}+z^{\frac{r}{2}}\right)^2\geqslant\left[3\cdot\left(\frac{x+y+z}{3}\right)^{\frac{r}{2}}\right]^2=3^{2-r}\left(x+y+z\right)^r.$$

两边同除以 $2\left(x+y+z\right)$,即得不等式③.

由此得到不等式①②的推广.

推广 1. 已知 x,y,z 是正实数,$r\in\mathbf{N}$,$r\geqslant1$,则 $\dfrac{x^r}{y+z}+\dfrac{y^r}{z+x}+\dfrac{z^r}{x+y}\geqslant$

$\dfrac{3^{2-r}}{2}\left(x+y+z\right)^{r-1}.$ ③

当且仅当 $x=y=z$ 时,取等号.

推广1是有3个变量的情形,若将不等式推广为 n 个变量的情形,可有:

推广 2. 设 $x_i>0$,$i=1$,2,3,$\cdots$,n,且 $\displaystyle\sum_{i=1}^{n}x_i=p$,$r\in\mathbf{N}$,$r\geqslant1$,则 $\displaystyle\sum_{i=1}^{n}\dfrac{x_i^r}{p-x_i}\geqslant$

$\dfrac{n^{2-r}}{n-1}\cdot p^{r-1}.$ ④

当且仅当 $x_1=x_2=\cdots=x_n$ 时,取等号.

证明略.当 $n=3$ 时,推广2即为推广1.

【迁移提升】

1.Nesbitt 不等式.

设 x,y,z 是正实数,则 $\dfrac{x}{y+z}+\dfrac{y}{z+x}+\dfrac{z}{x+y}\geqslant\dfrac{3}{2}$,当且仅当 $x=y=z$ 时,取等号.

该不等式是一个经典的分式不等式,其形式简洁,结构精巧、优美,内涵丰富、深刻,应用广泛.

2.Nesbitt 不等式的证明.

Nesbitt 不等式的证明方法较多,这里仅给出两种证法.

证法1:先推出并证明与 Nesbitt 不等式等价的一个不等式.

因为 x,y,z 是正实数,所以 $x+y+z>0$,所以

$$\frac{x}{y+z}+\frac{y}{z+x}+\frac{z}{x+y}\geqslant\frac{3}{2}$$

$$\Leftrightarrow\left(\frac{x}{y+z}+\frac{y}{z+x}+\frac{z}{x+y}\right)(x+y+z)\geqslant\frac{3}{2}(x+y+z)$$

$$\Leftrightarrow\frac{x(x+y+z)}{y+z}+\frac{y(x+y+z)}{z+x}+\frac{z(x+y+z)}{x+y}\geqslant\frac{3}{2}(x+y+z)$$

$$\Leftrightarrow\frac{x^2}{y+z}+\frac{y^2}{z+x}+\frac{z^2}{x+y}+(x+y+z)\geqslant\frac{3}{2}(x+y+z)$$

$$\Leftrightarrow\frac{x^2}{y+z}+\frac{y^2}{z+x}+\frac{z^2}{x+y}\geqslant\frac{1}{2}(x+y+z).$$

故有 $\dfrac{x}{y+z}+\dfrac{y}{z+x}+\dfrac{z}{x+y}\geqslant\dfrac{3}{2}\Leftrightarrow\dfrac{x^2}{y+z}+\dfrac{y^2}{z+x}+\dfrac{z^2}{x+y}\geqslant\dfrac{1}{2}(x+y+z).$

因此,要证明 Nesbitt 不等式成立,只要该等价不等式成立即可.

由柯西不等式,得

$$\left(\frac{x^2}{y+z}+\frac{y^2}{z+x}+\frac{z^2}{x+y}\right)\cdot2(x+y+z)$$

$$=\left(\frac{x^2}{y+z}+\frac{y^2}{z+x}+\frac{z^2}{x+y}\right)\cdot[(x+y)+(y+z)+(z+x)]$$

$$\geqslant\left(\frac{x}{\sqrt{y+z}}\cdot\sqrt{y+z}+\frac{y}{\sqrt{z+x}}\cdot\sqrt{z+x}+\frac{z}{\sqrt{x+y}}\cdot\sqrt{x+y}\right)^2=(x+y+z)^2,$$

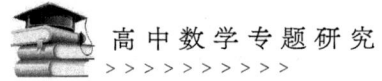

故有 $\dfrac{x^2}{y+z}+\dfrac{y^2}{z+x}+\dfrac{z^2}{x+y}\geqslant\dfrac{1}{2}(x+y+z)$.

等价不等式得证,所以 Nesbitt 不等式得证.

证法 2:设 $a=\dfrac{x}{y+z}>0,b=\dfrac{y}{z+x}>0,c=\dfrac{z}{x+y}>0$,记 $t=\dfrac{a+b+c}{3}$,则要证明

Nesbitt 不等式成立,只要证明 $t\geqslant\dfrac{1}{2}$ 即可.

因 为 $\dfrac{1}{1+a}+\dfrac{1}{1+b}+\dfrac{1}{1+c}=\dfrac{y+z}{x+y+z}+\dfrac{z+x}{x+y+z}+\dfrac{x+y}{x+y+z}=2$, 所 以

$(1+b)(1+c)+(1+a)(1+c)+(1+a)(1+b)=(1+a)(1+b)(1+c)$,

展开整理,得 $ab+bc+ca+2abc=1$,

所以由均值不等式,得 $ab+bc+ca+2abc\leqslant\left(\dfrac{a+b}{2}\right)^2+\left(\dfrac{b+c}{2}\right)^2+\left(\dfrac{c+a}{2}\right)^2+$

$2\left(\dfrac{a+b+c}{3}\right)^3=\dfrac{1}{3}\left(\dfrac{a+b}{2}+\dfrac{b+c}{2}+\dfrac{c+a}{2}\right)^2+2\left(\dfrac{a+b+c}{3}\right)^3=\dfrac{1}{3}(a+b+c)^2+$

$2\left(\dfrac{a+b+c}{3}\right)^3=3\left(\dfrac{a+b+c}{3}\right)^2+2\left(\dfrac{a+b+c}{3}\right)^3=3t^2+2t^3$,

所以 $3t^2+2t^3\geqslant1$,所以 $2t^3+2t^2+t^2-1\geqslant0$,所以 $2t^2(t+1)+(t+1)(t-1)\geqslant0$,

所以 $(t+1)(2t^2+t-1)\geqslant0$,所以 $(t+1)^2(2t-1)\geqslant0$,所以 $2t-1\geqslant0$,解得 $t\geqslant\dfrac{1}{2}$.

故得证.

3.Nesbitt 不等式的推广.

(1)Nesbitt 不等式的推广.

将不等式 $\dfrac{x}{y+z}+\dfrac{y}{z+x}+\dfrac{z}{x+y}\geqslant\dfrac{3}{2}$ ①,$\dfrac{x^2}{y+z}+\dfrac{y^2}{z+x}+\dfrac{z^2}{x+y}\geqslant\dfrac{1}{2}(x+y+z)$ ②分别

写成:

$$\dfrac{x}{y+z}+\dfrac{y}{z+x}+\dfrac{z}{x+y}\geqslant\dfrac{3^{2-1}}{2}(x+y+z)^{1-1},$$

$$\dfrac{x^2}{y+z}+\dfrac{y^2}{z+x}+\dfrac{z^2}{x+y}\geqslant\dfrac{3^{2-2}}{2}(x+y+z)^{2-1}.$$

由此猜测:

$$\frac{x^r}{y+z}+\frac{y^r}{z+x}+\frac{z^r}{x+y}\geqslant\frac{3^{2-r}}{2}\left(x+y+z\right)^{r-1}\left(r\in\mathbf{N}，r\geqslant1\right).③$$

证明：当 $r=1，2$ 时，不等式③分别是不等式①②.

当 $r>3$ 时，由柯西不等式及幂函数 $y=x^\alpha(\alpha>1)$ 的凹性，有

$$\left(\frac{x^r}{y+z}+\frac{y^r}{z+x}+\frac{z^r}{x+y}\right)\cdot2\left(x+y+z\right)$$

$$=\left(\frac{x^r}{y+z}+\frac{y^r}{z+x}+\frac{z^r}{x+y}\right)\cdot\left[\left(x+y\right)+\left(y+z\right)+\left(z+x\right)\right]$$

$$\geqslant\left(\frac{x^{\frac{r}{2}}}{\sqrt{y+z}}\cdot\sqrt{y+z}+\frac{y^{\frac{r}{2}}}{\sqrt{z+x}}\cdot\sqrt{z+x}+\frac{z^{\frac{r}{2}}}{\sqrt{x+y}}\cdot\sqrt{x+y}\right)^2$$

$$=\left(x^{\frac{r}{2}}+y^{\frac{r}{2}}+z^{\frac{r}{2}}\right)^2\geqslant\left[3\cdot\left(\frac{x+y+z}{3}\right)^{\frac{r}{2}}\right]^2=3^{2-r}\left(x+y+z\right)^r.$$

两边同除以 $2\left(x+y+z\right)$，即得不等式③.

由此得到不等式①②的推广：

推广 1. 已知 $x，y，z$ 是正实数，$r\in\mathbf{N}$，$r\geqslant1$，则 $\dfrac{x^r}{y+z}+\dfrac{y^r}{z+x}+\dfrac{z^r}{x+y}\geqslant$ $\dfrac{3^{2-r}}{2}\left(x+y+z\right)^{r-1}.③$ 当且仅当 $x=y=z$ 时，取等号.

推广1是有3个变量的情形，若将不等式推广为 n 个变量的情形，可有：

推广 2. 设 $x_i>0，i=1，2，3，\cdots，n$，且 $\sum\limits_{i=1}^{n}x_i=p，r\in\mathbf{N}$，$r\geqslant1$，则 $\sum\limits_{i=1}^{n}\dfrac{x_i^{\ r}}{p-x_i}\geqslant$ $\dfrac{n^{2-r}}{n-1}\cdot p^{r-1}.④$ 当且仅当 $x_1=x_2=\cdots=x_n$ 时，取等号.

证明略. 当 $n=3$ 时，推广2即为推广1.

(2)Nesbitt 不等式推广的应用.

(1)（第 31 届 IMO 预选题）设 $a，b，c，d>0$，且 $ab+bc+cd+da=1$，则

$$\frac{a^3}{b+c+d}+\frac{b^3}{a+c+d}+\frac{c^3}{b+a+d}+\frac{d^3}{b+c+a}\geqslant\frac13.$$

证明：由 $ab+bc+cd+da=1$，得 $(a+c)(b+d)=1$.

由推广2的不等式④，并结合基本不等式，

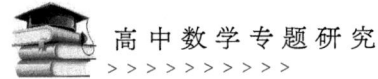
得 $\dfrac{a^3}{b+c+d}+\dfrac{b^3}{a+c+d}+\dfrac{c^3}{b+a+d}+\dfrac{d^3}{b+c+a}\geqslant\dfrac{4^{2-3}}{4-1}\cdot(a+b+c+d)^{3-1}$

$=\dfrac{1}{12}\big[(a+c)+(b+d)\big]^2\geqslant\dfrac{1}{12}\cdot\big[2\sqrt{(a+c)\cdot(b+d)}\big]^2=\dfrac{1}{12}\times4=\dfrac{2}{3}.$

得证.

（2）（第 28 届 IMO 预选题）当 a,b,c 是 $\triangle ABC$ 的三边长，且 $a+b+c=2s$，则

$\dfrac{a^r}{b+c}+\dfrac{b^r}{c+a}+\dfrac{c^r}{a+b}\geqslant\left(\dfrac{2}{3}\right)^{r-2}s^{r-1}.$

证明：由推广 1 的不等式③，

得 $\dfrac{a^r}{b+c}+\dfrac{b^r}{c+a}+\dfrac{c^r}{a+b}\geqslant\dfrac{3^{2-r}}{2}(2s)^{r-1}=\left(\dfrac{2}{3}\right)^{r-2}s^{r-1}.$

得证.

4.Nesbitt 不等式的同一条件下的演变.

由上述 Nesbitt 不等式的证法 2 可知，设 $a=\dfrac{x}{y+z}>0$，$b=\dfrac{y}{z+x}>0$，

$c=\dfrac{z}{x+y}>0$，则 Nesbitt 不等式即为 $a+b+c\geqslant\dfrac{3}{2}$，而 a，b，c 满足 $ab+bc+ca+$

$2abc=1$，所以在此条件下有下列的演变结论.

结论 1.设 $a>0,b>0,c>0$，且 $ab+bc+ca+2abc=1$，则 $a+b+c\geqslant\dfrac{3}{2}$.

证明：由 $ab+bc+ca+2abc=1$，得 $\dfrac{1}{1+a}+\dfrac{1}{1+b}+\dfrac{1}{1+c}=2.$

所以由权方和不等式，得 $\dfrac{1}{1+a}+\dfrac{1}{1+b}+\dfrac{1}{1+c}=\dfrac{1^2}{1+a}+\dfrac{1^2}{1+b}+\dfrac{1^2}{1+c}\geqslant$

$\dfrac{(1+1+1)^2}{(1+a)+(1+b)+(1+c)}=\dfrac{9}{3+a+b+c},$

所以 $\dfrac{9}{3+a+b+c}\leqslant2$，故 $a+b+c\geqslant\dfrac{3}{2}.$

结论 2.设 $a>0,b>0,c>0$，且 $ab+bc+ca+2abc=1$，则 $a+b+c\geqslant2(ab+bc+ca)$.

证明：由 $ab+bc+ca+2abc=1$，得 $\dfrac{1}{1+a}+\dfrac{1}{1+b}+\dfrac{1}{1+c}=2$，所以 $\dfrac{a}{1+a}+$

$\dfrac{b}{1+b}+\dfrac{c}{1+c}=1.$

所以由权方和不等式，得 $\dfrac{a}{1+a}+\dfrac{b}{1+b}+\dfrac{c}{1+c}=\dfrac{a^2}{a+a^2}+\dfrac{b^2}{b+b^2}+\dfrac{c^2}{c+c^2}\geqslant$

$\dfrac{(a+b+c)^2}{(a+a^2)+(b+b^2)+(c+c^2)}$,

所以 $\dfrac{(a+b+c)^2}{(a+a^2)+(b+b^2)+(c+c^2)}\leqslant 1$,

所以 $a^2+b^2+c^2+a+b+c\geqslant(a+b+c)^2$.

故 $a+b+c\geqslant 2(ab+bc+ca)$.

结论 3. 设 $a>0$, $b>0$, $c>0$, 且 $ab+bc+ca+2abc=1$, 则 $\dfrac{1}{1+4a}+\dfrac{1}{1+4b}+$

$\dfrac{1}{1+4c}\geqslant 1$.

证明：由 $ab+bc+ca+2abc=1$, 得 $\dfrac{1}{1+a}+\dfrac{1}{1+b}+\dfrac{1}{1+c}=2$, 所以 $\dfrac{1}{2+2a}+$

$\dfrac{1}{2+2b}+\dfrac{1}{2+2c}=1$.

令 $\alpha=\dfrac{1}{1+a}$, $\beta=\dfrac{1}{1+b}$, $\gamma=\dfrac{1}{1+c}$, 则 $\alpha+\beta+\gamma=2$.

因为 $\dfrac{1}{1+4a}=\dfrac{1}{1+4\left(\dfrac{1}{\alpha}-1\right)}=\dfrac{\alpha}{4-3\alpha}=\dfrac{4}{3(4-3\alpha)}-\dfrac{1}{3}$,

$\dfrac{1}{1+4\beta}=\dfrac{4}{3(4-3\beta)}-\dfrac{1}{3}$,

$\dfrac{1}{1+4\gamma}=\dfrac{4}{3(4-3\gamma)}-\dfrac{1}{3}$,

所以 $\dfrac{1}{1+4a}+\dfrac{1}{1+4b}+\dfrac{1}{1+4c}=\dfrac{4}{3}\left(\dfrac{1}{4-3\alpha}+\dfrac{1}{4-3\beta}+\dfrac{1}{4-3\gamma}\right)-1$.

由权方和不等式，得 $\dfrac{1}{4-3\alpha}+\dfrac{1}{4-3\beta}+\dfrac{1}{4-3\gamma}=\dfrac{1^2}{4-3\alpha}+\dfrac{1^2}{4-3\beta}+\dfrac{1^2}{4-3\gamma}\geqslant$

$\dfrac{(1+1+1)^2}{(4-3\alpha)+(4-3\beta)+(4-3\gamma)}=\dfrac{9}{12-3(\alpha+\beta+\gamma)}=\dfrac{3}{2}$,

所以 $\dfrac{1}{1+4a}+\dfrac{1}{1+4b}+\dfrac{1}{1+4c} \geqslant \dfrac{4}{3} \times \dfrac{3}{2} - 1 = 1.$

故 $\dfrac{1}{1+4a}+\dfrac{1}{1+4b}+\dfrac{1}{1+4c} \geqslant 1$ 得证.

第四篇　立体几何与解析几何

立体几何与解析几何在高考中占据重要位置.立体几何涉及空间点、线、面的关系,需要利用空间想象和向量法解决问题;解析几何则是利用代数方法解决问题,要求掌握各种曲线方程.在解题时,需要清晰的逻辑思路和严谨的数学语言,善于观察总结题目规律,发掘数学本质.同时,培养创新思维和解决问题能力至关重要,以应对高考数学的挑战.

第1讲 一道立体几何考题的多视角探析

立体几何是高中数学的核心知识点,是每年高考必考的重点内容,通过图形变换求空间几何体的表面积、体积等问题是高考考查的热点题型.下面通过对一道高考真题从多个视角进行探究,从中可以得到一些有益的启示.

【例题】(2020年高考江苏卷第9题)如图1,六角螺帽毛坯是由一个正六棱柱挖去一个圆柱所构成的. 已知螺帽的底面正六边形边长为 2 cm,高为 2 cm,内孔半径为0.5 cm,则此六角螺帽毛坯的体积是_____cm³.

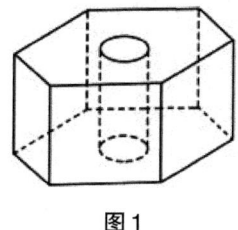

图1

解析:正六棱柱体积为 $6 \times \frac{1}{2} \times 2 \times \sqrt{3} \times 2 = 12\sqrt{3}$,圆柱体积为 $\pi\left(\frac{1}{2}\right)^2 \cdot 2 = \frac{\pi}{2}$,

所求几何体体积为 $12\sqrt{3} - \frac{\pi}{2}$.

故答案为 $12\sqrt{3} - \frac{\pi}{2}$.

点评:本题以正六棱柱和圆柱的组合为背景,先求正六棱柱体积,再求圆柱体积,相减得到结果,在考查柱体体积公式应用和简单几何体图形变换的同时,考查了考生直观想象数学素养、空间想象能力、分析解决问题能力以及对几何体体积公式的掌握情况.本题虽然图形基本、背景面孔熟悉,但仍不失为是一道能凸显立体几何的数学本质的优质试题.

【追根溯源】

本题最显著的特色是源于多个版本教材,其教材原型有:

1.(人教课标 A 版数学必修 2 第 26 页例 3)有一堆相同规格的铁制(铁的密度是 7.8 g/cm²)六角螺帽(如图 2)共重 5.8 kg.已知底面是正六边形,边长为 12 mm,内孔直径为 10 mm,高为 10 mm,问这堆螺帽大约有多少个?(π 取 3.14)(答:约为 252 个)

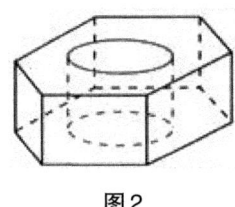

图 2

2.(人教课标 B 版数学必修 2 第 31 页例 2)有一堆相同规格的六角螺帽毛坯(如图 3),共重 5.8 kg.已知螺帽底面六边形边长为 12 mm,高为 10 mm,内孔直径为 10 mm,这一堆螺帽约有多少个?(铁的密度是 7.8 g/cm²,π ≈ 3.14)(答:约为 250 个)

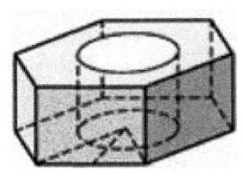

图 3

3.(苏教课标版数学必修 2 第 53 页例 1)有一堆相同规格的六角螺帽毛坯(如图 4)共重 6 kg.已知毛坯底面正六边形边长是 12 mm,高是 10 mm,内孔直径是 10 mm.那么这堆毛坯约有多少个?(铁的密度是 7.8 g/cm²)(答:约为 260 个)

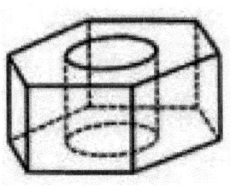

图 4

由此可以看出,上述高考题和各个版本的教材例题其实就是同一题,不同的只是几个数据而已,这足以说明高考源于教材的命题思想.

【同源变式】

1.有一堆规格相同的四角螺帽(如图5),已知底面是正方形,边长为4毫米,内孔直径为2毫米,高为4毫米.为了美化螺帽外观,决定给这堆螺帽镀锌.已知每平方厘米用1毫升锌,且这堆螺帽共有100个,问共需锌多少毫升(π取3.14,结果精确到1毫米).

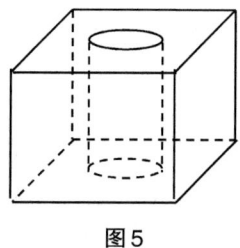

图5

解析:由题意可知四角螺帽表示的几何体是在一个正方体中间挖去一个圆柱,因此它的表面积等于正方体的表面积加上圆柱的侧面积再减去圆柱的两个底面积,即表面积为

$$S = S_{正方体表面} + S_{圆柱侧面} - 2S_{圆} = 6 \times 4^2 + 2\pi \times 1 \times 4 - 2\pi \times 1^2 = 114.84 (\text{mm}^2) =$$

$1.1484 (\text{cm}^2)$.

所以 $100S = 100 \times 1.1484 \times 1 = 114.84 (\text{mL})$.

故给100个这样的螺帽镀锌共需锌114.84毫升.

2.(2021届江苏省如皋市第一学期阶段检测卷第13题)如图6,某种螺帽是由一个半径为2的半球体挖去一个正三棱锥构成的几何体,该正三棱锥的底面三角形内接于半球底面大圆,顶点在半球面上,则被挖去的正三棱锥体积为_____.

图6

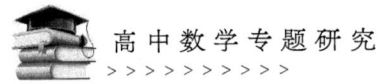

解析:由题意可知该正三棱锥的底面三角形的边长为 $2\cos 30°\times 2=2\sqrt{3}$,

所以底面三角形的面积为 $\dfrac{1}{2}\times 2\sqrt{3}\times 2\sqrt{3}\times \sin 60°=3\sqrt{3}$.

所以被挖去的正三棱锥体积为 $\dfrac{1}{3}\times 3\sqrt{3}\times 2=2\sqrt{3}$.

3.(2021届福建省莆田市第一次质检5)如图7,某柱桩的底座由一个正六棱柱中间挖掉一个圆柱构成,已知该正六棱柱每个侧面是边长为 $30\ \text{cm}$ 的正方形,所挖掉的圆柱的底面半径为 $10\ \text{cm}$.为了延长底座的使用时长,需将底座地面之上的部分(除与地面直接接触的底面之外的表面)涂上防氧化层,则涂层的总面积为(   )

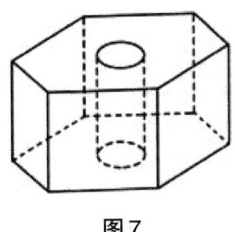

图7

A.$\left(2700\sqrt{3}+5400+500\pi\right)\text{cm}^2$ B.$\left(2700\sqrt{3}+5400+400\pi\right)\text{cm}^2$

C.$\left(1350\sqrt{3}+5400+500\pi\right)\text{cm}^2$ D.$\left(1350\sqrt{3}+5400+400\pi\right)\text{cm}^2$

解析:由题意可知 $S_{涂层}=S_{正六面体上底面}+S_{正六面体侧面}+S_{圆柱侧面}-S_{圆柱上底面}=6\times\dfrac{\sqrt{3}}{4}\times$

$30^2+6\times 30^2+2\pi\times 10\times 30-\pi\times 10^2=1350\sqrt{3}+5400+500\pi\left(\text{cm}^2\right)$.故选 C.

【解后反思】

高考数学命题离不开教材,教材是高考数学命题的依托.教材决定了试题的稳定,也决定了试题的创新.许多高考试题的原型来自教材,"从教材中寻求支撑"成为高考数学命题的"潜规则".在复习备考的过程中,要注意回归教材,通过对教材例、习题的探索变式,拓展推广,对解题思路进行内化、深化,达到把握其实质、掌握其规律、规范其步骤的目的,进而使数学思维得到升华,使数学核心素养得以形成和发展.

第2讲　基于方法选择的立体几何探究

解决立体几何问题的方法有几何法、向量法和坐标法三种,这三种方法各有千秋、各具特色,且使立体几何问题的求解呈现出"多法并举"的格局.当面对试卷中的立体几何解答题时,我们选用哪一种方法求解呢? 本文以一道立体几何测试题的解法为例,探究三种方法的特点和在不同情景下方法的选择,供学生参考.

【例题】(清华大学中学生标准学术能力测试2021年10月新高考诊断性测试第 20 题)如图 1 所示,三棱柱 $ABC-A_1B_1C_1$ 中,所有棱长均为 2,$\angle BAC = \angle BAA_1 = \angle CAA_1 = 60°$,$P$,$Q$ 分别在 AB,A_1C_1 上(不包括两端),$AP = A_1Q$.

(1)求证:PQ//平面 BCC_1B_1;

(2)设 PQ 与平面 ABC 所成的角为 θ,求 $\sin\theta$ 的取值范围.

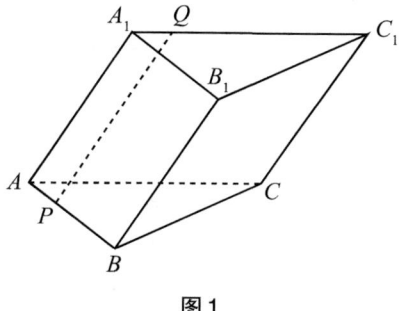

图1

首先来看第(1)小题的解法.

解析:(1)如图 2,作 PD//AC,交 BC 于点 D,设 $AP = A_1Q = t$,$t \in (0, 2)$,则 $BP = 2 - t$.

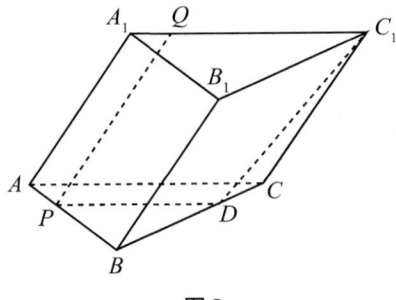

图2

因为$PD/\!/AC$,所以$\dfrac{PD}{AC}=\dfrac{BP}{AB}$,即$\dfrac{PD}{2}=\dfrac{2-t}{2}$,所以$PD=2-t$.

因为$PD/\!/QC_1$,且$PD=QC_1=2-t$,连接DC_1,所以四边形C_1QPD为平行四边形,所以$PQ/\!/C_1D$.

因为$PQ\not\subset$平面BCC_1B_1,$C_1D\subset$平面BCC_1B_1,所以$PQ/\!/$平面BCC_1B_1.

点评:第(1)小题是运用几何法进行推理论证的.

下面重点探究第(2)小题的解法.

思路1:对于第(2)小题,能像第(1)小题的解法一样用几何推理的方法,求出PQ与平面ABC所成的角为θ的正弦值的取值范围吗?

若要运用几何法求线、面角正弦值的取值范围,需要先从点Q作出平面ABC的垂线,然后连接垂足和点P,确定出直线在平面的射影,从而得到角θ,但由于P,Q是运动着的两个点,较难建立角θ的正弦值的关系,因此运用几何体法求解难以奏效,由此将目光放在向量法上.而试题给出的是"斜三棱柱",依据其特点,我们容易想到的方法是构造基底向量来求解.

解法1:取AC中点M,连接A_1M,BM,A_1B,如图3.

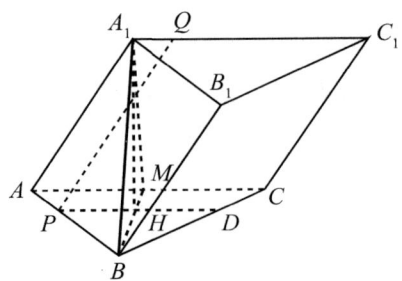

图3

因为 $AM = \dfrac{1}{2}AC = 1, AA_1 = 2, \angle A_1AM = 60^\circ$,

由余弦定理,

得 $A_1M^2 = AA_1^2 + AM^2 - 2AA_1 \cdot AM \cos 60^\circ = 4 + 1 - 2 \times 2 \times 1 \times \dfrac{1}{2} = 3$,

所以 $A_1M = \sqrt{3}$,所以 $A_1M \perp AC$.

因为 $\triangle ABC$ 是等边三角形,所以 $BM \perp AC$.

因为 $A_1M \cap BM = M$,所以 $AC \perp$ 平面 A_1BM,所以平面 $ABC \perp$ 平面 A_1BM.

在 $\triangle A_1BM$ 中,则 $A_1M = BM = \sqrt{3}, A_1B = 2$,作 $A_1H \perp BM$,垂足为 $H, A_1H \perp$ 平面 ABC,

所以 $S_{\triangle A_1BM} = \dfrac{2 \times \sqrt{2}}{2} = \sqrt{2} = \dfrac{\sqrt{3} \times A_1H}{2}$,所以 $A_1H = \dfrac{2\sqrt{2}}{\sqrt{3}}$.

因为 $A_1Q /\!/$ 平面 ABC,所以点 Q 到平面 ABC 的距离 $h = A_1H = \dfrac{2\sqrt{2}}{\sqrt{3}}$.

$\overrightarrow{QP} = \overrightarrow{QA_1} + \overrightarrow{A_1A} + \overrightarrow{AP}$,

所以 $\overrightarrow{QP}^2 = \left(\overrightarrow{QA_1} + \overrightarrow{A_1A} + \overrightarrow{AP}\right)^2 = t^2 + 4 + t^2 + 2\overrightarrow{QA_1} \cdot \overrightarrow{A_1A} + 2\overrightarrow{A_1A} \cdot \overrightarrow{AP} + 2\overrightarrow{QA_1} \cdot$

$\overrightarrow{AP} = 2t^2 + 4 + 2 \times t \times 2 \times \dfrac{1}{2} + 2 \times 2 \times t \times \left(-\dfrac{1}{2}\right) + 2 \times t \times t \times \left(-\dfrac{1}{2}\right) = t^2 + 4$,

所以 $QP = \sqrt{t^2 + 4}$,所以 $\sin\theta = \dfrac{\dfrac{2\sqrt{2}}{\sqrt{3}}}{\sqrt{t^2 + 4}} = \dfrac{2\sqrt{2}}{\sqrt{3} \cdot \sqrt{t^2 + 4}}$.

因为 $t \in (0, 2)$,所以 $\sqrt{t^2 + 4} \in \left(2, 2\sqrt{2}\right)$,故 $\sin\theta \in \left(\dfrac{\sqrt{3}}{3}, \dfrac{\sqrt{6}}{3}\right)$.

点评:解法1是运用(基底)向量法解答的.

思路2:对于第(2)小题,能否构建空间直角坐标系,利用坐标法求解呢?答案是肯定的! 但由于试题的空间几何体是"斜三棱柱",现有图形不具备垂直关系,因此需要我们在分析、探究的基础上,作出"垂直"或结合计算找到三线的两两"垂直点",然后建立空间直角坐标系来解答.这里从两个角度提供不同的建系方法.

解法2:如图4,由题意可知,点 A_1 在平面 ABC 内的射影 O 落在 $\angle BAC$ 的平

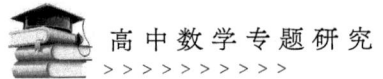

分线上.

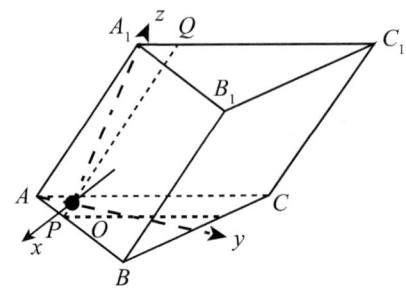

图4

又易知 A_1-ABC 是棱长为 2 的正四面体，所以 O 是 $\triangle ABC$ 的重心，所以

$\triangle ABC$ 的高为 $\sqrt{2^2-1^2}=\sqrt{3}$，所以 $AO=\dfrac{2}{3}\sqrt{3}$，$OA_1=\sqrt{2^2-\left(\dfrac{2}{3}\sqrt{3}\right)^2}=\dfrac{2}{3}\sqrt{6}$.

以 O 为坐标原点，以 $\angle BAC$ 的平分线和 OA_1 所在的直线分别为 y 轴和 z 轴，建立空间直角坐标系 O-xyz，则 $A\left(0,\ -\dfrac{2}{3}\sqrt{3},\ 0\right)$，$B\left(1,\dfrac{1}{3}\sqrt{3},\ 0\right)$，

$A_1\left(0,\ 0,\dfrac{2}{3}\sqrt{6}\right)$，$C\left(-1,\dfrac{\sqrt{3}}{3},\ 0\right)$，所以 $\overrightarrow{AB}=(1,\sqrt{3},\ 0)$，$\overrightarrow{AC}=(-1,\sqrt{3},\ 0)$，$\overrightarrow{AA_1}=$

$\left(0,\dfrac{2}{3}\sqrt{3},\dfrac{2}{3}\sqrt{6}\right)$，平面 ABC 的一个法向量为 $\boldsymbol{n}=\overrightarrow{OA_1}=\left(0,\ 0,\dfrac{2}{3}\sqrt{6}\right)$.

设 $\overrightarrow{AP}=m\overrightarrow{AB}$，$\overrightarrow{A_1Q}=m\overrightarrow{A_1C_1}$ $(0<m<1)$，

所以 $\overrightarrow{PQ}=\overrightarrow{AQ}-\overrightarrow{AP}=\overrightarrow{AA_1}+\overrightarrow{A_1Q}-\overrightarrow{AP}=\overrightarrow{AA_1}+m\overrightarrow{A_1C_1}-m\overrightarrow{AB}=\overrightarrow{AA_1}+m\overrightarrow{AC}-$

$m\overrightarrow{AB}=\left(0,\dfrac{2}{3}\sqrt{3},\dfrac{2}{3}\sqrt{6}\right)+m(-1,\sqrt{3},\ 0)-m(1,\sqrt{3},\ 0)=\left(-2m,\dfrac{2}{3}\sqrt{3},\dfrac{2}{3}\sqrt{6}\right)$，

所以 $\overrightarrow{PQ}\cdot\boldsymbol{n}=\left(-2m,\dfrac{2}{3}\sqrt{3},\dfrac{2}{3}\sqrt{6}\right)\cdot\left(0,\ 0,\dfrac{2}{3}\sqrt{6}\right)=\dfrac{8}{3}$，

又因为 $|\overrightarrow{PQ}|=\sqrt{(-2m)^2+\left(\dfrac{2}{3}\sqrt{3}\right)^2+\left(\dfrac{2}{3}\sqrt{6}\right)^2}=\sqrt{4m^2+4}=2\sqrt{m^2+1}$，$|\boldsymbol{n}|=$

$\dfrac{2}{3}\sqrt{6}$，

所以 $\sin\theta=\left|\dfrac{\overrightarrow{PQ}\cdot\boldsymbol{n}}{|\overrightarrow{PQ}||\boldsymbol{n}|}\right|=\dfrac{\dfrac{8}{3}}{2\sqrt{m^2+1}\times\dfrac{2}{3}\sqrt{6}}=\dfrac{\sqrt{6}}{3\sqrt{m^2+1}}$.

因为 $m \in (0, 1)$，所以 $\sqrt{m^2+1} \in (1, \sqrt{2})$，故 $\sin\theta \in \left(\dfrac{\sqrt{3}}{3}, \dfrac{\sqrt{6}}{3}\right)$.

解法3：如图5，取 BC 的中点 O，以 O 为坐标原点，以 CB，AO 所在的直线分别为 x 轴和 y 轴，建立空间直角坐标系 $O-xyz$，则 $A\left(0, -\sqrt{3}, 0\right)$，$B(1, 0, 0)$，$A_1\left(0, -\dfrac{\sqrt{3}}{3}, \dfrac{2}{3}\sqrt{6}\right)$，$C(-1, 0, 0)$，所以 $\overrightarrow{AB}=\left(1, \sqrt{3}, 0\right)$，$\overrightarrow{AC}=\left(-1, \sqrt{3}, 0\right)$，$\overrightarrow{AA_1}=\left(0, \dfrac{2}{3}\sqrt{3}, \dfrac{2}{3}\sqrt{6}\right)$，平面 ABC 的一个法向量为 $\boldsymbol{n}=\left(0, 0, \dfrac{2}{3}\sqrt{6}\right)$. 以下同解法2.

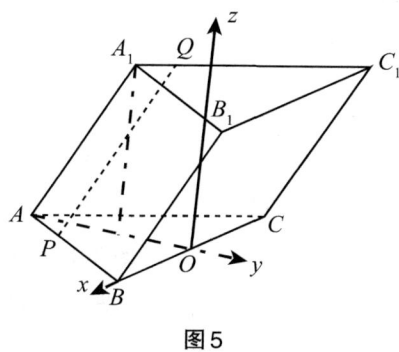

图5

点评：解法2和解法3分别从两个角度建立空间直角坐标系，由于建立坐标系的不同，所以相应的点和向量坐标也不同，但殊途同归，得到的结论是一致的.

【解后反思】

1.几何法.

几何法的特点：以逻辑推理作为工具解决问题. 该方法适用于大多数的立体几何问题，但因其逻辑思维能力要求比较高，常需要添加空间辅助线、面和经过严密的逻辑推理论证和准确计算，对于空间角、距离的计算一般也要转化到三角形中，有时难以让人驾驭.

宜选择几何法解答的情形有：①比较简单的空间直线、平面平行或垂直的判定、证明问题；②容易转化到三角形中的空间角或空间距离的计算问题；③难以运用向量法或坐标法解答的问题.

2.向量法.

向量法的特点:通过构造基底基向量,利用向量的有关概念及运算性质解答问题.向量法将几何问题代数化,可以避开复杂的逻辑推理,使解题过程变得明快.但用向量法解题一般运算量较大,且未知向量有时难以用基向量表示或向量与向量之间难以寻找关系.

宜选择向量法解答的情形有:①空间中共线或共面的判断问题;②空间直线、平面平行或垂直的判断和证明;③不方便添加辅助直线或辅助平面进行推理、论证,且又不具备垂直关系,无法建立空间直角坐标系来解答的空间角、空间两点间距离的计算问题等.

3.坐标法.

坐标法的特点:在确定三维垂直关系的基础上建立空间直角坐标系,利用点和空间向量的坐标,将"几何"问题转化为"代数"问题来解答.解答立体几何问题时,根据图形特征建立适当的空间直角坐标系,从而将"定性"问题化为"定量"问题来探究,可以避开几何法纷繁复杂的几何推理,也能避开(基底)向量法难以找寻向量关系的弊端,有着明显的优势.坐标法充分体现了空间向量在解决立体几何问题中的优越性,是我们掌握和应用的重点方法.但坐标法也有不尽如人意的地方,比如,有些几何体很难找到垂直关系而无法建立坐标系,容易求错空间点的坐标,运算量太大等,且稍有不慎就会满盘皆输,因此运用坐标法解答立体几何问题,务必仔细.

宜选择坐标法解答的情形有:对于出现垂直关系(或容易构造出垂直关系)的空间几何体,如正方体、长方体、直棱柱、有一棱垂直于底面的棱锥等立体几何问题.

高考立体几何主观题的特点是:分步设问、依层递进.第(1)小题多数情况下为简单的空间直线、平面平行或垂直关系的证明,往往选择几何法解答.而第(2)或(3)小题大都涉及空间的角或空间距离的计算,向量法与坐标法联用比较方便.总之,解答高考立体几何主观题的策略是:几何法为根基,向量法为导向,坐标法为中心.

第3讲　一道有关圆的高考题的解法与思考

高考数学命题落实"基础性"和"全面性"的考查要求,精选试题情境,出现了许多看似设问简约平淡,但内涵丰富,值得我们细细咀嚼,留有不少余味的高考试题.本讲例题就是一道具有这种资质的优质试题,对其进行深入探究,不仅可以使我们更准确地把握高考脉搏,还可以更好地指导我们复习备考.

【例题】(2023年全国新高考 I 卷第6题)过点 $(0,-2)$ 与圆 $x^2+y^2-4x-1=0$ 相切的两条直线的夹角为 α,则 $\sin\alpha=($ 　　)

A. 1　　　　　B. $\dfrac{\sqrt{15}}{4}$　　　　　C. $\dfrac{\sqrt{10}}{4}$　　　　　D. $\dfrac{\sqrt{6}}{4}$

思路1:根据切线性质求切线长,并利用直角三角形边、角关系和二倍角公式运算求解.

解法1:因为 $x^2+y^2-4x-1=0$,即 $(x-2)^2+y^2=5$,可得圆心 $C(2,0)$,半径 $r=\sqrt{5}$.如图1,过点 $P(0,-2)$ 作圆 C 的切线,切点为 A,B,所以 $CA\perp PA$,$CB\perp PB$.

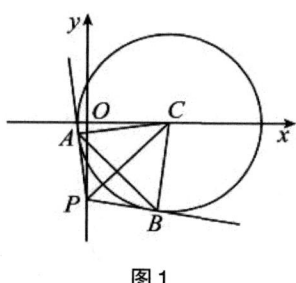

图1

在 $\text{Rt}\triangle CAP$ 中,因为 $|CA|=\sqrt{5}$,$|PC|=\sqrt{2^2+(-2)^2}=2\sqrt{2}$,则 $|PA|=\sqrt{|PC|^2-|CA|^2}=\sqrt{3}$,所以 $\sin\angle APC=\dfrac{\sqrt{5}}{2\sqrt{2}}=\dfrac{\sqrt{10}}{4}$,$\cos\angle APC=\dfrac{\sqrt{3}}{2\sqrt{2}}=\dfrac{\sqrt{6}}{4}$,

则 $\sin\angle APB=\sin2\angle APC=2\sin\angle APC\cos\angle APC=2\times\dfrac{\sqrt{10}}{4}\times\dfrac{\sqrt{6}}{4}=\dfrac{\sqrt{15}}{4}$,

$$\cos\angle APB = \cos 2\angle APC = \cos^2\angle APC - \sin^2\angle APC = -\frac{1}{4} < 0,$$

所以 $\angle APB$ 为钝角,所以 $\sin\alpha = \sin(\pi - \arcsin\angle APB) = \sin\angle APB = \frac{\sqrt{15}}{4}$. 故选 B.

点评:解法 1 将三角函数渗透于圆的两条切线夹角的求解中,运用直角三角形的边、角关系,二倍角的正、余弦公式及诱导公式求解,体现了三角函数应用的重要性.

思路 2:根据切线的性质求切线长,再结合余弦定理进行求解.

解法 2:圆 $x^2 + y^2 - 4x - 1 = 0$ 的圆心 $C(2, 0)$,半径 $r = \sqrt{5}$,过点 $P(0, -2)$ 作圆 C 的切线,切点为 A,B,连接 AB,所以 $CA \perp PA$,$CB \perp PB$,所以 $\angle ACB + \angle APB = \pi$.

由解法 1 可知 $|CA| = \sqrt{5}$,$|PC| = 2\sqrt{2}$,则 $|PA| = |PB| = \sqrt{3}$.

在 $\triangle APB$ 中,由余弦定理得 $|AB|^2 = |PA|^2 + |PB|^2 - 2|PA| \cdot |PB|\cos\angle APB = 3 + 3 - 6\cos\angle APB = 6 - 6\cos\angle APB$.

在 $\triangle ACB$ 中,由余弦定理得 $|AB|^2 = |CA|^2 + |CB|^2 - 2|CA| \cdot |CB|\cos\angle ACB = 5 + 5 - 10\cos(\pi - \angle APB) = 10 + 10\cos\angle APB$,

所以 $6 - 6\cos\angle APB = 10 + 10\cos\angle APB$,解得 $\cos\angle APB = -\frac{1}{4} < 0$,

即 $\angle APB$ 为钝角,则 $\cos\alpha = \cos(\pi - \angle APB) = -\cos\angle APB = \frac{1}{4}$.

由于 $\alpha \in \left(0, \frac{\pi}{2}\right)$,所以 $\sin\alpha = \sqrt{1 - \cos^2\alpha} = \frac{\sqrt{15}}{4}$. 故选 B.

点评:解法 2 利用圆的切线性质求出切线长,根据 $\angle ACB$ 与 $\angle APB$ 的互补关系,再利用余弦定理和"算两次"思想,建立等式关系求解.

思路 3:根据切线性质结合点到直线的距离公式可得关于切线斜率 k 的一元二次方程 $k^2 + 8k + 1 = 0$,然后利用一元二次方程根与系数的关系并结合两条直线夹角公式运算求解.

解法 3:圆 $x^2 + y^2 - 4x - 1 = 0$ 的圆心 $C(2, 0)$,半径 $r = \sqrt{5}$,

若切线斜率不存在,则切线方程为 $y = 0$,则圆心到切点距离 $d = 2 > r$,不合

题意;

若切线斜率存在,设切线方程为 $y=kx-2$,即 $kx-y-2=0$,

则 $\dfrac{|2k-2|}{\sqrt{k^2+1}}=\sqrt{5}$,整理得 $k^2+8k+1=0$,且 $\Delta=64-4=60>0$.

设两切线斜率分别为 k_1,k_2,则 $k_1+k_2=-8$,$k_1k_2=1$,

所以 $|k_1-k_2|=\sqrt{\left(k_1-k_2\right)^2}=\sqrt{\left(k_1+k_2\right)^2-4k_1k_2}=2\sqrt{15}$.

根据两条直线的夹角公式,得 $\tan\alpha=\left|\dfrac{k_2-k_1}{1+k_1k_2}\right|=\sqrt{15}$,即 $\dfrac{\sin\alpha}{\cos\alpha}=\sqrt{15}$,所以

$\cos\alpha=\dfrac{\sin\alpha}{\sqrt{15}}$.

由 $\sin^2\alpha+\cos^2\alpha=1$,得 $\sin^2\alpha+\dfrac{\sin^2\alpha}{15}=1$,解得 $\sin^2\alpha=\dfrac{15}{16}$.

因为 $\alpha\in\left(0,\dfrac{\pi}{2}\right)$,所以 $\sin\alpha>0$,解得 $\sin\alpha=\dfrac{\sqrt{15}}{4}$. 故选 B.

点评:解法 2 利用圆的切线性质求出切线长,然后利用圆心到切线的距离等于半径得到关于斜率 k 的一元二次方程,结合根与系数的关系得到两条切线的斜率的关系后,应用两条直线的夹角公式求解,从而开阔了解题思路.

思路 4:直接应用切线长的坐标公式求得切线长,然后利用直角三角形边角关系求解.

解法 4:圆 $x^2+y^2-4x-1=0$ 的圆心 $C(2,0)$,半径 $r=\sqrt{5}$. 过点 $P(0,-2)$ 作圆 C 的切线,切点为 A,B,则根据切线长坐标公式得 $|PA|=|PB|=\sqrt{0^2+(-2)^2-4\times0-1}=\sqrt{3}$.

在 $\mathrm{Rt}\triangle CAP$ 中,因为 $|CA|=\sqrt{5}$,$|PC|=\sqrt{(2-0)^2+(0-2)^2}=2\sqrt{2}$,所以

$\sin\angle APC=\dfrac{\sqrt{5}}{2\sqrt{2}}=\dfrac{\sqrt{10}}{4}$,$\cos\angle APC=\dfrac{\sqrt{3}}{2\sqrt{2}}=\dfrac{\sqrt{6}}{4}$,

则 $\sin\angle APB=\sin2\angle APC=2\sin\angle APC\cos\angle APC=2\times\dfrac{\sqrt{10}}{4}\times\dfrac{\sqrt{6}}{4}=\dfrac{\sqrt{15}}{4}$,

$\cos\angle APB=\cos2\angle APC=\cos^2\angle APC-\sin^2\angle APC=-\dfrac{1}{4}<0$,

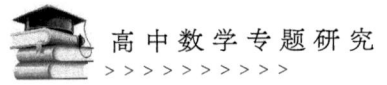
所以 $\angle APB$ 为钝角，所以 $\sin\alpha = \sin(\pi - \arcsin\angle APB) = \sin\angle APB = \dfrac{\sqrt{15}}{4}$. 故选 B.

点评：解法 4 直接利用切线长坐标公式，简化了计算过程.

【思考探究】

思考 1. 为什么解法 1 中求出 $\sin\angle APB$ 的值后还要再求 $\cos\angle APB$ 的值来判断 $\angle APB$ 的类型？题设中的角 α 与 $\angle APB$ 是什么关系？

探究 1："夹角"是高中数学的基本概念之一，因其隐于教材"一隅"，所以常常被忽视. 首先让我们翻看一下人教 A 版《普通高中教科书·数学必修第二册》（2019 年版）第 146—147 页给出的内容：

（1）定义：平面内两条直线相交形成 4 个角，其中不大于 $90°$ 的角称为这两条直线所成的角（或夹角）.

（2）范围：空间两条直线所成角 α 的取值范围是 $0° \leqslant \alpha \leqslant 90°$.

有了教材中的"尚方宝剑"，就不难回答思考 1 的问题了！而 $\angle APB$ 为钝角，因此 $\alpha = 180° - \angle APB$. 好在高考试题求的是 $\sin\alpha$，无论是否判断 $\angle APB$ 的类型，都不会影响到试题的判断选择，若是将试题改为求 $\cos\alpha$ 的值，就很难保证不会出错了.

从这里也可以看出，高考命题十分重视基础性和全面性的考查要求，教材中哪怕是一个小的知识点，都不会被冷落.

思考 2. 两条直线夹角的概念是在"立体几何初步"一章中，而教材中并未给出求夹角的公式，解法 3 直接应用了两条直线的夹角公式. 那么怎样理解和掌握两条直线的夹角公式？

探究 2：在平面直角坐标系 xOy 中，已知直线 $l_1: y = k_1 x + b_1$，$l_2: y = k_2 x + b_2$，l_1 与 l_2 的夹角为 α，则 $\tan\alpha = \left| \dfrac{k_2 - k_1}{1 + k_1 k_2} \right|$.

证明：如图 2，在平面直角坐标系 xOy 中，直线 l_1 的斜率为 k_1，倾斜角为 α_1，l_2 的斜率为 k_2，倾斜角为 α_2.

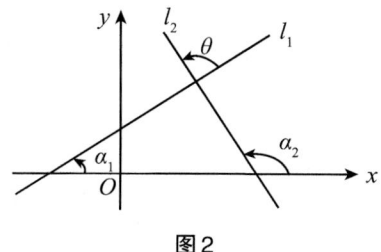

图2

设直线 l_1 与 l_2 所成的一个角为 θ，则由图2可知 $\alpha_2 = \alpha_1 + \theta$，所以 $\theta = \alpha_2 - \alpha_1$，所以由两角差的正切公式，得 $\tan\theta = \tan(\alpha_2 - \alpha_1) = \dfrac{\tan\alpha_2 - \tan\alpha_1}{1 + \tan\alpha_1\tan\alpha_2} = \dfrac{k_2 - k_1}{1 + k_1 k_2}$.

又因为平面上两条相交且互不垂直的直线夹角的范围为 $0° < \alpha < 90°$，所以 $\tan\alpha = |\tan\theta| = \left|\dfrac{k_2 - k_1}{1 + k_1 k_2}\right|$.

若直线 l_1 与 l_2 是一般式方程给出的，设直线 l_1：$A_1 x + B_1 y + C_1 = 0$，l_2：$A_2 x + B_2 y + C_2 = 0$，l_1 与 l_2 的夹角为 α，则 $\tan\alpha = \left|\dfrac{A_1 B_2 - A_2 B_1}{A_1 A_2 + B_1 B_2}\right|$.

需说明的是：两条直线的夹角公式不是现行高中教材中固有公式，仅可作为一个"二级结论"．在解答题中虽不能直接应用，但对于求解选择和填空题时直接应用是比较方便的．

思考3.解法4直接应用切线长的坐标公式求切线长，简化了计算过程．那么，什么是切线的长度？切线长的坐标公式是怎样的？

探究3：切线的长度是指从圆外的一个定点，向圆引切线，其定点到切点间的距离．

切线长坐标公式：过圆 $x^2 + y^2 + Dx + Ey + F = 0$ 外一点 $P(x_0,\ y_0)$ 作圆的切线，则切线长为 $\sqrt{x_0^2 + y_0^2 + Dx_0 + Ey_0 + F}$.

证明：由已知得圆心坐标为 $\left(-\dfrac{D}{2},\ -\dfrac{E}{2}\right)$，半径为 $\dfrac{1}{2}\sqrt{D^2 + E^2 - 4F} = \sqrt{\dfrac{D^2}{4} + \dfrac{E^2}{4} - F}$.

根据两点间距离公式，得点 P 与圆心的距离为

$$\sqrt{\left(x_0+\frac{D}{2}\right)^2+\left(y_0+\frac{E}{2}\right)^2}=\sqrt{x_0^2+y_0^2+Dx_0+Ey_0+\frac{D^2}{4}+\frac{E^2}{4}},$$

所以由勾股定理,得切线长为

$$\sqrt{\left(x_0^2+y_0^2+Dx_0+Ey_0+\frac{D^2}{4}+\frac{E^2}{4}\right)-\left(\frac{D^2}{4}+\frac{E^2}{4}-F\right)}=\sqrt{x_0^2+y_0^2+Dx_0+Ey_0+F}.$$

得证.

切线长坐标公式的结构形式是相当漂亮的,简单易记,也可以作为一个"二级结论"掌握.只要将圆外一点 P 的横、纵坐标 x_0, y_0 分别替代圆的一般方程左边中的 x, y,求得的值再开平方即可.特别注意的一点就是,务必要将圆的方程的右边化为 0.

第4讲 类比联想解答一道二元最值问题

类比联想是最常用的解题策略之一,在解答一些背景新颖的数学问题时,认真分析题设条件或目标结论中式子的特征,类比联想相关数学定义、公式、定理或模型等,将问题转化为熟悉或已解决的问题来分析、思考,可使我们的解题绽放出不一样的精彩.

【例题】(2022年中国科学技术大学创新班初试第5题)已知 $(a-2)^2 + b^2 \leqslant 1$,求 $\dfrac{\sqrt{3}\,a+b}{\sqrt{a^2+b^2}}$ 最大值与最小值之差.

初看该题似乎无从着手,较难找到解题的思路和方向,但可仔细分析题设和目标中式子的结构特征:①题设中不等式对应的图形是以点(2,0)为圆心、以1为半径的圆及内部(圆面),且不等式左边是两项的平方和;②目标式是带有根号的分式,分母根号里面是两项的平方和,而整个分式体现的是点到直线距离公式的结构.从上述对式子特征的分析可看出,解答该题的思考空间大、入口宽泛,类比联想与之关联的概念、公式或模型等,可以找到解答问题的切入点.

思路1:将目标式化为 $\dfrac{\sqrt{3}\,a+b}{\sqrt{a^2+b^2}} = \dfrac{\sqrt{3}+\dfrac{b}{a}}{\sqrt{1+\left(\dfrac{b}{a}\right)^2}}$,由 $(a-2)^2 + b^2 \leqslant 1$ 表示以(2,0)为圆心、以1为半径的圆面,$\dfrac{b}{a}$ 是圆面上的点与原点连线的斜率,类比联想斜率的概念,设出连线的倾斜角,则问题转化为有关倾斜角的三角函数来解答.

解法1:在平面直角坐标系 aOb 中,$(a-2)^2 + b^2 \leqslant 1$ 表示以(2,0)为圆心、以

1为半径的圆及其内部(圆面). 因为 $\dfrac{\sqrt{3}\,a+b}{\sqrt{a^2+b^2}}=\dfrac{\sqrt{3}+\dfrac{b}{a}}{\sqrt{1+\left(\dfrac{b}{a}\right)^2}}$, 所以 $\dfrac{b}{a}$ 则是圆面上

的点与原点连线的斜率.

如图1, 设圆面上的点与原点连线的倾斜角为 θ, 则 $0\leqslant\theta\leqslant\dfrac{\pi}{6}$ 或 $\dfrac{5\pi}{6}\leqslant\theta<\pi$,

且 $\dfrac{b}{a}=\tan\theta$.

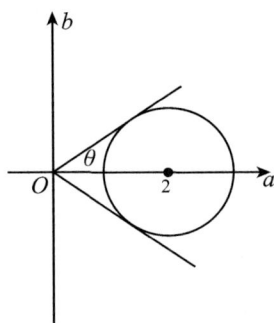

图1

所以 $\dfrac{\sqrt{3}\,a+b}{\sqrt{a^2+b^2}}=\dfrac{\sqrt{3}+\tan\theta}{\sqrt{1+\tan^2\theta}}=\dfrac{\sqrt{3}+\tan\theta}{\sqrt{\dfrac{\sin^2\theta+\cos^2\theta}{\cos^2\theta}}}=\left(\sqrt{3}+\tan\theta\right)|\cos\theta|$.

若 $0\leqslant\theta\leqslant\dfrac{\pi}{6}$, 则 $\cos\theta>0$, 所 以 $\dfrac{\sqrt{3}\,a+b}{\sqrt{a^2+b^2}}=\left(\sqrt{3}+\tan\theta\right)\cdot\cos\theta=\sqrt{3}\cos\theta+$

$\sin\theta=2\sin\left(\theta+\dfrac{\pi}{3}\right)$.

由 $0\leqslant\theta\leqslant\dfrac{\pi}{6}$, 得 $\dfrac{\pi}{3}\leqslant\theta+\dfrac{\pi}{3}\leqslant\dfrac{\pi}{2}$, 所以 $\dfrac{\sqrt{3}}{2}\leqslant\sin\left(\theta+\dfrac{\pi}{3}\right)\leqslant1$,

所以 $\sqrt{3}\leqslant\dfrac{\sqrt{3}\,a+b}{\sqrt{a^2+b^2}}\leqslant2$;

若 $\dfrac{5\pi}{6}\leqslant\theta<\pi$, 则 $\cos\theta<0$, 所 以 $\dfrac{\sqrt{3}\,a+b}{\sqrt{a^2+b^2}}=\left(\sqrt{3}+\tan\theta\right)\cdot(-\cos\theta)=$

$-2\sin\left(\theta+\dfrac{\pi}{3}\right)$.

由 $\dfrac{5\pi}{6} \leqslant \theta < \pi$，得 $\dfrac{7\pi}{6} \leqslant \theta + \dfrac{\pi}{3} < \dfrac{4\pi}{3}$，所以 $-\dfrac{\sqrt{3}}{2} < \sin\left(\theta + \dfrac{\pi}{3}\right) \leqslant -\dfrac{1}{2}$，

所以 $1 \leqslant \dfrac{\sqrt{3}\,a + b}{\sqrt{a^2 + b^2}} < \sqrt{3}$.

综上，可得 $1 \leqslant \dfrac{\sqrt{3}\,a + b}{\sqrt{a^2 + b^2}} < \sqrt{3}$ 或 $\sqrt{3} \leqslant \dfrac{\sqrt{3}\,a + b}{\sqrt{a^2 + b^2}} \leqslant 2$，即 $1 \leqslant \dfrac{\sqrt{3}\,a + b}{\sqrt{a^2 + b^2}} \leqslant 2$，

所以 $\dfrac{\sqrt{3}\,a + b}{\sqrt{a^2 + b^2}}$ 的最小值为 1，最大值为 2，故 $\dfrac{\sqrt{3}\,a + b}{\sqrt{a^2 + b^2}}$ 的最大值与最小值之差为 1.

思路 2：将目标式整体平方，得 $\left(\dfrac{\sqrt{3}\,a + b}{\sqrt{a^2 + b^2}}\right)^2 = \dfrac{3a^2 + 2\sqrt{3}\,ab + b^2}{a^2 + b^2}$，由其特点类比联想"齐二次分式" $\dfrac{Aa^2 + Bab + Cb^2}{Da^2 + Eab + Fb^2}$，然后分子和分母同时除以 a^2，化为关于 $k = \dfrac{b}{a}$ 的一元变量问题求解.

设 $z = \dfrac{\sqrt{3}\,a + b}{\sqrt{a^2 + b^2}}$，当 $a = 0$ 时，$z = 1$；

当 $a \neq 0$ 时，$z^2 = \left(\dfrac{\sqrt{3}\,a + b}{\sqrt{a^2 + b^2}}\right)^2 = \dfrac{\left(\sqrt{3}\,a + b\right)^2}{a^2 + b^2} = \dfrac{3a^2 + 2\sqrt{3}\,ab + b^2}{a^2 + b^2} = $

$\dfrac{3 + 2\sqrt{3}\left(\dfrac{b}{a}\right) + \left(\dfrac{b}{a}\right)^2}{1 + \left(\dfrac{b}{a}\right)^2}$.

令 $k = \dfrac{b}{a}$，则 $z^2 = \dfrac{3 + 2\sqrt{3}\,k + k^2}{1 + k^2}$.

先求 k 的范围，分别运用几何法和判别式法求解，然后再运用导数法求 z^2 的最值.

解法 2：在平面直角坐标系 aOb 中，$(a - 2)^2 + b^2 \leqslant 1$ 表示以 $(2, 0)$ 为圆心、以 1 为半径的圆及其内部（圆面），而 $k = \dfrac{b}{a}$ 是圆面上的点与原点连线的斜率.

设过圆面上的点与原点连线的方程为 $b = ka$，即 $ka - b = 0$，当连线与圆相切

时,有 $\dfrac{|2k|}{\sqrt{k^2+1}}=1$,所以 $2|k|=\sqrt{k^2+1}$,解得 $k=\pm\dfrac{\sqrt{3}}{3}$. 结合图形,可得 $-\dfrac{\sqrt{3}}{3}\leqslant k\leqslant$

$\dfrac{\sqrt{3}}{3}$.

由 $z^2=\dfrac{3+2\sqrt{3}\,k+k^2}{1+k^2}$,

构造函数 $\varphi(k)=\dfrac{3+2\sqrt{3}\,k+k^2}{1+k^2}=1+\dfrac{2+2\sqrt{3}\,k}{1+k^2}\left(-\dfrac{\sqrt{3}}{3}\leqslant k\leqslant\dfrac{\sqrt{3}}{3}\right)$.

所以 $\varphi'(k)=\dfrac{2\sqrt{3}(1+k^2)-(2+2\sqrt{3}\,k)\cdot 2k}{(1+k^2)^2}=\dfrac{-2\sqrt{3}\,k^2-4k+2\sqrt{3}}{(1+k^2)^2}=$

$-\dfrac{2\sqrt{3}\left(k-\dfrac{\sqrt{3}}{3}\right)(k+\sqrt{3})}{(1+k^2)^2}$,

当 $-\dfrac{\sqrt{3}}{3}\leqslant k\leqslant\dfrac{\sqrt{3}}{3}$ 时,$\varphi'(k)\geqslant 0$,所以 $\varphi(k)$ 在 $\left[-\dfrac{\sqrt{3}}{3},\dfrac{\sqrt{3}}{3}\right]$ 单调递增,

又 $\varphi\left(-\dfrac{\sqrt{3}}{3}\right)=1+\dfrac{2+2\sqrt{3}\times\left(-\dfrac{\sqrt{3}}{3}\right)}{1+\left(-\dfrac{\sqrt{3}}{3}\right)^2}=1$,

$\varphi\left(\dfrac{\sqrt{3}}{3}\right)=1+\dfrac{2+2\sqrt{3}\times\left(\dfrac{\sqrt{3}}{3}\right)}{1+\left(\dfrac{\sqrt{3}}{3}\right)^2}=4$,

所以当 $k=-\dfrac{\sqrt{3}}{3}$ 时,$z^2=\varphi(k)$ 取得最小值,为 1;当 $k=\dfrac{\sqrt{3}}{3}$ 时,$z^2=\varphi(k)$ 取得

最大值,为 4,

故 $\dfrac{\sqrt{3}\,a+b}{\sqrt{a^2+b^2}}$ 的最大值与最小值之差为 1.

解法 3:联立方程,得 $\begin{cases}b=ka,\\(a-2)^2+b^2=1,\end{cases}$ 消去 b,整理得

$(1+k^2)a^2-4a+3=0$.

由 $\Delta = (-4)^2 - 4(1+k^2) \times 3 \geqslant 0$，得 $4k^2 \leqslant 3$，解得 $-\dfrac{\sqrt{3}}{3} \leqslant k \leqslant \dfrac{\sqrt{3}}{3}$.

下同解法2.

思路3：由题设不等式 $(a-2)^2 + b^2 \leqslant 1$ 的左边式子和目标式分母中根式里的 $a^2 + b^2$ 的特点，可分别类比联想三角函数的同角平方关系 $\sin^2\theta + \cos^2\theta = 1$，进行三角换元，化成三角函数问题利用导数法或均值不等式来解答.

首先，从题设条件中不等式左边的"平方和"特点着手进行三角换元来解答.

解法4：由 $(a-2)^2 + b^2 \leqslant 1$，令 $\begin{cases} a-2 = \cos\theta, \\ b = \sin\theta, \end{cases}$ 即 $\begin{cases} a = \cos\theta + 2, \\ b = \sin\theta, \end{cases}$ $\theta \in [0, 2\pi]$，

所以 $z = \dfrac{\sqrt{3}\,a + b}{\sqrt{a^2 + b^2}} = \dfrac{\sqrt{3}\cos\theta + \sin\theta + 2\sqrt{3}}{\sqrt{(\cos\theta + 2)^2 + \sin^2\theta}} = \dfrac{\sqrt{3}\cos\theta + \sin\theta + 2\sqrt{3}}{\sqrt{4\cos\theta + 5}}$，所以

$$z^2 = \dfrac{\left(\sqrt{3}\cos\theta + \sin\theta + 2\sqrt{3}\right)^2}{4\cos\theta + 5}.$$

令 $\varphi(\theta) = \dfrac{\left(\sqrt{3}\cos\theta + \sin\theta + 2\sqrt{3}\right)^2}{4\cos\theta + 5}$，$\theta \in [0, 2\pi]$，

则

$$\varphi'(\theta) = \dfrac{2\left(\sqrt{3}\cos\theta + \sin\theta + 2\sqrt{3}\right)\left(-\sqrt{3}\sin\theta + \cos\theta\right)(4\cos\theta + 5)}{(4\cos\theta + 5)^2} - $$

$$\dfrac{\left(\sqrt{3}\cos\theta + \sin\theta + 2\sqrt{3}\right)^2 \cdot (-4\sin\theta)}{(4\cos\theta + 5)^2}$$

$$= \dfrac{2\left(\sqrt{3}\cos\theta + \sin\theta + 2\sqrt{3}\right)\left(2\cos^2\theta - 2\sqrt{3}\sin\theta\cos\theta - \sqrt{3}\sin\theta + 5\cos\theta + 2\right)}{(4\cos\theta + 5)^2}$$

$$= \dfrac{2\left(\sqrt{3}\cos\theta + \sin\theta + 2\sqrt{3}\right)\left[(2\cos^2\theta + 5\cos\theta + 2) - \sqrt{3}\sin\theta(2\cos\theta + 1)\right]}{(4\cos\theta + 5)^2}$$

$$= \dfrac{2\left(\sqrt{3}\cos\theta + \sin\theta + 2\sqrt{3}\right)(2\cos\theta + 1)\left(-\sqrt{3}\sin\theta + \cos\theta + 2\right)}{(4\cos\theta + 5)^2}.$$

因为 $\sqrt{3}\cos\theta + \sin\theta + 2\sqrt{3} > 0$，所以 $-\sqrt{3}\sin\theta + \cos\theta + 2 > 0$.

若 $2\cos\theta + 1 \geqslant 0$，即 $\cos\theta \geqslant -\dfrac{1}{2}$，此时 $\theta \in \left[\dfrac{2\pi}{3}, \dfrac{4\pi}{3}\right]$，$\varphi'(\theta) \geqslant 0$，所以 $\varphi(\theta)$ 在

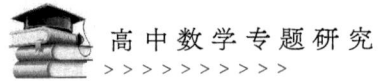

$\left[\dfrac{2\pi}{3}, \dfrac{4\pi}{3}\right]$ 上单调递增；

若 $2\cos\theta + 1 < 0$，即 $\cos\theta < -\dfrac{1}{2}$，此时 $\theta \in \left[0, \dfrac{2\pi}{3}\right) \cup \left(\dfrac{4\pi}{3},\ 2\pi\right]$，$\varphi'(\theta) < 0$，所以 $\varphi(\theta)$ 在 $\left[0, \dfrac{2\pi}{3}\right)$ 和 $\left(\dfrac{4\pi}{3},\ 2\pi\right]$ 上单调递减.

所以当 $\theta = \dfrac{2\pi}{3}$ 时，$\varphi(\theta)$ 有极大值 $\varphi\left(\dfrac{2\pi}{3}\right) = \dfrac{\left(\sqrt{3}\cos\dfrac{2\pi}{3} + \sin\dfrac{2\pi}{3} + 2\sqrt{3}\right)^2}{4\cos\dfrac{2\pi}{3} + 5} = 4$；

当 $\theta = \dfrac{4\pi}{3}$ 时，$\varphi(\theta)$ 有极小值 $\varphi\left(\dfrac{4\pi}{3}\right) = \dfrac{\left(\sqrt{3}\cos\dfrac{4\pi}{3} + \sin\dfrac{4\pi}{3} + 2\sqrt{3}\right)^2}{4\cos\dfrac{4\pi}{3} + 5} = 1$.

又 $\varphi(0) = \varphi(2\pi) = 3$，所以当 $\theta = \dfrac{2\pi}{3}$ 时，$\varphi(\theta)$ 取得最大值 4，所以 $z = \dfrac{\sqrt{3}a + b}{\sqrt{a^2 + b^2}}$ 的最大值为 2；当 $\theta = \dfrac{4\pi}{3}$ 时，$\varphi(\theta)$ 取得最小值 1，所以 $z = \dfrac{\sqrt{3}a + b}{\sqrt{a^2 + b^2}}$ 的最小值为 1.

故 $\dfrac{\sqrt{3}a + b}{\sqrt{a^2 + b^2}}$ 的最大值与最小值之差为 1.

点评：解法 4 思路清晰，但求导和整理运算量太大，应试时不建议用该法，仅作拓展之用.

下面再由目标式分母根式里的"平方和"特点着手进行三角换元来解答.

解法 5：设 $\sqrt{a^2 + b^2} = r\ (r > 0)$，即 $a^2 + b^2 = r^2$，

令 $a = r\cos\theta,\ b = r\sin\theta,\ \theta \in [0,\ 2\pi]$.

所以 $z = \dfrac{\sqrt{3}a + b}{\sqrt{a^2 + b^2}} = \dfrac{\sqrt{3}r\cos\theta + r\sin\theta}{r} = \sqrt{3}\cos\theta + \sin\theta = 2\sin\left(\theta + \dfrac{\pi}{3}\right)$.

将 $a = r\cos\theta,\ b = r\sin\theta$ 代入题设条件不等式 $(a-2)^2 + b^2 \leqslant 1$，

得 $(r\cos\theta - 2)^2 + (r\sin\theta)^2 \leqslant 1$，即 $r^2 - 4r\cos\theta + 3 \leqslant 1$，

所以 $\cos\theta \geqslant \dfrac{r^2 + 3}{4r} = \dfrac{1}{4}\left(r + \dfrac{3}{r}\right)$，所以 $\cos\theta \geqslant \left[\dfrac{1}{4}\left(r + \dfrac{3}{r}\right)\right]_{\max}$.

因为 $r+\dfrac{3}{r}\geqslant 2\sqrt{3}$，当且仅当 $r=\dfrac{3}{r}$，即 $r^2=3$，$r=\sqrt{3}$ 时等号成立，

所以 $\left[\dfrac{1}{4}\left(r+\dfrac{3}{r}\right)\right]_{\max}=\dfrac{1}{4}\times 2\sqrt{3}=\dfrac{\sqrt{3}}{2}$，所以 $\cos\theta\geqslant\dfrac{\sqrt{3}}{2}$.

因为 $\theta\in[0,\ 2\pi]$，所以 $0\leqslant\theta\leqslant\dfrac{\pi}{6}$ 或 $\dfrac{11\pi}{6}\leqslant\theta\leqslant 2\pi$，

所以 $\dfrac{\pi}{3}\leqslant\theta+\dfrac{\pi}{3}\leqslant\dfrac{\pi}{2}$ 或 $\dfrac{13\pi}{6}\leqslant\theta+\dfrac{\pi}{3}\leqslant\dfrac{7\pi}{3}$，

所以 $\dfrac{\sqrt{3}}{2}\leqslant\sin\left(\theta+\dfrac{\pi}{3}\right)\leqslant 1$，或 $\dfrac{1}{2}\leqslant\sin\left(\theta+\dfrac{\pi}{3}\right)\leqslant\dfrac{\sqrt{3}}{2}$，

即 $\dfrac{1}{2}\leqslant\sin\left(\theta+\dfrac{\pi}{3}\right)\leqslant 1$，即 $1\leqslant 2\sin\left(\theta+\dfrac{\pi}{3}\right)\leqslant 2$，所以 $1\leqslant z\leqslant 2$.

所以 $\dfrac{\sqrt{3}\,a+b}{\sqrt{a^2+b^2}}$ 的最小值为 1，最大值为 2，故 $\dfrac{\sqrt{3}\,a+b}{\sqrt{a^2+b^2}}$ 的最大值与最小值之差为 1.

思路4：目标式"拆项"化为 $\dfrac{\sqrt{3}\,a+b}{\sqrt{a^2+b^2}}=\sqrt{3}\cdot\dfrac{a}{\sqrt{a^2+b^2}}+\dfrac{b}{\sqrt{a^2+b^2}}$，由两项特点

类比联想定义 $\sin\theta=\dfrac{b}{\sqrt{a^2+b^2}}$，$\cos\theta=\dfrac{a}{\sqrt{a^2+b^2}}$，从定义着手，结合直线与圆位置关系的几何性质来解答.

解法6：在平面直角坐标系 aOb 中，设 $P(a,\ b)$ 为圆面 $(a-2)^2+b^2\leqslant 1$ 上的任意一点，O 为坐标原点，记 $\angle aOP=\theta$.

根据正弦函数和余弦函数的定义，得 $\sin\theta=\dfrac{b}{\sqrt{a^2+b^2}}$，$\cos\theta=\dfrac{a}{\sqrt{a^2+b^2}}$，

所以 $\dfrac{\sqrt{3}\,a+b}{\sqrt{a^2+b^2}}=\sqrt{3}\times\dfrac{a}{\sqrt{a^2+b^2}}+\dfrac{b}{\sqrt{a^2+b^2}}=\sqrt{3}\cos\theta+\sin\theta=2\sin\left(\theta+\dfrac{\pi}{3}\right)$.

易知，当 OP 与圆 $(a-2)^2+b^2\leqslant 1$ 相切时，θ 分别取得最小值 $-\dfrac{\pi}{6}$，最大值 $\dfrac{\pi}{6}$，

所以 $-\dfrac{\pi}{6}\leqslant\theta\leqslant\dfrac{\pi}{6}$，所以 $\dfrac{\pi}{6}\leqslant\theta+\dfrac{\pi}{3}\leqslant\dfrac{\pi}{2}$，所以 $\dfrac{1}{2}\leqslant\sin\left(\theta+\dfrac{\pi}{3}\right)\leqslant 2$，

所以 $1\leqslant 2\sin\left(\theta+\dfrac{\pi}{3}\right)\leqslant 2$，所以 $1\leqslant z\leqslant 2$.

所以 $\dfrac{\sqrt{3}\,a+b}{\sqrt{a^2+b^2}}$ 的最小值为 1，最大值为 2，故 $\dfrac{\sqrt{3}\,a+b}{\sqrt{a^2+b^2}}$ 的最大值与最小值之

差为 1.

思路 5：将目标式进行变形，得 $\dfrac{\sqrt{3}\,a+b}{\sqrt{a^2+b^2}}=\dfrac{\sqrt{3}\cdot a+1\cdot b}{\sqrt{a^2+b^2}}$，由此类比两非零向

量夹角坐标公式 $\cos\theta=\dfrac{a_1 a_2+b_1 b_2}{\sqrt{a_1^2+b_1^2}\cdot\sqrt{a_2^2+b_2^2}}$，通过构造向量，运用向量数量积运

算并结合直线与圆位置关系的几何性质来解答.

解法 7：由 $\dfrac{\sqrt{3}\,a+b}{\sqrt{a^2+b^2}}=\dfrac{\sqrt{3}\cdot a+1\cdot b}{\sqrt{a^2+b^2}}$，设 $\overrightarrow{OP}=(a,\ b),\overrightarrow{OQ}=\left(\sqrt{3},\ 1\right)$，

则 $\dfrac{\sqrt{3}\,a+b}{\sqrt{a^2+b^2}}=\dfrac{\sqrt{3}\cdot a+1\cdot b}{\sqrt{a^2+b^2}}=\dfrac{\overrightarrow{OP}\cdot\overrightarrow{OQ}}{|\overrightarrow{OP}|}=\dfrac{|\overrightarrow{OP}||\overrightarrow{OQ}|\cos\angle POQ}{|\overrightarrow{OP}|}$

$$=\left|\overrightarrow{OQ}\right|\cos\angle POQ=2\cos\angle POQ.$$

如图 2，$P(a,\ b)$ 为圆面 $(a-2)^2+b^2\leqslant 1$ 上的任意一点，

当 OP 与圆在第一象限相切时，$O(0,\ 0),P(a,\ b)$ 与 $Q\left(\sqrt{3},\ 1\right)$ 三点共线，

则 $\angle POQ=0$，此时 $\cos\angle POQ$ 取得最大值，所以 $\dfrac{\sqrt{3}\,a+b}{\sqrt{a^2+b^2}}\leqslant 2\cos 0=2$；

当 OP 与圆在第四象限相切时，$\angle POQ=\dfrac{\pi}{3}$，此时 $\cos\angle POQ$ 取得最小值，所

以 $\dfrac{\sqrt{3}\,a+b}{\sqrt{a^2+b^2}}\geqslant 2\cos\dfrac{\pi}{3}=1$. 所以 $1\leqslant z\leqslant 2$.

所以 $\dfrac{\sqrt{3}\,a+b}{\sqrt{a^2+b^2}}$ 的最小值为 1，最大值为 2，故 $\dfrac{\sqrt{3}\,a+b}{\sqrt{a^2+b^2}}$ 的最大值与最小值之

差为 1.

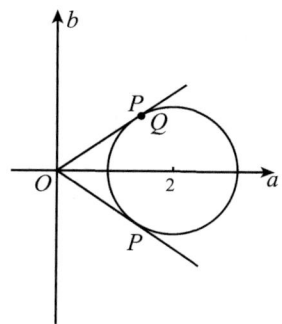

图2

思路6：目标式化为 $\dfrac{\sqrt{3}\,a+b}{\sqrt{a^2+b^2}}=2\times\dfrac{\dfrac{\left|\sqrt{3}\,a+b\right|}{\sqrt{\sqrt{3}^2+1^2}}}{\sqrt{a^2+b^2}}$，根据其变形式子结构特征，

类比联想距离公式，即两点间距离公式及点到直线距离公式，利用几何法

突破.

解法8：因为 $\dfrac{\sqrt{3}\,a+b}{\sqrt{a^2+b^2}}=2\times\dfrac{\dfrac{\left|\sqrt{3}\,a+b\right|}{\sqrt{\sqrt{3}^2+1^2}}}{\sqrt{a^2+b^2}}$，$P(a,\ b)$ 为圆面 $(a-2)^2+b^2\leqslant1$ 上

的任意一点，则 $\sqrt{a^2+b^2}$ 表示点 P 与原点 $O(0,\ 0)$ 之间的距离，$\dfrac{\left|\sqrt{3}\,a+b\right|}{\sqrt{\sqrt{3}^2+1^2}}$ 表示

点 P 到直线 $\sqrt{3}\,a+b=0$ 的距离.

如图3，过点 P 作直线 $\sqrt{3}\,a+b=0$ 的垂线，垂足为 H，则 $\dfrac{\sqrt{3}\,a+b}{\sqrt{a^2+b^2}}=2\times$

$\dfrac{\dfrac{\left|\sqrt{3}\,a+b\right|}{\sqrt{\sqrt{3}^2+1^2}}}{\sqrt{a^2+b^2}}=2\cdot\dfrac{|PH|}{|OP|}=2\sin\angle POH.$

由图3可知，当 OP 在第四象限与圆 $(a-2)^2+b^2=1$ 相切于点 P 时，

$\sin\angle POH$ 最小，易求得 $\angle POH=\dfrac{\pi}{6}$，即 $\sin\angle POH$ 的最小值为 $\sin\dfrac{\pi}{6}=\dfrac{1}{2}$；

当 OP 在第一象限与圆 $(a-2)^2+b^2=1$ 相切于点 P 时，$\sin\angle POH$ 最大，易求

得 $\angle POH = \dfrac{\pi}{2}$，即 $\sin \angle POH$ 的最大值为 $\sin \dfrac{\pi}{2} = 1$.

所以 $\dfrac{\sqrt{3}\,a + b}{\sqrt{a^2 + b^2}}$ 的最小值为 1，最大值为 2，故 $\dfrac{\sqrt{3}\,a + b}{\sqrt{a^2 + b^2}}$ 的最大值与最小值之

差为 1.

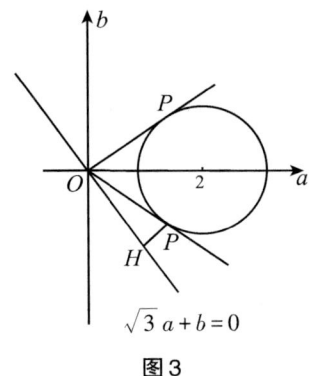

图3

【解后反思】

很多数学问题，看似无法切入，难以寻找到解答思路和解题突破口，但如果能运用"类比"，从问题的题设条件或目标结论的数、式的结构特点出发，从问题蕴含的数学本质去思考，类比与之具有相似属性的数学对象，那么我们就能够迅速、快捷地找到解决问题的路径.上面案例中的试题，就是从6种思路进行类比，运用8种解法进行解答的.从中，我们深刻体会到"类比"在数学解题中的强大魅力.因此，在数学复习课的解题教学中，运用"类比"组织教学，不仅可以使学生得到对知识的"温故知新"，而且还能够在获取新知识的同时，深化对知识的领悟、理解，继而诱发联想，促进记忆，启迪思维，有助于学生数学思维能力和探究创新能力的培养和提高.

第5讲 一道圆锥曲线题引发的探究

【例题】已知双曲线$\Gamma:\dfrac{x^2}{a^2}-y^2=1(a>0)$的左、右焦点分别为$F_1(-c,\ 0)$，$F_2(c,\ 0)$，点$P(x_0,\ y_0)$是$\Gamma$右支上一点，设$I$为$\triangle PF_1F_2$的内心，且$S_{\triangle IPF_1}=S_{\triangle IPF_2}+\dfrac{\sqrt{3}}{2}S_{\triangle IF_1F_2}$.

(1)求Γ的方程；

(2)点A是第一象限的渐近线上的一点，且$AF_2\perp x$轴，Γ在点P处的切线l与直线AF_2相交于点M，与直线$x=\dfrac{3}{2}$相交于点N. 证明：无论点P怎么变动，总有$|NF_2|=\dfrac{\sqrt{3}}{2}|MF_2|$.

在解答该题的过程中，通过思考和探究，发现了圆锥曲线的一条性质.

解析：(1)Γ的方程$\dfrac{x^2}{3}-y^2=1$.

下面将研究的重点放在第(2)小题.

思路：对于第(2)小题，解答的关键是求切线l的方程. 按常规解法，首先设出切线l的方程，然后与双曲线方程联立、变形整理，利用判别式为零和点P在双曲线上得到的坐标间的整体关系，将l的斜率表示为点P的坐标关系，进而变形l的方程，最后表示出两个交点M，N的坐标，再运用两点间的距离公式和点P在双曲线上得到的坐标间的整体关系，证得等式. 这一思路常规、清晰、明确，容易入手，但其中求切线l的方程的步骤、整理、变形运算强度大，过程繁杂，往往会因多个参量的关系运算受阻而就此搁置！ 于是，我们从"点$P(x_0,\ y_0)$是Γ右支上一点"和"在点P处的切线l"这两点切入考虑，将Γ右支分上半支和下半支来讨论，然后利用导数的几何意义解答，得到该题的优化解法.

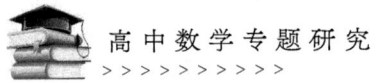

解析:由题意可知直线 l 不垂直于 x 轴,设 l 的方程为 $y - y_0 = k(x - x_0)$.

由 $\dfrac{x^2}{3} - y^2 = 1$,得 $y^2 = \dfrac{x^2}{3} - 1 = \dfrac{x^2 - 3}{3}$.

由题意知 $y_0 \neq 0$,

① 若点 P 在双曲线右支的上半支,则 $y = \dfrac{\sqrt{x^2 - 3}}{\sqrt{3}}$,所以 $y' = \dfrac{2x}{2\sqrt{3} \times \sqrt{x^2 - 3}} = \dfrac{x}{\sqrt{3} \times \sqrt{x^2 - 3}}$,

所以 $k = \dfrac{x_0}{\sqrt{3} \times \sqrt{x_0{}^2 - 3}}$.

因为 $\dfrac{x_0^2}{3} - y_0^2 = 1$,所以 $x_0^2 - 3 = 3y_0^2$,所以 $k = \dfrac{x_0}{\sqrt{3} \times \sqrt{3y_0^2}} = \dfrac{x_0}{3y_0}$,

② 若点 P 在双曲线右支的下半支,则 $y = -\dfrac{\sqrt{x^2 - 3}}{\sqrt{3}}$,同上得到 $k = \dfrac{x_0}{\sqrt{3} \times \sqrt{3y_0^2}} = \dfrac{x_0}{3y_0}$.

综上,得 $k = \dfrac{x_0}{3y_0}$.

代入直线 l 的方程为 $y - y_0 = k(x - x_0)$,得 $y - y_0 = \dfrac{x_0}{3y_0}(x - x_0)$,

所以 $3y_0 y - 3y_0^2 = x_0 x - x_0^2$,所以 $x_0 x - 3y_0 y = x_0^2 - 3y_0^2$.

由 $\dfrac{x_0^2}{3} - y_0^2 = 1$,得 $x_0^2 - 3y_0^2 = 3$.

所以直线 l 的方程为 $x_0 x - 3y_0 y = 3$,即 $\dfrac{x_0 x}{3} - y_0 y = 1$,

所以 $y = \dfrac{x_0 x - 3}{3y_0} \left(x_0 > \sqrt{3} \right)$.

因为直线 AF_2 的方程为 $x = 2$,所以直线 l 与直线 AF_2 的交点为 $M\left(2, \dfrac{2x_0 - 3}{3y_0} \right)$,直线 l 与直线 $x = \dfrac{3}{2}$ 的交点为 $N\left(\dfrac{3}{2}, \dfrac{\frac{3}{2}x_0 - 3}{3y_0} \right)$.

所以 $|MF_2| = \sqrt{(2-2)^2 + \left(0 - \dfrac{2x_0 - 3}{3y_0}\right)^2} = \dfrac{2x_0 - 3}{3|y_0|}$,

$|NF_2| = \sqrt{\left(2 - \dfrac{3}{2}\right)^2 + \left(0 - \dfrac{\dfrac{3}{2}x_0 - 3}{3y_0}\right)^2} = \sqrt{\dfrac{1}{4} + \dfrac{1}{4} \cdot \dfrac{(x_0 - 2)^2}{y_0^2}}$

$= \dfrac{1}{2} \cdot \dfrac{\sqrt{y_0^2 + x_0^2 - 4x_0 + 4}}{|y_0|} = \dfrac{1}{2} \cdot \dfrac{\sqrt{\dfrac{x_0^2}{3} - 1 + x_0^2 - 4x_0 + 4}}{|y_0|}$

$= \dfrac{\sqrt{3}}{2} \cdot \dfrac{\sqrt{4x_0^2 - 12x_0 + 9}}{3|y_0|} = \dfrac{\sqrt{3}}{2} \cdot \dfrac{2x_0 - 3}{3|y_0|}$.

故证得 $|NF_2| = \dfrac{\sqrt{3}}{2}|MF_2|$.

【延伸探究】

解题结束后，对于第(2)小题的结论思考了下列两个问题：

(1)结论与点 P 在 Γ 的右支还是左支上有无关系？

(2)结论与点 A 是否在 Γ 的渐近线上有无关系？

在思考的基础上进行了探究，通过探究可以发现：第(2)小题的结论与点 P 在 Γ 的右支还是左支上、与点 A 是否在 Γ 的渐近线上都没有关系．另外注意到条件中的直线 $x = \dfrac{3}{2}$ 其实就是双曲线的右准线，结论中的系数 $\dfrac{\sqrt{3}}{2}$ 其实就是双曲线离心率的倒数．于是，将上述例题进行延伸推广，得到下面两个一般性结论：

结论 1. 已知双曲线 $\Gamma : \dfrac{x^2}{a^2} - \dfrac{y^2}{b^2} = 1 (a > 0,\ b > 0)$ 的左、右焦点分别为 $F_1(-c,\ 0)$, $F_2(c,\ 0)$，离心率为 e，点 $P(x_0,\ y_0)$ 是 Γ 上一点，若 Γ 在点 P 处的切线 l 与过点 F_2 且垂直于 x 轴的直线相交于点 M，与直线 $x = \dfrac{a^2}{c}$ 相交于点 N，则无论点 P 怎么变动，总有 $|MF_2| = e|NF_2|$.

证明：由题意可知直线 l 不垂直于 x 轴，设 l 的方程为 $y - y_0 = k(x - x_0)$.

由 $\dfrac{x^2}{a^2} - \dfrac{y^2}{b^2} = 1$，得 $y^2 = \dfrac{b^2}{a^2}(x^2 - a^2)$.

由题意知 $y_0 \neq 0$，

①若点 P 在 x 轴上方的双曲线上，则 $y = \dfrac{b\sqrt{x^2 - a^2}}{a}$，

所以 $y' = \dfrac{2bx}{2a \times \sqrt{x^2 - a^2}} = \dfrac{bx}{a\sqrt{x^2 - a^2}}$，所以 $k = \dfrac{bx_0}{a\sqrt{x_0^2 - a^2}}$.

因为 $\dfrac{x_0^2}{a^2} - \dfrac{y_0^2}{b^2} = 1$，所以 $b^2 x_0^2 - a^2 b^2 = a^2 y_0^2$，

所以 $x_0^2 - a^2 = \dfrac{a^2 y_0^2}{b^2}$，所以 $k = \dfrac{bx_0}{a\sqrt{\dfrac{a^2 y_0^2}{b^2}}} = \dfrac{b^2 x_0}{a^2 y_0}$.

②若点 P 在 x 轴下方的双曲线上，则 $y = -\dfrac{b\sqrt{x^2 - a^2}}{a}$，同理可得 $k = \dfrac{b^2 x_0}{a^2 y_0}$.

综上，得 $k = \dfrac{b^2 x_0}{a^2 y_0}$.

代入直线 l 的方程为 $y - y_0 = k(x - x_0)$，得 $y - y_0 = \dfrac{b^2 x_0}{a^2 y_0}(x - x_0)$，

所以 $a^2 y_0 y - a^2 y_0^2 = b^2 x_0 x - b^2 x_0^2$，所以 $b^2 x_0 x - a^2 y_0 y = b^2 x_0^2 - a^2 y_0^2$.

因为 $b^2 x_0^2 - a^2 y_0^2 = a^2 b^2$，所以 $b^2 x_0 x - a^2 y_0 y = a^2 b^2$.

所以直线 l 的方程为 $b^2 x_0 x - a^2 y_0 y = a^2 b^2$，即 $\dfrac{x_0 x}{a^2} - \dfrac{y_0 y}{b^2} = 1$，

所以 $y = \dfrac{b^2 x_0 x - a^2 b^2}{a^2 y_0}\ (x_0 > a^2)$.

因为过 F_2 且垂直于 x 轴的直线的方程为 $x = c$，所以直线 l 与该直线的交点为 $M\left(c, \dfrac{b^2 c x_0 - a^2 b^2}{a^2 y_0}\right)$，直线 l 与直线 $x = \dfrac{a^2}{c}$ 的交点为 $N\left(\dfrac{a^2}{c}, \dfrac{b^2 x_0 - b^2 c}{c y_0}\right)$.

所以 $|MF_2| = \sqrt{(c - c)^2 + \left(0 - \dfrac{b^2 c x_0 - a^2 b^2}{a^2 y_0}\right)^2} = \dfrac{b^2 c x_0 - a^2 b^2}{a^2 |y_0|} = \dfrac{b^2 (c x_0 - a^2)}{a^2 |y_0|}$，

$$|NF_2| = \sqrt{\left(c - \frac{a^2}{c}\right)^2 + \left(0 - \frac{b^2 x_0 - b^2 c}{c y_0}\right)^2} = \sqrt{\frac{b^4}{c^2} + \frac{b^4 (x_0 - c)^2}{c^2 y_0^2}}$$

$$= \frac{b^2}{c} \cdot \frac{\sqrt{y_0^2 + x_0^2 - 2c x_0 + c^2}}{|y_0|} = \frac{b^2}{c} \cdot \frac{\sqrt{\dfrac{b^2 x_0^2}{a^2} - b^2 + x_0^2 - 2c x_0 + c^2}}{|y_0|}$$

$$= \frac{b^2}{c} \cdot \frac{\sqrt{c^2 x_0^2 - 2a^2 c x_0 + a^4}}{a |y_0|} = \frac{b^2}{c} \cdot \frac{c x_0 - a^2}{a |y_0|}.$$

所以 $\dfrac{|MF_2|}{|NF_2|} = \dfrac{\dfrac{b^2(c x_0 - a^2)}{a^2 |y_0|}}{\dfrac{b^2}{c} \cdot \dfrac{c x_0 - a^2}{a |y_0|}} = \dfrac{c}{a} = e$,

故证得 $|MF_2| = e|NF_2|$.

结论 2. 已知双曲线 $\varGamma : \dfrac{x^2}{a^2} - \dfrac{y^2}{b^2} = 1$（ $a > 0$, $b > 0$）的左、右焦点分别为 $F_1(-c,\ 0)$, $F_2(c,\ 0)$, 离心率为 e, 点 $P(x_0,\ y_0)$ 是 $\varGamma$ 上一点, 若 $\varGamma$ 在点 P 处的切线 l 与过点 F_1 且垂直于 x 轴的直线相交于点 M, 与直线 $x = -\dfrac{a^2}{c}$ 相交于点 N, 则无论点 P 怎么变动, 总有 $|MF_1| = e|NF_1|$.

【类比探究】

圆锥曲线有许多相似的性质或结论, 将结论 1 和结论 2 分别类比到椭圆和抛物线上, 也可以得到同样的结论:

结论 3. 已知椭圆 $\varGamma : \dfrac{x^2}{a^2} + \dfrac{y^2}{b^2} = 1$（ $a > b > 0$）的左、右焦点分别为 $F_1(-c,\ 0)$, $F_2(c,\ 0)$, 离心率为 e, 点 $P(x_0,\ y_0)$ 是 $\varGamma$ 上一点, 若椭圆 $\varGamma$ 在点 P 处的切线 l 与过点 F_2 且垂直于 x 轴的直线相交于点 M, 与直线 $x = \dfrac{a^2}{c}$ 相交于点 N, 则无论点 P 怎么变动, 总有 $|MF_2| = e|NF_2|$.

结论 4. 已知椭圆 $\varGamma : \dfrac{x^2}{a^2} + \dfrac{y^2}{b^2} = 1 (a > b > 0)$ 的左、右焦点分别为 $F_1(-c,\ 0)$, $F_2(c,\ 0)$, 离心率为 e, 点 $P(x_0,\ y_0)$ 是 $\varGamma$ 上一点, 若椭圆 $\varGamma$ 在点 P 处的切线 l 与过点 F_1 且垂直于 x 轴的直线相交于点 M, 与直线 $x = \dfrac{a^2}{c}$ 相交于点 N, 则论点 P 怎

么变动,总有$|MF_1|=e|NF_1|$.

结论 5. 已知抛物线 Γ：$y^2=2px(p>0)$ 的焦点为 F,离心率为 e,点 $P(x_0,y_0)$ 是 Γ 上一点,若抛物线 Γ 在点 P 处的切线 l 与过点 F 且垂直于 x 轴的直线相交于点 M,与 Γ 的准线 $x=-\dfrac{p}{2}$ 相交于点 N,则无论点 P 怎么变动,总有 $|MF|=e|NF|$.

结论 2 ~ 结论 5 的证明过程可按结论 1 的证明过程来完成,这里从略.

【解后反思】

将上述的结论进行统一,于是就得到了圆锥曲线的一条性质：

圆锥曲线 Γ 的一个焦点为 F,离心率为 e,点 P 是 Γ 上一点,若 Γ 在点 P 处的切线 l 与过点 F 且垂直于轴的直线相交于点 M,与 F 相应的准线相交于点 N,则无论点 P 怎么变动,总有 $|MF_1|=e|NF_1|$.

第6讲　一道椭圆联考题的多视角探究

圆锥曲线问题是历年高考考查的核心考点,其解答题往往处于压轴题的位置.本文例题看似不现波澜、简洁平朴,实则是一道平中孕奇,内涵丰富,凸显真功的优质试题.透过试题表象,可以看出命题人员对解析几何本质的深层次思考.下面就这道试题从解法、拓展及启示等多个不同的视角作一些有益的探究,供参考.

【例题】(2021年3月湖北八市联考第22题)已知椭圆 $C: \dfrac{x^2}{a^2} + \dfrac{y^2}{b^2} = 1 (a > b > 0)$ 的上顶点到右顶点的距离为 $\sqrt{7}$,离心率为 $\dfrac{1}{2}$,过椭圆 C 的左焦点 F_1 作不与 x 轴重合的直线 MN 与椭圆 C 相交于 M,N 两点,过 M 作直线 $m: x = -2a$ 的垂线点 ME,E 为垂足.

(1)求椭圆 C 的方程;

(2)①已知直线 EN 过定点 P,求定点 P 的坐标;

②点 O 为坐标原点,求 $\triangle OEN$ 面积的最大值.

解析:(1)由题意,得 $\begin{cases} \sqrt{a^2 + b^2} = \sqrt{7}, \\ \dfrac{c}{a} = \dfrac{1}{2}, \\ c^2 = a^2 - b^2, \end{cases}$ 解得 $a^2 = 4, b^2 = 3$,故 C 的方程为 $\dfrac{x^2}{4} + \dfrac{y^2}{3} = 1$.

下面重点探讨第(2)题的解法.首先看第①小问.

解析几何中的定点问题是指直线过定点或曲线过定点的问题,也就是不论直线和曲线(中的参数)如何变化,直线和曲线都经过某一个定点.本小问是直线过定点问题.

定点问题主要有两种求解思路:一是把直线或曲线方程中的变量 x,y 当作

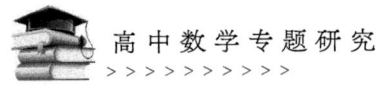
常数看待,把相关的参数整理在一起,同时方程一端化为零.既然是过定点,那么这个方程就要对任意参数都成立,这时参数的系数就要全部等于零,这样就得到一个关于x,y的方程组,这个方程组的解所确定的点就是直线或曲线所过的定点. 二是从特殊入手,确定出定点,再进行一般性的证明.

思路1:利用直线与椭圆的位置关系,表示出直线EN的方程后,求定点P的坐标.

解法1:由(1)知直线m的方程为$x=-4$,左焦点为$F_1(-1,\ 0)$.

设直线MN的方程为$x=my-1$,则由 $\begin{cases} \dfrac{x^2}{4}+\dfrac{y^2}{3}=1, \\ x=my-1, \end{cases}$

得$(3m^2+4)y^2-6my-9=0$.

设$M(x_1,\ y_1),N(x_2,\ y_2)$,则$E(-4,\ y_1)$,且$y_1y_2\neq 0$.

所以$y_1+y_2=\dfrac{6m}{3m^2+4}$,$y_1y_2=\dfrac{-9}{3m^2+4}$,两式相除,

得$\dfrac{y_1+y_2}{y_1y_2}=-\dfrac{2m}{3}$,所以$m=-\dfrac{3(y_1+y_2)}{2y_1y_2}$.

又$x_2=my_2-1$,

所以,直线EN的斜率$k_{EN}=\dfrac{y_2-y_1}{x_2-(-4)}=\dfrac{y_2-y_1}{my_2-1+4}=\dfrac{y_2-y_1}{\left[-\dfrac{3(y_1+y_2)}{2y_1y_2}\right]y_2+3}=$

$-\dfrac{2y_1}{3}$,

所以直线EN的方程为$y-y_1=-\dfrac{2y_1}{3}(x+4)$,即$y=\dfrac{2y_1}{3}\left(x+\dfrac{5}{2}\right)$.

所以由 $\begin{cases} x+\dfrac{5}{2}=0, \\ y=0, \end{cases}$ 得$x=-\dfrac{5}{2},y=0$.

故直线EN过定点$P\left(-\dfrac{5}{2},\ 0\right)$.

点评:该解法求出直线EN的方程后,利用直线过定点,即与参数无关,则参数的同次幂的系数为0,从而求出定点.其中,求直线EN的方程是求解的

关键.

思路2:首先根据直线与椭圆位置关系的对称性确定点P在x轴上,然后表示直线EN,求出点P的坐标.

解法2:根据题意,由对称性可知点P必在x轴上.

由(1)知直线m的方程为$x=-4$,左焦点为$F_1(-1,\ 0)$.

设直线MN的方程为$x=my-1$,则由
$$\begin{cases} \dfrac{x^2}{4}+\dfrac{y^2}{3}=1, \\ x=my-1, \end{cases}$$

得$(3m^2+4)y^2-6my-9=0$.

设$M(x_1,\ y_1)$,$N(x_2,\ y_2)$,则$E(-4,\ y_1)$,且$y_1 y_2 \neq 0$.

所以$y_1+y_2=\dfrac{6m}{3m^2+4}$,$y_1 y_2=\dfrac{-9}{3m^2+4}$,所以$-2my_1 y_2=3(y_1+y_2)$,

所以$my_1 y_2=-\dfrac{3}{2}(y_1+y_2)$.

又$k_{EN}=\dfrac{y_2-y_1}{x_2-(-4)}=\dfrac{y_2-y_1}{x_2+4}$,所以直线$EN$的方程为$y-y_1=\dfrac{y_2-y_1}{x_2+4}(x+4)$.

令$y=0$,则$x=-4-\dfrac{y_1(x_2+4)}{y_2-y_1}$.

又$x_2=my_2-1$,

所以$x=-4-\dfrac{y_1(my_2-1+4)}{y_2-y_1}=-4-\dfrac{my_1 y_2+3y_1}{y_2-y_1}$

$=-4-\dfrac{-\dfrac{3}{2}(y_1+y_2)+3y_1}{y_2-y_1}=-4-\dfrac{-\dfrac{3}{2}(y_1-y_2)}{y_2-y_1}=-4+\dfrac{3}{2}=-\dfrac{5}{2}$.

故直线EN过定点$P\left(-\dfrac{5}{2},\ 0\right)$.

点评:该解法利用了先定性(确定定点位置),后定量(通过表示出直线方程求出定点坐标)的思路求解.

思路3:从特殊入手,先由特殊情形,即直线MN与x轴垂直时确定出定点坐标,再证明一般情形.

解法3:根据题意,由对称性可知点P必在x轴上.特别地,当直线MN与x轴垂直时,易知直线EN与x轴的交点就是线段HF_1的中点,其中H是直线$x=$

-4 与 x 轴的交点,所以定点 P 的坐标为 $\left(-\dfrac{5}{2},\ 0\right)$.

下面证明在一般情形下 N,P,E 三点共线.

证明上同解法 1、解法 2.

由已知 $E(-4,\ y_1)$,$N(x_2,\ y_2)$,又 $P\left(-\dfrac{5}{2},\ 0\right)$,

所以 $\overrightarrow{PE}=\left(-\dfrac{3}{2},\ y_1\right)$,$\overrightarrow{PN}=\left(x_2+\dfrac{5}{2},\ y_2\right)=\left(my_2+\dfrac{3}{2},\ y_2\right)$.

要证 N,P,E 三点共线,即证 $\overrightarrow{PE}\ //\ \overrightarrow{PN}$,

只要证 $-\dfrac{3}{2}y_2-y_1\left(my_2+\dfrac{3}{2}\right)=0$,即 $my_1y_2+\dfrac{3}{2}(y_1+y_2)=0$.

由 $y_1+y_2=\dfrac{6m}{3m^2+4}$,$y_1y_2=\dfrac{-9}{3m^2+4}$,

可得 $my_1y_2+\dfrac{3}{2}(y_1+y_2)=m\cdot\dfrac{-9}{3m^2+4}+\dfrac{3}{2}\cdot\dfrac{6m}{3m^2+4}=\dfrac{-9m+9m}{3m^2+4}=0$.

由此证得 N,P,E 三点共线,故直线 EN 过定点 $P\left(-\dfrac{5}{2},\ 0\right)$.

点评:该解法利用由特殊情形探路,确定出定点,然后证明一般情形也适合,体现了由特殊到一般的思路.

思路 4:由 $-\dfrac{a^2}{c}=-\dfrac{4}{1}=-4$,可知直线 $m:x=-4$ 是椭圆 C 的左准线,由此联想椭圆的第二定义并结合几何图形的性质来证明.

解法 4:直线 $m:x=-4$ 是椭圆 C 的左准线,如图 1,分别过点 M,N 作直线 m 的垂线,垂足分别为点 E,G,设 H 为直线 m 与 x 轴的交点.

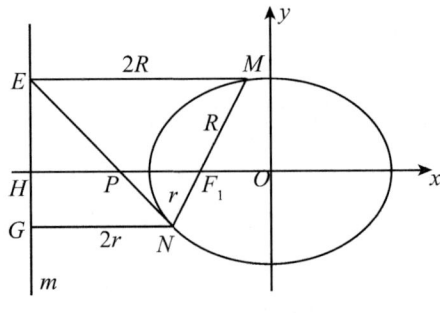

图 1

设 $|F_1N|=r$，$|F_1M|=R$，则由椭圆第二定义得 $\dfrac{|F_1N|}{|GN|}=\dfrac{1}{2}$，$\dfrac{|F_1M|}{|EM|}=\dfrac{1}{2}$，即

$\dfrac{r}{|GN|}=\dfrac{1}{2}$，$\dfrac{R}{|EM|}=\dfrac{1}{2}$，所以 $|GN|=2r$，$|EM|=2R$.

因为 $EM/\!/HF_1/\!/GN$，由相似三角形性质及平行线分线段成比例定理，得

$\dfrac{|HP|}{|GN|}=\dfrac{|EH|}{|EG|}=\dfrac{|MF_1|}{|MN|}$，所以 $\dfrac{|HP|}{2r}=\dfrac{R}{R+r}$，所以 $|HP|=\dfrac{2Rr}{R+r}$.

又 $\dfrac{|PF_1|}{|EM|}=\dfrac{|NF_1|}{|NM|}$，所以 $\dfrac{|PF_1|}{2R}=\dfrac{r}{R+r}$，所以 $|PF_1|=\dfrac{2Rr}{R+r}$.

所以 $|HP|=|PF_1|$，即 P 为 HF_1 的中点，所以定点 P 的坐标为 $\left(-\dfrac{5}{2},\ 0\right)$.

点评：该解法利用椭圆的第二定义和图形的几何性质证明，过程简洁、巧妙. 对于许多解析几何问题，能根据问题特点，恰当地应用平面几何知识辅助解题是减少计算量的有效途径.

现在再来看第②问的解法.

对于圆锥曲线中的最值问题，一般先根据条件列出所求目标函数的关系式，然后根据函数关系式的特征选用函数的单调性、应用不等式的性质，以及三角函数最值法等求出它的最大值或最小值.

思路1：将 $\triangle OEN$ 分割，表示出 $\triangle OEN$ 面积，换元并构造函数，利用"对勾函数"的单调性求解.

解法1：由（1）知 $\Delta=144(m^2+1)>0$，所以 $m\in\mathbf{R}$.

又易知 $|y_1-y_2|=\dfrac{12\sqrt{m^2+1}}{3m^2+4}$，

所以 $S_{\triangle OEN}=S_{\triangle OPE}+S_{\triangle OPN}=\dfrac{1}{2}|OP|\cdot|y_1|+\dfrac{1}{2}|OP|\cdot|y_2|$

$$=\dfrac{1}{2}|OP|\cdot|y_1-y_2|=\dfrac{5}{4}\cdot\dfrac{12\sqrt{m^2+1}}{3m^2+4}=\dfrac{15\sqrt{m^2+1}}{3m^2+4}.$$

令 $\sqrt{m^2+1}=t\,(t\geqslant1)$，则 $S_{\triangle OEN}=\dfrac{15t}{3t^2+1}=\dfrac{15}{3t+\dfrac{1}{t}}$.

因为函数 $y = 3t + \dfrac{1}{t}$ 在 $[1, +\infty)$ 上单调递增,所以函数 $y = \dfrac{15}{3t + \dfrac{1}{t}}$ 在 $[1, +\infty)$ 上单调递减,所以当 $t = 1$ 时,$S_{\triangle OEN}$ 有最小值 $\dfrac{15}{4}$. 此时 $m = 0$,直线 MN 与 x 轴垂直.

点评:该解法用 m 表示出 $\triangle OEN$ 面积后,换元构造函数并整理成"对勾函数"的结构形式,利用"对勾函数"的单调性求解.

思路2:将 $\triangle OEN$ 分割,表示出 $\triangle OEN$ 面积,换元并构造函数,利用导数研究函数的单调性求解.

解法2:上同解法1,得 $S_{\triangle OEN} = \dfrac{15t}{3t^2 + 1}$.

设 $f(t) = \dfrac{15t}{3t^2 + 1}$($t \geq 1$),则 $f'(t) = \dfrac{15(1 - 3t^2)}{(3t^2 + 1)^2} < 0$,

所以 $f(t)$ 在 $[1, +\infty)$ 上单调递减,所以 $f(t)_{\max} = f(1) = \dfrac{15}{4}$.

所以当 $t = 1$ 时,$S_{\triangle OEN}$ 有最小值 $\dfrac{15}{4}$. 此时 $m = 0$,直线 MN 与 x 轴垂直.

点评:该解法用 m 表示出 $\triangle OEN$ 面积后,换元构造函数,直接求导,利用导数研究函数的单调性求解.

思路3:设角,从椭圆的第二定义切入,将 $\triangle OEN$ 分割,并将 $\triangle OEN$ 面积表示为三角函数的形式,换元构造函数,利用导数研究函数的单调性求解.

解法3:上同①的解法4.

由椭圆的第二定义得 $|EM| = 2|F_1M| = 2R$.

过点 F_1 作直线 $AB \perp x$ 轴,交 EM 于点 A,交 GB 的延长线于点 B,所以 $|EM| = |EA| + |AM| = |HF_1| + |AM| = 2R$.

如图2,设直线 MN 的倾斜角为 θ,不妨设 $\theta \in \left(0, \dfrac{\pi}{2}\right]$,则 $|AM| = R\cos\theta$,所以 $3 + R\cos\theta = 2R$,所以 $R = \dfrac{3}{2 - \cos\theta}$,同理 $r = \dfrac{3}{2 + \cos\theta}$.

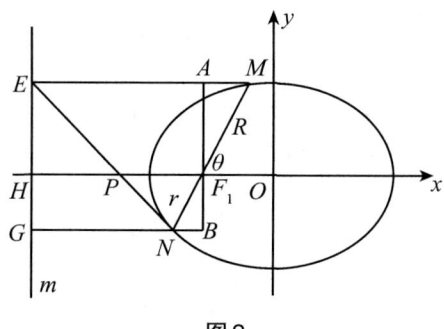

图2

所以 $S_{\triangle OEN} = S_{\triangle OPE} + S_{\triangle OPN} = \dfrac{1}{2}|OP| \cdot |EH| + \dfrac{1}{2}|OP| \cdot |HG| = \dfrac{1}{2}|OP| \cdot |EG|$

$= \dfrac{1}{2}|OP| \cdot |AB| = \dfrac{5}{4}|AB| = \dfrac{5}{4}(R+r)\sin\theta$

$= \dfrac{5}{4}\left(\dfrac{3}{2-\cos\theta} + \dfrac{3}{2+\cos\theta}\right)\sin\theta$

$= \dfrac{15\sin\theta}{3+\sin^2\theta}, \ \theta \in \left(0, \dfrac{\pi}{2}\right].$

设 $t = \sin\theta, \theta \in \left(0, \dfrac{\pi}{2}\right]$，则 $t \in (0, \ 1]$，于是 $S_{\triangle OEN} = \dfrac{15t}{t^2+3}, t \in (0, \ 1]$.

设 $g(t) = \dfrac{15t}{t^2+3}, t \in (0, \ 1]$，则 $g'(t) = \dfrac{15(3-t^2)}{(t^2+3)^2} > 0$，所以 $g(t)$ 在 $(0, \ 1]$ 上单调递增，

所以 $g(t)_{\max} = g(1) = \dfrac{15}{4}.$

所以当 $t=1$ 时，$S_{\triangle OEN}$ 有最小值 $\dfrac{15}{4}$，

此时 $m=0$，直线 MN 与 x 轴垂直.

点评：该解法从椭圆的第二定义切入，将 $\triangle OEN$ 分割，利用数形结合将 $S_{\triangle OEN}$ 表示为三角函数的形式，进而换元、求导，利用导数研究函数的单调性求得最值.

思路4：设角，从椭圆的第二定义切入，将 $\triangle OEN$ 分割，并将 $\triangle OEN$ 面积表示为三角函数形式，直接求导，利用导数研究函数的单调性求解.

解法4：上同解法3，得 $S_{\triangle OEN} = \dfrac{15\sin\theta}{3+\sin^2\theta}, \theta \in \left(0, \dfrac{\pi}{2}\right].$

设 $h(\theta)=\dfrac{15\sin\theta}{3+\sin^2\theta},\theta\in\left(0,\dfrac{\pi}{2}\right]$,

则 $h'(\theta)=\dfrac{15\left[\cos\theta(3+\sin^2\theta)-2\sin^2\theta\cos\theta\right]}{(3+\sin^2\theta)^2}=\dfrac{15\cos\theta(3-\sin^2\theta)}{(3+\sin^2\theta)^2}>0$,

所以 $h(\theta)$ 在 $\left(0,\dfrac{\pi}{2}\right]$ 上单调递增,所以 $h(\theta)_{\max}=h\left(\dfrac{\pi}{2}\right)=\dfrac{15}{4}$.

所以当 $\theta=\dfrac{\pi}{2}$ 时,$S_{\triangle OEN}$ 有最小值 $\dfrac{15}{4}$,此时 $m=0$,直线 MN 与 x 轴垂直.

点评:该解法将 $S_{\triangle OEN}$ 表示为三角函数的形式后,直接求导,利用导数研究函数的单调性求得最值.

【例题拓展】

将上面例题(2)的两问推广为一般情形,可有:

已知椭圆 $C:\dfrac{x^2}{a^2}+\dfrac{y^2}{b^2}=1(a>b>0)$,过椭圆 C 的左(右)焦点 $F_1(F_2)$ 作不与 x 轴重合的直线 MN 与椭圆 C 相交于 M,N 两点,直线 m:$x=-\dfrac{a^2}{c}\left(x=\dfrac{a^2}{c}\right)$ 与 x 轴相交于 H 点,过 M 作直线 m 的垂线 ME,E 为垂足,则

(1)直线 EN 过定点 P,且 P 是 $HF_1(HF_2)$ 的中点;

(2)点 O 为坐标原点,则当直线 MN 与 x 轴垂直时,$\triangle OEN$ 面积有最大值.

【解后反思】

解析几何问题的本质就是将几何问题转化为代数问题,通过代数运算研究几何图形的性质.解决问题的关键在于找到最好的方法解决问题,借助数形结合,大胆运用平面几何相应的性质,相比用固定解题程序,能更快地找到简洁的解题方法.因此,解析几何问题要注重对问题本质的提炼,并与相关知识的联系(如函数、导数、三角、平面几何等)及合理转化,这样才会有精彩的解答.上面这道联考试题,在较好考查直线与椭圆的位置关系的同时,考查了数学抽象、直观想象、数学建模及数学运算等数学核心素养的渗透和运用.

第7讲 一道椭圆高考题的解法与推广

圆锥曲线是高中数学的核心内容,也是历年高考命题必考的重点和热点.尤其是圆锥曲线中的定点、定值问题是高考命题考查的"常青树".由于这类问题需要探索、明确定点在什么位置,定值是什么,因而解题中既需要严格的分析和推理论证,又需要复杂精准的数学运算.本文例题是一道与向量知识结合的圆锥曲线中的直线过定点问题,蕴含有丰富的数学思维方法,下面从试题解答和试题延伸两个方面进行深度探究.

【例题】(2022年高考全国乙卷理科第20题)已知椭圆 E 的中心为坐标原点,对称轴为 x 轴、y 轴,且过 $A(0, -2)$, $B\left(\dfrac{3}{2}, -1\right)$ 两点.

(1)求 E 的方程;

(2)设过点 $P(1, -2)$ 的直线交 E 于 M,N 两点,过 M 且平行于 x 轴的直线与线段 AB 交于点 T,点 H 满足 $\overrightarrow{MT} = \overrightarrow{TH}$. 证明:直线 HN 过定点.

首先看第(1)问的解法.

解析:设椭圆 E 的方程为 $mx^2 + ny^2 = 1$,过 $A(0, -2)$, $B\left(\dfrac{3}{2}, -1\right)$,

则 $\begin{cases} 4n = 1, \\ \dfrac{9}{4}m + n = 1, \end{cases}$ 解得 $m = \dfrac{1}{3}, n = \dfrac{1}{4}$,

所以椭圆 E 的方程为 $\dfrac{y^2}{4} + \dfrac{x^2}{3} = 1$.

下面重点探究第(2)问的解法.

思路1:在讨论过点 P 的直线的斜率分不存在和存在两种情况的基础上,设出过点 P 的直线的方程为斜截式,与椭圆方程联立得到点 M, N 之间的关系,进而表示出直线 HN 的斜截式方程,证得直线 HN 过定点.

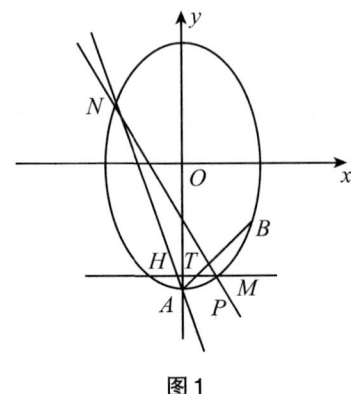

图1

解法1:如图1,因为 $A(0,-2)$, $B\left(\dfrac{3}{2},-1\right)$,所以直线 AB 的方程为 $y+2=\dfrac{2}{3}x.$

①若过点 $P(1,-2)$ 的直线斜率不存在,则直线方程 $x=1$.

代入 $\dfrac{x^2}{3}+\dfrac{y^2}{4}=1$,可得 $M\left(1,\dfrac{2\sqrt{6}}{3}\right)$,$N\left(1,-\dfrac{2\sqrt{6}}{3}\right)$,

代入直线 AB 方程 $y=\dfrac{2}{3}x-2$,可得 $T\left(\sqrt{6}+3,\dfrac{2\sqrt{6}}{3}\right).$

由 $\overrightarrow{MT}=\overrightarrow{TH}$ 可得 $H\left(2\sqrt{6}+5,\dfrac{2\sqrt{6}}{3}\right),$

易得 HN 方程为 $y=\left(2-\dfrac{2\sqrt{6}}{3}\right)x-2$,且过定点 $(0,-2).$

②若过点 $P(1,-2)$ 的直线斜率存在,设 $y=k(x-1)-2$,

联立 $\begin{cases} y=k(x-1)-2, \\ \dfrac{x^2}{3}+\dfrac{y^2}{4}=1, \end{cases}$ 得 $(3k^2+4)x^2-6k(2+k)x+3k(k+4)=0$,

设 $M(x_1,y_1)$,$N(x_2,y_2)$,则

可得 $\begin{cases} x_1+x_2=\dfrac{6k(2+k)}{3k^2+4}, \\ x_1x_2=\dfrac{3k(4+k)}{3k^2+4}, \end{cases}$ 推得 $\begin{cases} y_1+y_2=\dfrac{-8(2+k)}{3k^2+4}, \\ y_1y_2=\dfrac{4(4+4k-2k^2)}{3k^2+4}, \end{cases}$

且 $x_1y_2+x_2y_1=x_1[k(x_2-1)-2]+x_2[k(x_1-1)-2]=2kx_1x_2-(k+2)(x_1+x_2)$

$$= 2k \cdot \frac{3k(4+k)}{3k^2+4} - (k+2) \cdot \frac{6k(2+k)}{3k^2+4} = \frac{-24k}{3k^2+4}.$$

由 $\begin{cases} y = y_1, \\ y = \dfrac{2}{3}x - 2, \end{cases}$ 可得 $T\left(\dfrac{3y_1}{2} + 3,\ y_1\right)$, $H(3y_1 + 6 - x_1,\ y_1)$.

此时得 HN 方程为 $y - y_2 = \dfrac{y_1 - y_2}{3y_1 + 6 - x_1 - x_2}(x - x_2)$,

所以 $y = \dfrac{y_1 - y_2}{3y_1 + 6 - x_1 - x_2}x - \dfrac{y_1 - y_2}{3y_1 + 6 - x_1 - x_2}x_2 + y_2$,

整理,得 $y = \dfrac{y_1 - y_2}{3y_1 + 6 - x_1 - x_2}x + \dfrac{-x_1 y_2 - x_2 y_1 + 3y_1 y_2 + 6y_2}{3y_1 + 6 - x_1 - x_2}$.

又 $\dfrac{-x_1 y_2 - x_2 y_1 + 3y_1 y_2 + 6y_2}{3y_1 + 6 - x_1 - x_2} = \dfrac{\dfrac{24k}{3k^2+4} + \dfrac{12(4 + 4k - 2k^2)}{3k^2+4} + 6\left[\dfrac{-8(2+k)}{3k^2+4} - y_1\right]}{-\dfrac{6k(2+k)}{3k^2+4} + 3y_1 + 6}$

$= \dfrac{24k + 48 + 48k - 24k^2 - 96 - 48k - 6(3k^2+4)y_1}{-12k - 6k^2 + 3(3k^2+4)y_1 + 18k^2 + 24}$

$= \dfrac{-24k^2 + 24k - 48 - 6(3k^2+4)y_1}{12k^2 - 12k + 24 + 3(3k^2+4)y_1} = -2$,

所以得 HN 方程为 $y = \dfrac{y_1 - y_2}{3y_1 + 6 - x_1 - x_2}x - 2$.

所以过定点 $(0,\ -2)$.

综上,可得直线 HN 过定点 $(0,\ -2)$.

思路2:为避免对斜率是否存在的讨论,设过点 P 的直线方程为"斜截式",与椭圆方程联立得到点 M,N 之间的关系,进而表示出直线 HN 的斜截式方程,证得直线 HN 过定点.

解法2:设过点 $P(1,\ -2)$ 的直线方程为 $x - 1 = t(y+2)$,即 $x = ty + 2t + 1$,

与椭圆方程联立 $\begin{cases} x = ty + 2t + 1, \\ \dfrac{x^2}{3} + \dfrac{y^2}{4} = 1, \end{cases}$ 消去 x 并整理,

得 $(4t^2 + 3)y^2 + (16t^2 + 8t)y + 16t^2 + 16t - 8 = 0$.

由 $\Delta = (16t^2 + 8t)^2 - 4(4t^2 + 3)(16t^2 + 16t - 8) > 0$,解得 $t < \dfrac{1}{2}$.

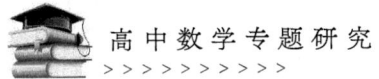
设 $M(x_1, \ y_1)$，$N(x_2, \ y_2)$，则 $\begin{cases} y_1 + y_2 = -\dfrac{16t^2 + 8t}{4t^2 + 3}, \\[3mm] y_1 y_2 = \dfrac{16t^2 + 16t - 8}{4t^2 + 3}, \end{cases}$

因为 $A(0, \ -2)$，$B\left(\dfrac{3}{2}, \ -1\right)$，所以直线 AB 的方程为 $y + 2 = \dfrac{2}{3} x$，

所以 $x = \dfrac{3}{2} y + 3$，所以 $T\left(\dfrac{3}{2} y_1 + 3, \ y_1\right)$。

由 $\overrightarrow{MT} = \overrightarrow{TH}$ 可知，T 是 MH 的中点，所以 $H(3y_1 - x_1 + 6, \ y_1)$。

①若 $t = -\dfrac{1}{4}$，则直线 MN 的方程为 $y = -4x + 2$，

代入椭圆方程，解得 $M\left(\dfrac{12}{13}, \ -\dfrac{22}{13}\right)$，$N(0, \ 2)$，从而 $T\left(\dfrac{12}{26}, \ -\dfrac{22}{13}\right)$，

$H\left(0, \ -\dfrac{22}{13}\right)$，

此时直线 NH 的方程为 $x = 0$。

②若 $t \neq -\dfrac{1}{4}$，则直线 NH 的方程为 $y - y_2 = \dfrac{y_2 - y_1}{x_1 + x_2 - 3y_1 - 6}(x - x_2)$，

所以 $y = \dfrac{y_2 - y_1}{x_1 + x_2 - 3y_1 - 6} \cdot x - \dfrac{y_2 - y_1}{x_1 + x_2 - 3y_1 - 6} \cdot x_2 + y_2$

$\qquad = \dfrac{y_2 - y_1}{x_1 + x_2 - 3y_1 - 6} \cdot x + \dfrac{-x_2 y_2 + x_2 y_1 + x_1 y_2 + x_2 y_2 - 3y_1 y_2 - 6y_2}{x_1 + x_2 - 3y_1 - 6}$

$\qquad = \dfrac{y_2 - y_1}{x_1 + x_2 - 3y_1 - 6} \cdot x + \dfrac{x_1 y_2 + x_2 y_1 - 3y_1 y_2 - 6y_2}{x_1 + x_2 - 3y_1 - 6}$。

因为 $\dfrac{x_1 y_2 + x_2 y_1 - 3y_1 y_2 - 6y_2}{x_1 + x_2 - 3y_1 - 6}$

$\qquad = \dfrac{(ty_1 + 2t + 1)y_2 + (ty_2 + 2t + 1)y_1 - 3y_1 y_2 - 6y_2}{ty_1 + 2t + 1 + ty_2 + 2t + 1 - 3y_1 - 6}$

$\qquad = \dfrac{(2t - 3)y_1 y_2 + (2t - 5)y_2 + (2t + 1)y_1}{t(y_1 + y_2) + 4t - 4 - 3y_1}$

$\qquad = \dfrac{(2t - 3) \cdot \dfrac{16t^2 + 16t - 8}{4t^2 + 3} + (2t - 5)y_2 + (2t + 1)y_1}{t \cdot \left(-\dfrac{16t^2 + 8t}{4t^2 + 3}\right) + 4t - 4 - 3y_1}$

$$= \frac{(2t-3)(16t^2+16t-8)+(2t-5)(-16t^2-8t)+6(4t^2+3)y_1}{t(-16t^2-8t)+(4t-4)(4t^2+3)-3(4t^2+3)y_1}$$

$$= \frac{48t^2-24t+24+6(4t^2+3)y_1}{-24t^2+12t-12-3(4t^2+3)y_1} = -2,$$

所以直线 NH 的方程即为 $y = \dfrac{y_2-y_1}{x_1+x_2-3y_1-6} \cdot x - 2$，

所以过定点 $(0,\ -2)$．

综上，可得直线 HN 过定点 $(0,\ -2)$．

思路3：首先通过直线 AN 并利用题设条件 $\overrightarrow{MT} = \overrightarrow{TH}$，求出点 H 的坐标，然后再求出 HM 中点的坐标，最后验证中点在直线 AB 上．

解法3：由解法2可知，

当过点 P 的直线 MN 的方程为 $y = -4x+2$ 时，得 $M\left(\dfrac{12}{13},\ -\dfrac{22}{13}\right), N(0,\ 2)$，

此时直线 NH 的方程为 $x = 0$，

$H\left(0,\ -\dfrac{22}{13}\right)$，点 $T\left(\dfrac{12}{26},\ -\dfrac{22}{13}\right)$ 在直线 AB：$y+2 = \dfrac{2}{3}x$ 上．

若 $x_2 \neq 0$，则直线 AN 的方程为 $y = \dfrac{y_2+2}{x_2} \cdot x - 2$，

所以由 $y_H = y_1$，得 $x_H = \dfrac{x_2 y_1 + 2x_2}{y_2+2}$．

设 MH 的中点为 Q，则点 $Q\left(\dfrac{x_1 y_2 + x_2 y_1 + 2(x_1+x_2)}{2(y_2+2)},\ y_1\right)$.

由于直线 AB 的方程为 $y = \dfrac{2}{3}x - 2$，即 $\dfrac{2}{3}x - 2 - y = 0$，

因为 $\dfrac{2}{3} \cdot \dfrac{x_1 y_2 + x_2 y_1 + 2(x_1+x_2)}{2(y_2+2)} - 2 - y_1$

$$= \frac{x_1 y_2 + x_2 y_1 + 2(x_1+x_2) - 6y_2 - 12 - 3y_1 y_2 - 6y_1}{3(y_2+2)},$$

又 $x_1 y_2 + x_2 y_1 + 2(x_1+x_2) - 6y_2 - 12 - 3y_1 y_2 - 6y_1$

$= (2t-3)y_1 y_2 + (4t-5)(y_1+y_2) + 8t - 8$

$$= \frac{(2t-3)(16t^2+16t-8)+(4t-5)(-16t^2-8t)+(8t-8)(4t^2+3)}{4t^2+3} = 0,$$

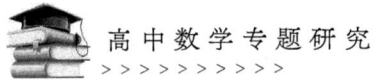
从而 $\dfrac{2}{3}\cdot\dfrac{x_1y_2+x_2y_1+2(x_1+x_2)}{2(y_2+2)}-2-y_1=0$,

所以 $y_1=\dfrac{2}{3}\cdot\dfrac{x_1y_2+x_2y_1+2(x_1+x_2)}{2(y_2+2)}-2$,

故点 Q 在直线 AB 上,所以点 Q 与点 T 重合.

综上,可得直线 HN 过定点 $(0,\ -2)$.

思路 4:设出直线 MN 的参数方程,与椭圆方程联立得到关于参数的一元二次方程,利用根与系数的关系得到坐标之间的关系,构建向量并借助向量知识进行推理、论证,得出 A,H,N 三点共线,从而得到结论.

解法 4:设过点 $P(1,\ -2)$ 的直线的参数方程为 $\begin{cases}x=1+t\cos\alpha,\\ y=-2+t\sin\alpha,\end{cases}$ t 为参数,

与椭圆方程 $\dfrac{x^2}{3}+\dfrac{y^2}{4}=1$ 联立,并整理得 $(\cos^2\alpha+3)t^2+(8\cos\alpha-12\sin\alpha)t+4=0$.

设 M,N 对应参数分别为 t_1,t_2,则 $t_1+t_2=\dfrac{12\sin\alpha-8\cos\alpha}{\cos^2\alpha+3}$,$t_1t_2=\dfrac{4}{\cos^2\alpha+3}$,

其中 $M(1+t_1\cos\alpha,\ -2+t_1\sin\alpha)$,$N(1+t_2\cos\alpha,\ -2+t_2\sin\alpha)$.

设 $T(x_T,\ -2+t_1\sin\alpha)$,

由解法 1 可知 AB 方程为 $y=\dfrac{2}{3}x-2$,

将点 T 的坐标代入,得 $\dfrac{2}{3}x_T-2=-2+t_1\sin\alpha$,所以 $x_T=\dfrac{3}{2}t_1\sin\alpha$.

设 $H(x_H,\ -2+t_1\sin\alpha)$,则由 $\overrightarrow{MT}=\overrightarrow{TH}$,得 $x_H=3t_1\sin\alpha-t_1\cos\alpha-1$.

所以 $\overrightarrow{PH}=(3t_1\sin\alpha-t_1\cos\alpha-2,\ t_1\sin\alpha)$,$\overrightarrow{PN}=(t_2\cos\alpha,\ t_2\sin\alpha)$,$\overrightarrow{PA}=(-1,\ 0)$.

设 $\overrightarrow{PH}=\lambda\overrightarrow{PA}+\mu\overrightarrow{PN}$,则 $\begin{cases}3t_1\sin\alpha-t_1\cos\alpha-2=-\lambda+\mu t_2\cos\alpha,\\ t_1\sin\alpha=\mu t_2\sin\alpha,\end{cases}$

所以 $\begin{cases}\lambda=-3t_1\sin\alpha+2t_1\cos\alpha+2,\\ t_1=\mu t_2,\end{cases}$

所以 $\lambda + \mu = -3t_1 \sin\alpha + 2t_1 \cos\alpha + 2 + \dfrac{t_1}{t_2}$

$$= \frac{-3t_1 t_2 \sin\alpha + 2t_1 t_2 \cos\alpha + 2t_2 + t_1}{t_2}$$

$$= \frac{-3 \cdot \dfrac{4}{\cos^2\alpha + 3} \cdot \sin\alpha + 2 \cdot \dfrac{4}{\cos^2\alpha + 3} \cdot \cos\alpha + \dfrac{12\sin\alpha - 8\cos\alpha}{\cos^2\alpha + 3} + t_2}{t_2}$$

$$= \frac{-12\sin\alpha + 8\cos\alpha + 12\sin\alpha - 8\cos\alpha + t_2(\cos^2\alpha + 3)}{(\cos^2\alpha + 3)t_2} = 1,$$

所以 A, H, N 三点共线.

故可得直线 HN 过定点 $(0, -2)$.

思路 5：利用坐标平移变换，将问题转化到新坐标系下求解，然后将得到的结论还原到原问题，能够大大减少运算量.

解法 5：设坐标平移变换前点的坐标为 (x, y)，坐标平移变换后点的坐标为 (x', y')，

作平移变换 $\begin{cases} x' = x, \\ y' = y + 2, \end{cases}$ 则在新直角坐标系下，椭圆 E 的方程为 $\dfrac{x'^2}{3} +$

$\dfrac{(y'-2)^2}{4} = 1,$

A，B，P 的对应点分别为 $A'(0, 0)$，$B'\left(\dfrac{3}{2}, 1\right)$，$P'(1, 0)$，且 M，N，H，T 的对应点分别为 M'，N'，H'，T'.

设过点 $P'(1, 0)$ 的直线方程为 $x' - 1 = ty'$，即 $x' = ty' + 1$，

与椭圆方程联立 $\begin{cases} x' = ty' + 1, \\ \dfrac{x'^2}{3} + \dfrac{(y'-2)^2}{4} = 1, \end{cases}$ 消去 x' 并整理，

得 $(4t^2 + 3)y'^2 + (8t - 12)y' + 4 = 0.$

由 $\Delta = (8t - 12)^2 - 4(4t^2 + 3) \times 4 > 0$，解得 $t < \dfrac{1}{2}.$

设 $M'(x_1', y_1')$，$N'(x_2', y_2')$，则 $\begin{cases} y_1' + y_2' = -\dfrac{8t - 12}{4t^2 + 3}, \\ y_1' y_2' = \dfrac{4}{4t^2 + 3}. \end{cases}$

当过点 P' 的直线 $M'N'$ 的方程为 $y'=-4x'+2$ 时，得 $M'\left(\dfrac{12}{13},\dfrac{4}{13}\right)$，$N'(0,4)$，

此时直线 $N'H'$ 的方程为 $x'=0$，$H'\left(0,\dfrac{4}{13}\right)$，点 $T'\left(\dfrac{12}{26},\dfrac{4}{13}\right)$ 在直线 AB：$y'=$

$\dfrac{2}{3}x'$ 上.

若 $x'_2\neq 0$，则直线 $A'N'$ 的方程为 $y'=\dfrac{y'_2}{x'_2}\cdot x'$，

所以由 $y_H'=y'_1$，所以 $x_H'=\dfrac{x'_2 y'_1}{y'_2}$.

设 $M'H'$ 的中点为 Q'，则点 $Q\left(\dfrac{x'_1 y'_2+x'_2 y'_1}{2y'_2},\ y'_1\right)$.

由于直线 $A'B'$ 的方程为 $y'=\dfrac{2}{3}x'$，

因为 $\dfrac{2}{3}\cdot\dfrac{x'_1 y'_2+x'_2 y'_1}{2y'_2}-y'_1=\dfrac{x'_1 y'_2+x'_2 y'_1-3y'_1 y'_2}{3y'_2}$，

又 $x'_1 y'_2+x'_2 y'_1-3y'_1 y'_2=(2t-3)y'_1 y'_2+y'_1+y'_2=(2t-3)\cdot\dfrac{4}{4t^2+3}-\dfrac{8t-12}{4t^2+3}=0$，

所以 $\dfrac{2}{3}\cdot\dfrac{x'_1 y'_2+x'_2 y'_1}{2y'_2}-y'_1=0$，即 $y'_1=\dfrac{2}{3}\cdot\dfrac{x'_1 y'_2+x'_2 y'_1}{2y'_2}$，

故点 Q' 在直线 $A'B'$ 上，所以点 Q' 与点 T' 重合.

综上，可得直线 $H'N'$ 过定点 $(0,0)$.

故直线 HN 过定点 $(0,-2)$.

【例题拓展】

探究 1.我们从试题的条件和结论的角度思考下面三个问题：

(1)若将题中点 B 和 P 的坐标分别改为 $B\left(-\dfrac{3}{2},-1\right)$，$P(-1,-2)$，其他条件不变，是否和试题有相同的结论？

答案是肯定的！直线 HN 过定点 $(0,-2)$.

(2)若将点 A，B 和 P 的坐标分别改为 $A(0,2)$，$B\left(\dfrac{3}{2},1\right)$，$P(1,2)$，其他条件不变，是否也有直线 HN 过定点的结论？若是,定点坐标是什么？

答案也是肯定的！直线 HN 过定点 $(0,2)$.

（3）若将点 A,B 和 P 的坐标分别改为 $A(0,\ 2)$，$B\left(-\dfrac{3}{2},\ 1\right)$，$P(-1,\ 2)$，其他条件不变，是否也有直线 HN 过定点的结论？若是，定点坐标是什么？

答案也是肯定的！直线 HN 过定点 $(0,\ 2)$.

对于上述三个问题的证明，读者可按试题的证明过程自行完成！由此可以看出，A,B,P 只要具有相应的位置，其他条件不变，就有"直线 HN 过定点"的结论.

探究 2. 由 E 的方程 $\dfrac{y^2}{4}+\dfrac{x^2}{3}=1$ 可知，$a^2=4,b^2=3$，所以 $c=1$.

经过对试题条件和结论的观察、分析，我们可以看出：

（1）$A(0,\ -2)$ 为椭圆 E 长轴的端点；

（2）点 $B\left(\dfrac{3}{2},\ -1\right)$ 显然为 $\left(\dfrac{b^2}{a},\ -c\right)$；

（3）点 $P(1,\ -2)$ 为 $(a-c,\ -a)$；

（4）第（2）问结论中，直线 HN 过的定点 $(0,\ -2)$ 即为点 A.

于是，我们思考这样的问题：能否将试题延伸到椭圆的一般情形呢？答案也是肯定的！以点 $A(a,\ 0)$ 为椭圆 $\dfrac{x^2}{a^2}+\dfrac{y^2}{b^2}=1(a>b>0)$ 长轴的右端点，B,P 均在第一象限为例，将试题中的"与线段 AB 交于"弱化为"与直线 AB 交于"，就有下面的结论.

结论 1. 已知点 $A(a,\ 0)$，$B\left(c,\dfrac{b^2}{a}\right)$ 为椭圆 $E:\dfrac{x^2}{a^2}+\dfrac{y^2}{b^2}=1(a>b>0)$（其中 $c^2=a^2-b^2$）上的两点，过点 $P(a,\ a-c)$ 的直线与 E 交于 M,N 两点，过 M 且平行于 y 轴的直线与直线 AB 交于点 T，点 H 满足 $\overrightarrow{MT}=\overrightarrow{TH}$，则直线 HN 过定点 $(a,\ 0)$.

证明：如图 2，根据题意设直线 MN 方程为 $y-(a-c)=k(x-a)$，即 $y=kx-ak+a-c$，

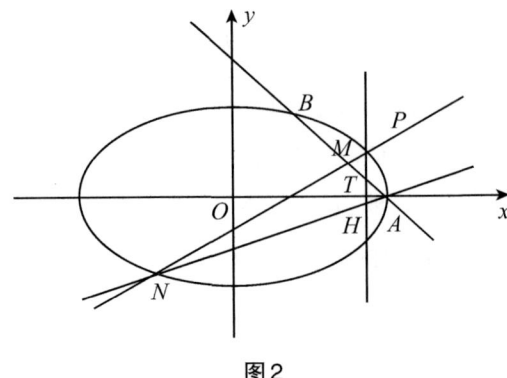

图2

与椭圆方程 $\dfrac{x^2}{a^2}+\dfrac{y^2}{b^2}=1$,即 $b^2x^2+a^2y^2=a^2b^2$ 联立,得 $b^2x^2+a^2(kx-ak+a-c)^2=a^2b^2$,

整理,得

$$(b^2+a^2k^2)x^2-2a^2k(2ak-a+c)x-2ak^3(a-c)+a^4k^2+a^2(a-c)^2-a^2b^2=0,$$

所以由判别式

$$\Delta=\left[-2a^2k(2ak-a+c)\right]^2-4(b^2+a^2k^2)\left[-2ak^3(a-c)+a^4k^2+a^2(a-c)^2-a^2b^2\right]>0,$$

变形、化简,得 $2ab^2k(a-c)-b^2(a-c)^2+b^4>0$,解得 $k>-\dfrac{c}{a}$.

设 $M(x_1,\ y_1)$, $N(x_2,\ y_2)$,则由一元二次方程根与系数的关系,

得 $\begin{cases} x_1+x_2=\dfrac{2a^2k(2ak-a+c)}{b^2+a^2k^2}, \\ x_1x_2=\dfrac{-2ak^3(a-c)+a^4k^2+a^2(a-c)^2-a^2b^2}{b^2+a^2k^2}. \end{cases}$

若证明直线 HN 过定点 $(a,\ 0)$,因为 $A(a,\ 0)$,此时点 H 在直线 AN 上,故只需证明 MH 的中点在直线 AB 上即可.

直线 AN 的方程为 $y=\dfrac{y_2}{x_2-a}(x-a)$,

由于 $x_H=x_1$,所以 $y_H=\dfrac{y_2}{x_2-a}(x_1-a)$.

设 MH 的中点为 Q,则点 $Q\left(x_1,\ \dfrac{y_2(x_1-a)+y_1(x_2-a)}{2(x_2-a)}\right)$.

因为直线 AB 的方程为 $y=\dfrac{b^2}{ac-a^2}(x-a)$，若点 Q 在直线 AB 上，则点 Q 的坐标满足直线 AB 的方程，即 $\dfrac{y_2(x_1-a)+y_1(x_2-a)}{2(x_2-a)}=\dfrac{b^2}{ac-a^2}(x_1-a)$，下面来证明.

因为 $\dfrac{b^2}{ac-a^2}(x_1-a)-\dfrac{y_2(x_1-a)+y_1(x_2-a)}{2(x_2-a)}$

$=\dfrac{2b^2(x_1-a)(x_2-a)-(ac-a^2)\left[y_2(x_1-a)+y_1(x_2-a)\right]}{2(ac-a^2)(x_2-a)}$,

其中 $2b^2(x_1-a)(x_2-a)=2b^2\left[x_1x_2-a(x_1+x_2)+a\right]$

$=2b^2\left[\dfrac{-2ak^3(a-c)+a^4k^2+a^2(a-c)^2-a^2b^2}{b^2+a^2k^2}-a\cdot\dfrac{2a^2k(2ak-a+c)}{b^2+a^2k^2}+a\right]$

$=2b^2\cdot\dfrac{-2a^3k(a-c)+a^4k^2+a^2(a-c)^2-a^2b^2+2a^3k(a-c)-2a^4k^2+a^2b^2+a^4k^2}{b^2+a^2k^2}$

$=\dfrac{2a^2b^2(a-c)^2}{b^2+a^2k^2};$

又 $(ac-a^2)\left[y_2(x_1-a)+y_1(x_2-a)\right]$

$=(ac-a^2)\left[(kx_2-ak+a-c)(x_1-a)+(kx_1-ak+a-c)(x_2-a)\right]$

$=(ac-a^2)\left[2kx_1x_2+(a-c-2ak)(x_1+x_2)+2a^2k-2a(a-c)\right]$

$=(ac-a^2)\left[2k\cdot\dfrac{-2ak^3(a-c)+a^4k^2+a^2(a-c)^2-a^2b^2}{b^2+a^2k^2}+\right.$

$\left.(a-c-2ak)\cdot\dfrac{2a^2k(2ak-a+c)}{b^2+a^2k^2}+2a^2k-2a(a-c)\right]$

$=-\dfrac{2ab^2(a-c)(ac-a^2)}{b^2+a^2k^2}=\dfrac{2a^2b^2(a-c)^2}{b^2+a^2k^2},$

所以 $2b^2(x_1-a)(x_2-a)=(ac-a^2)\left[y_2(x_1-a)+y_1(x_2-a)\right]$,

即 $2b^2(x_1-a)(x_2-a)-(ac-a^2)\left[y_2(x_1-a)+y_1(x_2-a)\right]=0$,

所以 $\dfrac{2b^2(x_1-a)(x_2-a)-(ac-a^2)\left[y_2(x_1-a)+y_1(x_2-a)\right]}{2(ac-a^2)(x_2-a)}=0$,

所以 $\dfrac{b^2}{ac-a^2}(x_1-a)-\dfrac{y_2(x_1-a)+y_1(x_2-a)}{2(x_2-a)}=0$,

所以 $\dfrac{y_2(x_1-a)+y_1(x_2-a)}{2(x_2-a)}=\dfrac{b^2}{ac-a^2}(x_1-a)$,

故点 Q 在直线 AB 上,所以点 Q 与点 T 重合.

综上,直线 HN 过定点 $(a,\ 0)$. 从而结论1得证.

同时,根据上述问题探究(1)中的三个问题,我们还可以得到结论1的三个"孪生"结论:

结论 $1'$.已知点 $A(a,\ 0)$,$B\left(c,\ -\dfrac{b^2}{a}\right)$ 为椭圆 $E:\dfrac{x^2}{a^2}+\dfrac{y^2}{b^2}=1(a>b>0)$(其中 $c^2=a^2-b^2$)上的两点,过点 $P(a,\ -a+c)$ 的直线与 E 交于 M,N 两点,过 M 且平行于 y 轴的直线与直线 AB 交于点 T,点 H 满足 $\overrightarrow{MT}=\overrightarrow{TH}$,则直线 HN 过定点 $(a,\ 0)$.

结论 $1''$.已知点 $A(-a,\ 0)$,$B\left(-c,\dfrac{b^2}{a}\right)$ 为椭圆 $E:\dfrac{x^2}{a^2}+\dfrac{y^2}{b^2}=1$ $(a>b>0)$(其中 $c^2=a^2-b^2$)上的两点,过点 $P(-a,\ a-c)$ 的直线与 E 交于 M,N 两点,过 M 且平行于 y 轴的直线与直线 AB 交于点 T,点 H 满足 $\overrightarrow{MT}=\overrightarrow{TH}$,则直线 HN 过定点 $(-a,\ 0)$.

结论 $1'''$.已知点 $A(-a,\ 0)$,$B\left(-c,\ -\dfrac{b^2}{a}\right)$ 为椭圆 $E:\dfrac{x^2}{a^2}+\dfrac{y^2}{b^2}=1(a>b>0)$(其中 $c^2=a^2-b^2$)上的两点,过点 $P(-a,\ -a+c)$ 的直线与 E 交于 M,N 两点,过 M 且平行于 y 轴的直线与直线 AB 交于点 T,点 H 满足 $\overrightarrow{MT}=\overrightarrow{TH}$,则直线 HN 过定点 $(-a,\ 0)$.

由于圆锥曲线之间有许多相似的性质或结论,于是类比结论1,可以得到双曲线和抛物线类似的结论.

结论 2.已知点 $A(a,\ 0)$,$B\left(c,\dfrac{b^2}{a}\right)$ 为双曲线 $E:\dfrac{x^2}{a^2}-\dfrac{y^2}{b^2}=1(a>0,\ b>0)$(其中 $c^2=a^2+b^2$)上的两点,过点 $P(a,\ c-a)$ 的直线与 E 交于 M,N 两点,过 M 且平行于 y 轴的直线与直线 AB 交于点 T,点 H 满足 $\overrightarrow{MT}=\overrightarrow{TH}$,则直线 HN 过定点 $(a,\ 0)$.

结论2的证明均可参照结论1的证明进行,请读者自行完成.

对于结论2,也可以得到三个"孪生"结论:

结论2′.已知点 $A(a,\ 0)$,$B\left(c,\ -\dfrac{b^2}{a}\right)$ 为双曲线 $E:\dfrac{x^2}{a^2}-\dfrac{y^2}{b^2}=1(a>0,\ b>0)$（其中 $c^2=a^2+b^2$）上的两点,过点 $P(a,\ a-c)$ 的直线与 E 交于 M,N 两点,过 M 且平行于 y 轴的直线与直线 AB 交于点 T,点 H 满足 $\overrightarrow{MT}=\overrightarrow{TH}$,则直线 HN 过定点 $(a,\ 0)$.

结论2″.已知点 $A(-a,\ 0)$,$B\left(-c,\dfrac{b^2}{a}\right)$ 为双曲线 $E:\dfrac{x^2}{a^2}-\dfrac{y^2}{b^2}=1(a>0,\ b>0)$（其中 $c^2=a^2+b^2$）上的两点,过点 $P(-a,\ c-a)$ 的直线与 E 交于 M,N 两点,过 M 且平行于 y 轴的直线与直线 AB 交于点 T,点 H 满足 $\overrightarrow{MT}=\overrightarrow{TH}$,则直线 HN 过定点 $(-a,\ 0)$.

结论2‴.已知点 $A(-a,\ 0)$,$B\left(-c,\ -\dfrac{b^2}{a}\right)$ 为双曲线 $E:\dfrac{x^2}{a^2}-\dfrac{y^2}{b^2}=1(a>0,\ b>0)$（其中 $c^2=a^2+b^2$）上的两点,过点 $P(-a,\ a-c)$ 的直线与 E 交于 M,N 两点,过 M 且平行于 y 轴的直线与直线 AB 交于点 T,点 H 满足 $\overrightarrow{MT}=\overrightarrow{TH}$,则直线 HN 过定点 $(-a,\ 0)$.

结论3.已知点 $A(0,\ 0)$,$B\left(\dfrac{p}{2},\ p\right)$ 为抛物线 $E:y^2=2px(p>0)$ 上的两点,过点 $P\left(0,\dfrac{p}{2}\right)$ 的直线与 E 交于 M,N 两点,过 M 且平行于 y 轴的直线与直线 AB 交于点 T,点 H 满足 $\overrightarrow{MT}=\overrightarrow{TH}$,则直线 HN 过定点 $(0,\ 0)$.

结论3的证明均可参照结论1的证明进行,请读者自行完成.

对于结论3,也可以得到其"孪生"结论:

结论3′.已知点 $A(0,\ 0)$,$B\left(\dfrac{p}{2},\ -p\right)$ 为抛物线 $E:y^2=2px(p>0)$ 上的两点,过点 $P\left(0,\ -\dfrac{p}{2}\right)$ 的直线与 E 交于 M,N 两点,过 M 且平行于 y 轴的直线与直线 AB 交于点 T,点 H 满足 $\overrightarrow{MT}=\overrightarrow{TH}$,则直线 HN 过定点 $(0,\ 0)$.

第8讲 一道椭圆竞赛题的解法探究与延伸

竞赛试题是数学题目中的经典力作,大都蕴含丰富的数学思想方法,变化灵巧,精彩迭出,而且高考中的一些试题常带有竞赛题背景,特别是一些压轴题,往往是由竞赛题改编而来.因此,重视对一些典型竞赛题的研究和探讨,实属必要.

【例题】(2021年全国中学生数学奥林匹克竞赛(初赛)暨全国高中数学联赛第11题)如图1所示,在平面直角坐标系中,椭圆 $\Gamma: \dfrac{x^2}{2} + y^2 = 1$ 的左、右焦点分别为 F_1, F_2. 设 P 是第一象限内 Γ 上一点, PF_1, PF_2 的延长线分别交 Γ 于 Q_1, Q_2. 设 r_1, r_2 分别为 $\triangle PF_1Q_2, \triangle PF_2Q_1$ 的内切圆半径. 求 $r_1 - r_2$ 的最大值.

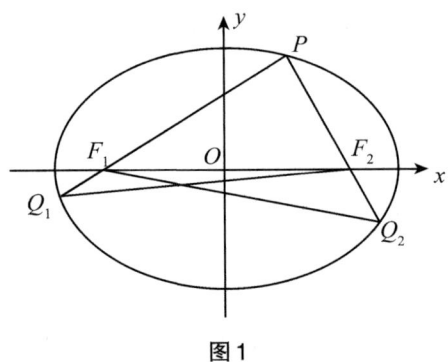

图1

解法1:易知 $F_1(-1, 0), F_2(1, 0)$.

设 $P(x_0, y_0)$, $Q_1(x_1, y_1)$, $Q_2(x_2, y_2)$, 由条件可知 $x_0 > 0, y_0 > 0$, $y_1 < 0, y_2 < 0$.

由椭圆定义, 得 $|PF_1| + |PF_2| = |Q_1F_1| + |Q_1F_2| = |Q_2F_1| + |Q_2F_2| = 2\sqrt{2}$, 所以 $\triangle PF_1Q_2$ 与 $\triangle PF_2Q_1$ 的周长均为 $l = 4\sqrt{2}$.

又 $|F_1F_2| = 2$, 因此 $r_1 = \dfrac{2S_{\triangle PF_1Q_2}}{l} = \dfrac{(y_0 - y_2)|F_1F_2|}{l} = \dfrac{y_0 - y_2}{2\sqrt{2}}$.

同理 $r_2 = \dfrac{y_0 - y_1}{2\sqrt{2}}$，所以 $r_1 - r_2 = \dfrac{y_1 - y_2}{2\sqrt{2}}$.

以下先求 $y_1 - y_2$.

直线 PF_1 的方程为 $y = \dfrac{y_0}{x_0 + 1}(x + 1)$，所以 $x = \dfrac{(x_0 + 1)y}{y_0} - 1$，代入 $\dfrac{x^2}{2} + y^2 = 1$，

整理得 $\left(\dfrac{(x_0 + 1)^2}{2y_0^{\,2}} + 1 \right) y^2 - \dfrac{x_0 + 1}{y_0} y - \dfrac{1}{2} = 0$.

两边乘以 $2y_0^2$，并注意到 $x_0^2 + 2y_0^2 = 2$，可知 $(3 + 2x_0)y^2 - (x_0 + 1)y_0 y - y_0^2 = 0$.

该方程的两根为 y_0, y_1，由一元二次方程根与系数的关系，得

$$y_0 y_1 = -\dfrac{y_0^2}{3 + 2x_0}, \text{于是 } y_1 = -\dfrac{y_0}{3 + 2x_0}.$$

同理可得 $y_2 = -\dfrac{y_0}{3 - 2x_0}$.

因此 $y_1 - y_2 = -\dfrac{y_0}{3 + 2x_0} + \dfrac{y_0}{3 - 2x_0} = \dfrac{4x_0 y_0}{9 - 4x_0^2}$.

由于 $9 - 4x_0^2 = \dfrac{x_0^2}{2} + 9 - \dfrac{9}{2}x_0^2 = \dfrac{x_0^2}{2} + 9\left(1 - \dfrac{x_0^2}{2}\right) = \dfrac{x_0^2}{2} + 9y_0^2$

$$\geqslant 2\sqrt{\dfrac{x_0^2}{2} \cdot 9y_0^2} = 3\sqrt{2}\, x_0 y_0,$$

故 $r_1 - r_2 = \dfrac{y_1 - y_2}{2\sqrt{2}} = \dfrac{\sqrt{2}\, x_0 y_0}{9 - 4x_0^2} \leqslant \dfrac{\sqrt{2}\, x_0 y_0}{3\sqrt{2}\, x_0 y_0} = \dfrac{1}{3}$，当且仅当 $\dfrac{x_0^2}{2} = 9y_0^2$ 时取等号，相

应地有 $x_0 = \dfrac{3\sqrt{5}}{5}$，$y_0 = \dfrac{\sqrt{10}}{10}$.

所以 $r_1 - r_2$ 的最大值为 $\dfrac{1}{3}$.

点评：解法 1 是一种常规解法，也可以说是求解例题的一种"通法"。在设出点的坐标的基础上，利用椭圆定义得到所研究的两个三角形的周长后，再利用"分割"三角形和"等面积"法将 $r_1 - r_2$ 表示为两点 Q_1, Q_2 纵坐标的关系式 $\dfrac{y_1 - y_2}{2\sqrt{2}}$，把问题转化为研究 $y_1 - y_2$ 的最小值。这时，设出直线 PF_1 的方程与椭圆方程联立，消去 x 得到关于 y 的一元二次方程，依题意可知 y_0, y_1 是该方程的两

根,利用一元二次方程根与系数的关系用点 P 的坐标表示出 y_1,同理表示出 y_2,得到 $y_1 - y_2 = \dfrac{4x_0y_0}{9 - 4x_0^2}$,再进一步将 $9 - 4x_0^2$ 从"整体"上变形整理,结合点 P 的坐标满足椭圆方程得到 $\dfrac{x_0^2}{2} + 9y_0^2$,从而利用均值不等式最终求得 $r_1 - r_2$ 的最大值. 综观整个过程:"设点—利用椭圆定义—三角形分割、等积—设直线方程与椭圆方程联立—$r_1 - r_2$ 用坐标表示—问题转化为 $y_1 - y_2$—整体变形,利用均值不等式—得解",可谓波澜起伏,其中"分割""等积法"和基本不等式的运用是解题的工具或手段,而联立方程、用坐标表示 $r_1 - r_2$、利用椭圆方程对 $9 - 4x_0^2$ 从"整体"上变形整理,则是解决问题的核心与本质. 本题对考生的数学思维能力、整理变形能力及计算能力都有着很高的要求,有力地考查了数学抽象、逻辑推理、数学建模和数学运算等核心素养,凸显了对数学本质的要求.

解法2:易知 $F_1(-1, 0), F_2(1, 0)$.

设 $P(x_0, y_0), Q_1(x_1, y_1), Q_2(x_2, y_2)$,由条件可知 $x_0 > 0, y_0 > 0, y_1 < 0, y_2 < 0$.

由椭圆定义,得 $|PF_1| + |PF_2| = |Q_1F_1| + |Q_1F_2| = |Q_2F_1| + |Q_2F_2| = 2\sqrt{2}$,

所以 $\triangle PF_1Q_2$ 与 $\triangle PF_2Q_1$ 的周长均为 $l = 4\sqrt{2}$.

又 $|F_1F_2| = 2$,因此 $r_1 = \dfrac{2S_{\triangle PF_1Q_2}}{l} = \dfrac{(y_0 - y_2)|F_1F_2|}{l} = \dfrac{y_0 - y_2}{2\sqrt{2}}$.

同理 $r_2 = \dfrac{y_0 - y_1}{2\sqrt{2}}$,所以 $r_1 - r_2 = \dfrac{y_1 - y_2}{2\sqrt{2}}$.

以下先求 $y_1 - y_2$.

因为 P 是第一象限内 Γ 上一点,可设 $P(\sqrt{2}\cos\alpha, \sin\alpha), 0 < \alpha < \dfrac{\pi}{2}$.

直线 PF_1 的方程为 $y = \dfrac{\sin\alpha}{\sqrt{2}\cos\alpha + 1}(x + 1)$,

所以 $x = \dfrac{(\sqrt{2}\cos\alpha + 1)y}{\sin\alpha} - 1$,

代入 $\dfrac{x^2}{2} + y^2 = 1$ 整理得

$$\left(\frac{\left(\sqrt{2}\cos\alpha+1\right)^2}{2\sin^2\alpha}+1\right)y^2-\frac{\sqrt{2}\cos\alpha+1}{\sin\alpha}y-\frac{1}{2}=0.$$

两边乘以 $2\sin^2\alpha$，并注意到 $2\cos^2\alpha+2\sin^2\alpha=2$，

可知 $\left(3+2\sqrt{2}\cos\alpha\right)y^2-\left(\sqrt{2}\cos\alpha+1\right)\sin\alpha\cdot y-\sin^2\alpha=0$。

该方程的两根为 $y_0=\sin\alpha,y_1$，由一元二次方程根与系数的关系得

$$y_0y_1=-\frac{y_0^2}{3+2\sqrt{2}\cos\alpha},\text{于是}\ y_1=-\frac{y_0}{3+2\sqrt{2}\cos\alpha}=-\frac{\sin\alpha}{3+2\sqrt{2}\cos\alpha}.$$

同理可得 $y_2=-\dfrac{\sin\alpha}{3-2\sqrt{2}\cos\alpha}$。

因此 $y_1-y_2=-\dfrac{\sin\alpha}{3+2\sqrt{2}\cos\alpha}+\dfrac{\sin\alpha}{3-2\sqrt{2}\cos\alpha}=\dfrac{4\sqrt{2}\cos\alpha\sin\alpha}{9-4\left(\sqrt{2}\cos\alpha\right)^2}$

$$=\frac{4\sqrt{2}\cos\alpha\sin\alpha}{9-8\cos^2\alpha}.$$

于是 $r_1-r_2=\dfrac{y_1-y_2}{2\sqrt{2}}=\dfrac{2\cos\alpha\sin\alpha}{9-8\cos^2\alpha}=\dfrac{2\cos\alpha\sin\alpha}{9\sin^2\alpha+\cos^2\alpha}\leqslant\dfrac{2\cos\alpha\sin\alpha}{3\sqrt{9\sin^2\alpha\cdot\cos^2\alpha}}=\dfrac{1}{3}$，

当且仅当 $9\sin^2\alpha=\cos^2\alpha$，即 $\cos\alpha=\dfrac{3\sqrt{10}}{10}$，$\sin\alpha=\dfrac{\sqrt{10}}{10}$ 时取等号，

相应地有 $x_0=\dfrac{3\sqrt{5}}{5}$，$y_0=\dfrac{\sqrt{10}}{10}$。

所以 r_1-r_2 的最大值为 $\dfrac{1}{3}$。

点评：解法 2 与解法 1 解题思路一致，可谓"殊途同归"，不同之处是解法 2 运用椭圆 $\dfrac{x^2}{a^2}+\dfrac{y^2}{b^2}=1(a>b>0)$ 的参数方程 $\begin{cases}x=a\cos\alpha,\\ y=b\sin\alpha\end{cases}$（$\alpha$ 为参数）将点 P 的坐标设为角的三角函数形式，这样在后续过程中可以避开解法 1 中对 $9-4x_0^2$ 的整体变形处理，但相应地三角恒等变形能力不容小觑。

解法 3：上同解法 2。

$$y_1-y_2=\frac{4\sqrt{2}\cos\alpha\sin\alpha}{9-8\cos^2\alpha}=\frac{2\sqrt{2}\sin 2\alpha}{5-4\cos 2\alpha}.$$

因为 $3\sin 2\alpha+4\cos 2\alpha=5\sin\left(2\alpha+\varphi\right)\leqslant 5$，

当且仅当 $\sin 2\alpha = \dfrac{3}{5}$，$\cos 2\alpha = \dfrac{4}{5}$，即 $\tan 2\alpha = \dfrac{3}{4}$ 时，取等号.

所以 $5 - 4\cos 2\alpha \geqslant 3\sin 2\alpha$，所以 $y_1 - y_2 \leqslant \dfrac{2\sqrt{2}\sin 2\alpha}{3\sin 2\alpha} = \dfrac{2\sqrt{2}}{3}$，

于是 $r_1 - r_2 = \dfrac{y_1 - y_2}{2\sqrt{2}} \leqslant \dfrac{\frac{2\sqrt{2}}{3}}{2\sqrt{2}} = \dfrac{1}{3}$.

由 $\tan 2\alpha = \dfrac{3}{4}$，得 $\dfrac{2\tan\alpha}{1 - \tan^2\alpha} = \dfrac{3}{4}$，解得 $\tan\alpha = \dfrac{1}{3}$.

所以由 $\begin{cases} \dfrac{\sin\alpha}{\cos\alpha} = \dfrac{1}{3}, \\ \sin^2\alpha + \cos^2\alpha = 1, \end{cases}$ 解得 $\cos\alpha = \dfrac{3\sqrt{10}}{10}$，$\sin\alpha = \dfrac{\sqrt{10}}{10}$，

相应地有 $x_0 = \dfrac{3\sqrt{5}}{5}$，$y_0 = \dfrac{\sqrt{10}}{10}$.

所以 $r_1 - r_2$ 的最大值为 $\dfrac{1}{3}$.

点评：解法 3 在最后研究最值时没有像解法 2 那样运用基本不等式，而是结合辅助角公式，利用了正弦函数的有界性来求解．其中式子"$3\sin 2\alpha + 4\cos 2\alpha$"的出现令人感到突兀，没有深厚的对知识"左右逢源"和"信手拈来"的功底及敏锐的洞察力是很难做到的．

解法 4：上同解法 2.

$$y_1 - y_2 = \dfrac{4\sqrt{2}\cos\alpha\sin\alpha}{9 - 8\cos^2\alpha} = \dfrac{2\sqrt{2}\sin 2\alpha}{5 - 4\cos 2\alpha}.$$

于是 $r_1 - r_2 = \dfrac{y_1 - y_2}{2\sqrt{2}} = \dfrac{\sin 2\alpha}{5 - 4\cos 2\alpha}$.

令 $r_1 - r_2 = t$，则 $\dfrac{\sin 2\alpha}{5 - 4\cos 2\alpha} = t$，所以 $\sin 2\alpha + 4t\cos 2\alpha = 5t$，

所以 $\sqrt{1 + 16t^2}\sin(2\alpha + \varphi) = 5t$，所以 $\sqrt{1 + 16t^2} \geqslant 5t$，解得 $t \leqslant \dfrac{1}{3}$.

当 $t = \dfrac{1}{3}$ 时，有 $\sin 2\alpha = \dfrac{1}{\sqrt{1 + 16t^2}} = \dfrac{1}{\sqrt{1 + 16 \times \left(\frac{1}{3}\right)^2}} = \dfrac{3}{5}$，$\cos 2\alpha = \dfrac{4t}{\sqrt{1 + 16t^2}} = $

$$\frac{4 \times \dfrac{1}{3}}{\sqrt{1 + 16 \times \left(\dfrac{1}{3}\right)^2}} = \frac{4}{5},$$

所以 $\tan 2\alpha = \dfrac{3}{4}$.

由 $\tan 2\alpha = \dfrac{3}{4}$，得 $\dfrac{2\tan\alpha}{1 - \tan^2\alpha} = \dfrac{3}{4}$，解得 $\tan\alpha = \dfrac{1}{3}$.

所以由 $\begin{cases} \dfrac{\sin\alpha}{\cos\alpha} = \dfrac{1}{3}, \\ \sin^2\alpha + \cos^2\alpha = 1, \end{cases}$　解得 $\cos\alpha = \dfrac{3\sqrt{10}}{10}$，$\sin\alpha = \dfrac{\sqrt{10}}{10}$，

相应地有 $x_0 = \dfrac{3\sqrt{5}}{5}$，$y_0 = \dfrac{\sqrt{10}}{10}$.

所以 $r_1 - r_2$ 的最大值为 $\dfrac{1}{3}$.

点评：解法 4 在最后研究最值时也没有像解法 2 那样运用基本不等式，而是将 $r_1 - r_2$ 的表示式换元后结合辅助角公式利用正弦函数的有界性转化为不等式求解．其中"取等"后结合三角公式求解相应的坐标是"一道坎"．

解法 5：易知 $F_1(-1, \ 0)$，$F_2(1, \ 0)$.

设 $P(x_0, \ y_0) = P(\sqrt{2}\cos\alpha, \ \sin\alpha)$，$Q_1(x_1, \ y_1) = Q_1(\sqrt{2}\cos\beta, \ \sin\beta)$，

$Q_2(x_2, \ y_2) = Q_2(\sqrt{2}\cos\gamma, \ \sin\gamma)$，

由已知条件可知 $0 < \alpha < \dfrac{\pi}{2}$，$y_1 < 0$，$y_2 < 0$，$\pi < \beta < \dfrac{3\pi}{2} < \gamma < 2\pi$.

由椭圆定义，得 $|PF_1| + |PF_2| = |Q_1F_1| + |Q_1F_2| = |Q_2F_1| + |Q_2F_2| = 2\sqrt{2}$，

所以 $\triangle PF_1Q_2$ 与 $\triangle PF_2Q_1$ 的周长均为 $l = 4\sqrt{2}$.

又 $|F_1F_2| = 2$，因此 $r_1 = \dfrac{2S_{\triangle PF_1Q_2}}{l} = \dfrac{(y_0 - y_2)|F_1F_2|}{l} = \dfrac{y_0 - y_2}{2\sqrt{2}} = \dfrac{\sin\alpha - \sin\gamma}{2\sqrt{2}}$.

同理 $r_2 = \dfrac{\sin\alpha - \sin\beta}{2\sqrt{2}}$，所以 $r_1 - r_2 = \dfrac{\sin\beta - \sin\gamma}{2\sqrt{2}}$.

因为 P, F_1, Q_1 三点共线，所以 $k_{F_1P} = k_{Q_1P}$，所以 $\dfrac{\sin\alpha}{\sqrt{2}\cos\alpha + 1} = \dfrac{\sin\beta}{\sqrt{2}\cos\beta + 1}$.

下面用 α 的三角函数表示 $\sin\beta$.

由 $\dfrac{\sin\alpha}{\sqrt{2}\cos\alpha+1}=\dfrac{\sin\beta}{\sqrt{2}\cos\beta+1}$, 得 $\sqrt{2}\sin\alpha\cos\beta-\sqrt{2}\sin\beta\cos\alpha=\sin\beta-\sin\alpha$,

所以 $\sqrt{2}\sin(\alpha-\beta)=2\cos\dfrac{\beta+\alpha}{2}\sin\dfrac{\beta-\alpha}{2}$,

所以 $2\sqrt{2}\sin\dfrac{\alpha-\beta}{2}\cos\dfrac{\alpha-\beta}{2}=-2\cos\dfrac{\alpha+\beta}{2}\sin\dfrac{\alpha-\beta}{2}$,

显然 $\sin\dfrac{\alpha-\beta}{2}\neq0$, 所以 $\sqrt{2}\cos\dfrac{\alpha-\beta}{2}=-\cos\dfrac{\alpha+\beta}{2}$,

所以 $\sqrt{2}\left(\cos\dfrac{\alpha}{2}\cos\dfrac{\beta}{2}+\sin\dfrac{\alpha}{2}\sin\dfrac{\beta}{2}\right)=-\left(\cos\dfrac{\alpha}{2}\cos\dfrac{\beta}{2}-\sin\dfrac{\alpha}{2}\sin\dfrac{\beta}{2}\right)$,

两边同时除以 $\cos\dfrac{\alpha}{2}\cos\dfrac{\beta}{2}$, 得 $\tan\dfrac{\alpha}{2}\tan\dfrac{\beta}{2}=\dfrac{\sqrt{2}+1}{1-\sqrt{2}}=-\left(3+2\sqrt{2}\right)$,

所以 $\tan\dfrac{\beta}{2}=-\dfrac{3+2\sqrt{2}}{\tan\dfrac{\alpha}{2}}$.

由万能公式及 $\tan\dfrac{\alpha}{2}=\dfrac{\sin\alpha}{1+\cos\alpha}$, $\tan^2\dfrac{\alpha}{2}=\dfrac{1-\cos\alpha}{1+\cos\alpha}$, 得

$$\sin\beta=\dfrac{2\tan\dfrac{\beta}{2}}{1+\tan^2\dfrac{\beta}{2}}=-\dfrac{\left(3+2\sqrt{2}\right)\tan\dfrac{\alpha}{2}}{\tan^2\dfrac{\alpha}{2}+\left(3+2\sqrt{2}\right)^2}=-\dfrac{\left(3+2\sqrt{2}\right)\cdot\dfrac{\sin\alpha}{1+\cos\alpha}}{\dfrac{1-\cos\alpha}{1+\cos\alpha}+\left(3+2\sqrt{2}\right)^2}=$$

$$-\dfrac{\left(3+2\sqrt{2}\right)\sin\alpha}{18+12\sqrt{2}+\left(16+2\sqrt{2}\right)\cos\alpha}=-\dfrac{\sin\alpha}{3+2\sqrt{2}\cos\alpha}.$$

同理 $\sin\gamma=-\dfrac{\sin\alpha}{3-2\sqrt{2}\cos\alpha}$.

所以 $r_1-r_2=\dfrac{\sin\beta-\sin\gamma}{2\sqrt{2}}=\dfrac{-\dfrac{\sin\alpha}{3+2\sqrt{2}\cos\alpha}+\dfrac{\sin\alpha}{3-2\sqrt{2}\cos\alpha}}{2\sqrt{2}}=\dfrac{2\cos\alpha\sin\alpha}{9-8\cos^2\alpha}=$

$$\dfrac{2\cos\alpha\sin\alpha}{9\sin^2\alpha+\cos^2\alpha}\leqslant\dfrac{2\cos\alpha\sin\alpha}{3\sqrt{9\sin^2\alpha\cdot\cos^2\alpha}}=\dfrac{1}{3},$$

当且仅当 $9\sin^2\alpha=\cos^2\alpha$，即 $\cos\alpha=\dfrac{3\sqrt{10}}{10}$，$\sin\alpha=\dfrac{\sqrt{10}}{10}$ 时取等号，

相应地有 $x_0=\dfrac{3\sqrt{5}}{5}$，$y_0=\dfrac{\sqrt{10}}{10}$.

所以 r_1-r_2 的最大值为 $\dfrac{1}{3}$.

点评：解法 5 充分利用椭圆的参数方程，将所有点的坐标都"三角化"，除了开始利用椭圆定义得到所研究的两个三角形的周长后，再利用"分割"三角形和"等面积"法将 r_1-r_2 表示为三角函数的形式后，在后面的变形求解过程中，同角三角函数关系、两角和差公式、二倍角公式、和差化积公式、万能公式等诸多三角公式"轮番上阵"，令人目不暇接.本题的计算量之大，三角恒等变换能力要求之高，非同一般.

以上对这道椭圆联赛试题运用了 5 种方法进行解答，5 种解法各具特色、精彩纷呈，其中前 4 种方法凸显了"将几何问题转化为代数问题，通过代数运算研究几何图形性质，图形问题代数化"的数学本质，解法 5 则侧重了三角恒等变换的运用.比较而言，我们更推崇前两种方法，即解法 1 和解法 2，尤以解法 1 为主，后面三种方法可作为辅助，供大家作为开阔思路、提升能力之参考.

【迁移提升】

我们现在思考的问题能否将上面联赛题延伸到椭圆的一般情形，并拓展得到一般性的结论呢？下面就循着解法 1 的思路来探究一般性的问题.

问题.如图 2 所示，在平面直角坐标系中，椭圆 $\Gamma:\dfrac{x^2}{a^2}+\dfrac{y^2}{b^2}=1(a>b>0)$ 的左、右焦点分别为 F_1，F_2.设 P 是第一象限内 Γ 上一点，PF_1，PF_2 的延长线分别交 Γ 于 Q_1，Q_2.设 r_1，r_2 分别为 $\triangle PF_1Q_2$，$\triangle PF_2Q_1$ 的内切圆半径.求 r_1-r_2 的最大值.

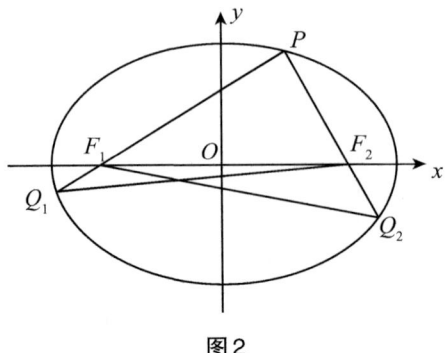

图2

解析：设 $F_1(-c, 0)$，$F_2(c, 0)(c>0)$，$P(x_0, y_0)$，$Q_1(x_1, y_1)$，$Q_2(x_2, y_2)$，由条件可知 $x_0>0$，$y_0>0$，$y_1<0$，$y_2<0$.

由椭圆定义，得 $|PF_1|+|PF_2|=|Q_1F_1|+|Q_1F_2|=|Q_2F_1|+|Q_2F_2|=2a$，

所以 $\triangle PF_1Q_2$ 与 $\triangle PF_2Q_1$ 的周长均为 $l=4a$.

$|F_1F_2|=2c$，因此 $r_1=\dfrac{2S_{\triangle PF_1Q_2}}{l}=\dfrac{(y_0-y_2)|F_1F_2|}{l}=\dfrac{c(y_0-y_2)}{2a}$.

同理 $r_2=\dfrac{c(y_0-y_1)}{2a}$，所以 $r_1-r_2=\dfrac{c(y_1-y_2)}{2a}$.

以下先求 y_1-y_2.

直线 PF_1 的方程为 $y=\dfrac{y_0}{x_0+c}(x+c)$，所以 $x=\dfrac{(x_0+c)y}{y_0}-c$，代 $\dfrac{x^2}{a^2}+\dfrac{y^2}{b^2}=1$，

整理得 $\left(\dfrac{(x_0+c)^2}{a^2y_0^2}+\dfrac{1}{b^2}\right)y^2-\dfrac{2c(x_0+c)}{a^2y_0}y+\dfrac{c^2}{a^2}-1=0$.

两边乘以 $a^2y_0^2$，得 $\left(x_0^2+2cx_0+c^2+\dfrac{a^2y_0^2}{b^2}\right)y^2-2c(x_0+c)y_0y+c^2y_0^2-a^2y_0^2=0$，

所以 $\left(\dfrac{b^2x_0^2+a^2y_0^2}{b^2}+2cx_0+c^2\right)y^2-2c(x_0+c)y_0y-y_0^2(a^2-c^2)=0$.

由 $\dfrac{x_0^2}{a^2}+\dfrac{y_0^2}{b^2}=1$，得 $b^2x_0^2+a^2y_0^2=a^2b^2$.

又 $a^2-c^2=b^2$，所以 $(a^2+2cx_0+c^2)y^2-2c(x_0+c)y_0y-y_0^2b^2=0$.

该方程的两根为 y_0，y_1，由一元二次方程根与系数的关系得 $y_0y_1=$

$-\dfrac{y_0^2b^2}{a^2+2cx_0+c^2}$，

于是 $y_1 = -\dfrac{y_0 b^2}{a^2 + 2cx_0 + c^2}$.

同理可得 $y_2 = -\dfrac{y_0 b^2}{a^2 - 2cx_0 + c^2}$.

因此 $y_1 - y_2 = -\dfrac{y_0 b^2}{a^2 + 2cx_0 + c^2} + \dfrac{y_0 b^2}{a^2 - 2cx_0 + c^2} = \dfrac{4b^2 cx_0 y_0}{(a^2 + c^2)^2 - 4c^2 x_0^2}$.

由于 $(a^2 + c^2)^2 - 4c^2 x_0^2 = \dfrac{x_0^2}{a^2} + a^4 + 2a^2 c^2 + c^4 - \dfrac{4a^2 c^2 + 1}{a^2} x_0^2$

$$= \dfrac{x_0^2}{a^2} + 4a^2 c^2 + 1 - \dfrac{4a^2 c^2 + 1}{a^2} x_0^2 + a^4 - 2a^2 c^2 + c^4 - 1$$

$$= \dfrac{x_0^2}{a^2} + (4a^2 c^2 + 1)\left(1 - \dfrac{x_0^2}{a^2}\right) + (a^2 - c^2)^2 - 1$$

$$= \dfrac{x_0^2}{a^2} + \dfrac{(4a^2 c^2 + 1) y_0^2}{b^2} + b^4 - 1,$$

①当 $b = 1$ 时, $b^4 - 1 = 0$, $4a^2 c^2 + 1 = 4a^2(a^2 - 1) + 1 = 4a^4 - 4a^2 + 1 = (2a^2 - 1)^2$,

所以 $(a^2 + c^2)^2 - 4c^2 x_0^2 = \dfrac{x_0^2}{a^2} + (2a^2 - 1)^2 y_0^2 \geqslant 2\sqrt{\dfrac{x_0^2}{a^2} \cdot (2a^2 - 1)^2 y_0^2}$

$$= \dfrac{2(2a^2 - 1)}{a} x_0 y_0,$$

所以 $y_1 - y_2 = \dfrac{4cx_0 y_0}{(a^2 + c^2)^2 - 4c^2 x_0^2} \leqslant \dfrac{4cx_0 y_0}{\dfrac{4a^2 - 2}{a} x_0 y_0} = \dfrac{2ac}{2a^2 - 1}$,

所以 $r_1 - r_2 = \dfrac{c(y_1 - y_2)}{2a} \leqslant \dfrac{c}{2a} \cdot \dfrac{2ac}{2a^2 - 1} = \dfrac{c^2}{2a^2 - 1} = \dfrac{a^2 - 1}{2a^2 - 1}$,

当且仅当 $\dfrac{x_0^2}{a^2} = (2a^2 - 1)^2 y_0^2$ 时取等号, 相应地有 $x_0 = \dfrac{3\sqrt{5}}{5}$, $y_0 = \dfrac{\sqrt{19}}{10}$.

所以 $r_1 - r_2$ 的最大值为 $\dfrac{a^2 - 1}{2a^2 - 1}$.

②当 $b \neq 1$ 时, 由于 $b^4 - 1 \neq 0$, 此时 $\dfrac{x_0^2}{a^2} + \dfrac{(4a^2 c^2 + 1) y_0^2}{b^2} + b^4 - 1$ 运用均值不等式后, 不能使 $y_1 - y_2$ 取得定值, 故此时 $r_1 - r_2$ 的最大值不确定.

综上可知, 对于一般地满足已知条件的椭圆 $\Gamma: \dfrac{x^2}{a^2} + \dfrac{y^2}{b^2} = 1 (a > b > 0)$, 当它的短半轴长为 1, 即 $b = 1$ 时, $r_1 - r_2$ 有最大值; 否则无法确定 $r_1 - r_2$ 的最大值.

由此,我们将联赛题延伸、拓展可得到下列命题.

命题:在平面直角坐标系中,椭圆 $\Gamma:\dfrac{x^2}{a^2}+y^2=1(a>1)$ 的左、右焦点分别为 F_1,F_2. 设 P 是第一象限内 Γ 上一点,PF_1,PF_2 的延长线分别交 Γ 于 Q_1,Q_2. 设 r_1,r_2 分别为 $\triangle PF_1Q_2,\triangle PF_2Q_1$ 的内切圆半径,则 r_1-r_2 的最大值为 $\dfrac{a^2-1}{2a^2-1}$.

第9讲　一道抛物线考题的变式与推广

抛物线是一种重要的圆锥曲线,是历年高考命题的高频考点,涉及的知识点有定义、方程、几何意义及直线与抛物线的位置关系等,常与向量等知识为交会背景来命制抛物线试题.本文通过对一道抛物线考题及变式的深入探究,推广得到关于"抛物线内接三角形当重心与抛物线焦点重合"的几个结论.

【例题】(2022届四川省德阳市"三诊"理科第14题)设 F 为抛物线 $y^2 = 6x$ 的焦点,A,B,C 为该抛物线上三点,若 $\vec{FA} + \vec{FB} = -\vec{FC}$,则 $|\vec{FA}| + |\vec{FB}| + |\vec{FC}| = $ _____.

解析:抛物线 $y^2 = 6x$ 的焦点坐标为 $F\left(\dfrac{3}{2}, 0\right)$,准线方程为 $x = -\dfrac{3}{2}$.

设 $A(x_1, y_1)$,$B(x_2, y_2)$,$C(x_3, y_3)$,则由 $\vec{FA} + \vec{FB} = -\vec{FC}$,即 $\vec{FA} + \vec{FB} + \vec{FC} = \mathbf{0}$,则可知焦点 $F\left(\dfrac{3}{2}, 0\right)$ 为 $\triangle ABC$ 的重心,

所以由三角形重心坐标公式,得 $\dfrac{x_1 + x_2 + x_3}{3} = \dfrac{3}{2}$,$\dfrac{y_1 + y_2 + y_3}{3} = 0$,

所以 $x_1 + x_2 + x_3 = \dfrac{9}{2}$,$y_1 + y_2 + y_3 = 0$.

根据抛物线的定义,得

$$|\vec{FA}| + |\vec{FB}| + |\vec{FC}| = x_1 + \dfrac{3}{2} + x_2 + \dfrac{3}{2} + x_3 + \dfrac{3}{2} = x_1 + x_2 + x_3 + \dfrac{9}{2} = \dfrac{9}{2} + \dfrac{9}{2} = 9.$$

故答案为9.

【例题变式】

思考1:若例题题设条件不变,将结论变为"求 $\triangle ABC$ 的三条中线长的和",则有:

变式1.设 F 为抛物线 $y^2 = 6x$ 的焦点,A,B,C 为该抛物线上三点,若 $\vec{FA} + \vec{FB} = -\vec{FC}$,则 $\triangle ABC$ 三边中线长之和为_____.

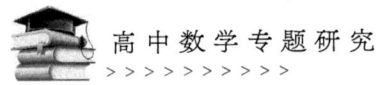

解析:由例题解析可知 $x_1+x_2+x_3=\dfrac{9}{2}$,$y_1+y_2+y_3=0$.

由抛物线定义,得 $|\overrightarrow{FA}|=x_1+\dfrac{3}{2}$,

所以根据三角形重心的性质可知 BC 边的中线长为 $\dfrac{3}{2}|\overrightarrow{FA}|=\dfrac{3}{2}\left(x_1+\dfrac{3}{2}\right)$,

同理,AC 边的中线长为 $\dfrac{3}{2}|\overrightarrow{FB}|=\dfrac{3}{2}\left(x_2+\dfrac{3}{2}\right)$,$AB$ 边的中线长为 $\dfrac{3}{2}|\overrightarrow{FC}|=\dfrac{3}{2}\left(x_3+\dfrac{3}{2}\right)$,

所以 $\triangle ABC$ 三边中线长之和为 $\dfrac{3}{2}|\overrightarrow{FA}|+\dfrac{3}{2}|\overrightarrow{FB}|+\dfrac{3}{2}|\overrightarrow{FC}|=$

$\dfrac{3}{2}\left(x_1+x_2+x_3+\dfrac{9}{2}\right)=\dfrac{3}{2}\left(\dfrac{9}{2}+\dfrac{9}{2}\right)=\dfrac{27}{2}$.

故 $\triangle ABC$ 三边中线长之和为 $\dfrac{27}{2}$.

若将变式1延伸到一般情形,可得到关于抛物线"内接三角形重心与焦点重合"的一个二级结论.

结论1.已知 $\triangle ABC$ 为抛物线 $y^2=2px(p>0)$ 的内接三角形,如果抛物线的焦点与 $\triangle ABC$ 的重心重合,那么 $\triangle ABC$ 的三边中线长的和为 $\dfrac{9p}{2}$.

结论1的证明可按变式1的解法来进行.

思考2:若例题题设条件不变,分别连接坐标原点 O、焦点 F 与 A,B,C 的三点,探究连接得到的三个三角形面积的平方和,则有:

变式2.设 F 为抛物线 $y^2=6x$ 的焦点,A,B,C 为该抛物线上三点,若 $\overrightarrow{FA}+\overrightarrow{FB}=-\overrightarrow{FC}$,$O$ 是坐标原点,$\triangle OFA$,$\triangle OFB$,$\triangle OFC$ 的面积分别为 S_1,S_2,S_3,则 $S_1^2+S_2^2+S_3^2=$_____.

解析:由例题解析可知 $x_1+x_2+x_3=\dfrac{9}{2}$,$y_1+y_2+y_3=0$.

因为 A,B,C 三点在抛物线上,所以 $y_1^2=6x_1$,$y_2^2=6x_2$,$y_3^2=6x_3$.

又焦点 $F\left(\dfrac{3}{2},0\right)$,

所以 $S_1 = \dfrac{1}{2} \cdot |OF| \cdot |y_1| = \dfrac{3}{4}|y_1|$，同理 $S_2 = \dfrac{3}{4}|y_2|$，$S_3 = \dfrac{3}{4}|y_3|$，

于　是　$S_1^2 + S_2^2 + S_3^2 = \left(\dfrac{3}{4}|y_1|\right)^2 + \left(\dfrac{3}{4}|y_2|\right)^2 + \left(\dfrac{3}{4}|y_3|\right)^2 = \dfrac{9}{16}\left(y_1^2 + y_2^2 + y_3^2\right) = \dfrac{9}{16} \times$

$\left(6x_1 + 6x_2 + 6x_3\right) = \dfrac{27}{8} \times \left(x_1 + x_2 + x_3\right) = \dfrac{27}{8} \times \dfrac{9}{2} = \dfrac{243}{16}$.

故 $S_1^2 + S_2^2 + S_3^2 = \dfrac{243}{16}$.

若将变式2延伸到一般情形,可得到关于抛物线"内接三角形重心与焦点重合"的又一个二级结论.

结论2. O 是坐标原点,$\triangle ABC$ 为抛物线 $y^2 = 2px(p > 0)$ 的内接三角形,如果抛物线的焦点与 $\triangle ABC$ 的重心重合,且 $\triangle OFA$,$\triangle OFB$,$\triangle OFC$ 的面积依次为 S_1,　S_2,　S_3,那么 $S_1^2 + S_2^2 + S_3^2 = \dfrac{3p^4}{16}$.

结论2的证明可按变式2的解法来进行.

思考3:若例题题设条件不变,分别连接坐标原点 O、焦点 F 与 A,B,C 的三点,探究 $\triangle ABC$ 面积的最大值,则有:

变式3.设 F 为抛物线 $y^2 = 6x$ 的焦点,A,B,C 为该抛物线上三点,若 $\overrightarrow{FA} + \overrightarrow{FB} = -\overrightarrow{FC}$,则 $\triangle ABC$ 面积的最大值为_____.

解析:由例题解析可知 $x_1 + x_2 + x_3 = \dfrac{9}{2}$,$y_1 + y_2 + y_3 = 0$.

因为 A,B,C 三点在抛物线上,所以 $y_1^2 = 6x_1$,$y_2^2 = 6x_2$,$y_3^2 = 6x_3$.

所以 $y_1^2 + y_2^2 = 6x_1 + 6x_2 = 6\left(x_1 + x_2\right)$,

所以 $\left(y_1 + y_2\right)^2 - 2y_1y_2 = 6 \times \left(\dfrac{9}{2} - x_3\right)$,所以 $\left(-y_3\right)^2 - 2y_1y_2 = 27 - 6x_3$,

所以 $6x_3 - 2y_1y_2 = 27 - 6x_3$,所以 $6x_3 - y_1y_2 = \dfrac{27}{2}$,所以 $y_1y_2 = 6x_3 - \dfrac{27}{2}$.

首先考察 $\triangle AFB$ 的面积.

由 $S_{\triangle AFB} = \dfrac{1}{2}\left|\overrightarrow{FA}\right|\left|\overrightarrow{FB}\right|\sin\angle AFB$,得 $2S_{\triangle AFB} = \left|\overrightarrow{FA}\right|\left|\overrightarrow{FB}\right|\sin\angle AFB$.

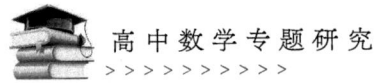

所以 $4\left(S_{\triangle AFB}\right)^2 = \left|\overrightarrow{FA}\right|^2\left|\overrightarrow{FB}\right|^2 \sin^2 \angle AFB$

$$= \left|\overrightarrow{FA}\right|^2\left|\overrightarrow{FB}\right|^2(1 - \cos^2 \angle AFB)$$

$$= \left|\overrightarrow{FA}\right|^2\left|\overrightarrow{FB}\right|^2 - \left(\overrightarrow{FA} \cdot \overrightarrow{FB}\right)^2$$

$$= \left[\left(x_1 - \frac{3}{2}\right)^2 + y_1^2\right]\left[\left(x_2 - \frac{3}{2}\right)^2 + y_2^2\right] - \left[\left(x_1 - \frac{3}{2}\right)\left(x_2 - \frac{3}{2}\right) + y_1 y_2\right]^2$$

$$= \left(x_1 + \frac{3}{2}\right)^2\left(x_2 + \frac{3}{2}\right)^2 - \left[x_1 x_2 - \frac{3}{2}(x_1 + x_2) + \frac{9}{4} + y_1 y_2\right]^2$$

$$= \left[x_1 x_2 + \frac{3}{2}(x_1 + x_2) + \frac{9}{4}\right]^2 - \left[x_1 x_2 - \frac{3}{2}(x_1 + x_2) + \frac{9}{4} + y_1 y_2\right]^2$$

$$= \left[3(x_1 + x_2) - y_1 y_2\right]\left[2 x_1 x_2 + \frac{9}{2} + y_1 y_2\right]$$

$$= \left(\frac{27}{2} - 3 x_3 - y_1 y_2\right)\left(\frac{y_1^2 y_2^2}{18} + \frac{9}{2} + y_1 y_2\right)$$

$$= \frac{1}{18} \times \left(\frac{27}{2} - 3 x_3 - y_1 y_2\right)(y_1 y_2 + 9)^2$$

$$= \frac{9}{2} \times (3 - x_3)\left(2 x_3 - \frac{3}{2}\right)^2$$

$$= \frac{9}{2} \times \left(-4 x_3^3 + 18 x_3^2 - \frac{27}{4} x_3 + \frac{27}{4}\right).$$

令 $f(x_3) = -4 x_3^3 + 18 x_3^2 - \frac{27}{4} x_3 + \frac{27}{4}$，现考察函数 $f(x_3)$ 在 $x_3 \in [0, +\infty)$ 上的最大值.

因为 $f'(x_3) = -12 x_3^2 + 36 x_3 - \frac{27}{4}$，

令 $f'(x_3) > 0$，解得 $\frac{3}{4} < x_3 < \frac{9}{4}$；令 $f'(x_3) < 0$，解得 $0 < x_3 < \frac{3}{4}$ 或 $x_3 > \frac{9}{4}$.

故 $f(x_3)$ 在区间 $\left[0, \frac{3}{4}\right]$，$\left[\frac{9}{4}, +\infty\right)$ 上单调递减，在 $\left[\frac{3}{4}, \frac{9}{4}\right]$ 上单调递增.

因为 $f(0) = \frac{27}{4}$，$f\left(\frac{9}{4}\right) = \frac{27}{4}$，所以 $4\left(S_{\triangle AFB}\right)^2 \leqslant \frac{9}{2} \times \frac{27}{4} = \frac{243}{8}$，所以 $S_{\triangle AFB} \leqslant \frac{9\sqrt{6}}{8}$.

同理可得，$S_{\triangle AFC} \leqslant \frac{9\sqrt{6}}{8}$，$S_{\triangle BFC} \leqslant \frac{9\sqrt{6}}{8}$.

故当 A，B，C 三点的坐标分别为 $(0,0)$，$\left(\dfrac{9}{4}, \dfrac{3\sqrt{6}}{2}\right)$，$C\left(\dfrac{9}{4}, -\dfrac{3\sqrt{6}}{2}\right)$ 时，

$\triangle ABC$ 面积的最大值为 $\dfrac{27\sqrt{6}}{8}$.

若将变式3延伸到一般情形，可得到关于抛物线"内接三角形重心与焦点重合"的第三个二级结论.

结论3.已知 $\triangle ABC$ 为抛物线 $y^2 = 2px\,(p>0)$ 的内接三角形，如果抛物线的

焦点与 $\triangle ABC$ 的重心重合，那么 $\triangle ABC$ 面积取得最大值 $\dfrac{3\sqrt{6}}{8}p^2$.

结论3的证明可按变式3的解析来进行.

思考4：若例题题设条件不变，分别连接 A 与 B，B 与 C，A 与 C，探究所得的三条直线斜率的关系，则有：

变式4.设 F 为抛物线 $y^2 = 6x$ 的焦点，A，B，C 为该抛物线上三点，若 $\overrightarrow{FA} + \overrightarrow{FB} = -\overrightarrow{FC}$，分别连接 A 与 B，B 与 C，A 与 C，AB，BC，CA 三条直线的斜率分别为 k_{AB}，k_{BC}，k_{CA}，则 $\dfrac{1}{k_{AB}} + \dfrac{1}{k_{BC}} + \dfrac{1}{k_{CA}} = $ _____.

解析：由例题解析可知 $x_1 + x_2 + x_3 = \dfrac{9}{2}$，$y_1 + y_2 + y_3 = 0$.

因为 A，B，C 三点在抛物线上，所以 $y_1^2 = 6x_1$，$y_2^2 = 6x_2$，$y_3^2 = 6x_3$.

所以 $x_1 = \dfrac{y_1^2}{6}$，$x_2 = \dfrac{y_2^2}{6}$，$x_3 = \dfrac{y_3^2}{6}$，

所以 $k_{AB} = \dfrac{y_2 - y_1}{x_2 - x_1} = \dfrac{y_2 - y_1}{\dfrac{y_2^2}{6} - \dfrac{y_1^2}{6}} = \dfrac{6}{y_1 + y_2}$，

同理 $k_{BC} = \dfrac{6}{y_2 + y_3}$，$k_{CA} = \dfrac{6}{y_1 + y_3}$.

所以 $\dfrac{1}{k_{AB}} + \dfrac{1}{k_{BC}} + \dfrac{1}{k_{CA}} = \dfrac{y_1 + y_2}{6} + \dfrac{y_2 + y_3}{6} + \dfrac{y_1 + y_3}{6} = \dfrac{y_1 + y_2 + y_3}{3} = 0$.

故 $\dfrac{1}{k_{AB}} + \dfrac{1}{k_{BC}} + \dfrac{1}{k_{CA}} = 0$.

若将变式4延伸到一般情形，可得到关于抛物线"内接三角形重心与焦点重合"的第四个二级结论.

结论4.设抛物线 $y^2 = 2px(p>0)$ 的内接 $\triangle ABC$ 的重心与抛物线的焦点 F 重合,若 $\triangle ABC$ 三边 AB,BC,CA 所在直线的斜率分别为 k_{AB},k_{BC},k_{CA},则 $\dfrac{1}{k_{AB}}+\dfrac{1}{k_{BC}}+\dfrac{1}{k_{CA}}=0$。

结论4的证明可按变式4的解析来进行。

【解后反思】

通过基本性质、定理、公式推导出来并具有推广应用的结论性质我们称之为"二级结论",本文问题拓展中归纳的结论就是典型的"二级结论"。这些"二级结论"往往散落在课本例、习题中,或一些较为通用的参考书中,或老师的讲义中,其存在的核心意义在于可以帮助学生在考试中迅速利用这些结论"快、准、狠"地解答一些问题,以实现分数的快速增长。同时,"二级结论"不仅对学生的解题有很好的指导作用,而且对演算结果也有精确的验证作用。因此,无论是同步教学还是在高考复习中,要常态化地指导学生通过对一些典型问题的探讨和拓展,及时归纳、总结出一些常用的"二级结论",这对于学生解题能力的提高和数学素养的提升是颇有裨益的。

【跟踪练习】

已知抛物线 Γ:$y^2 = 2px(p>0)$ 的焦点 F 到直线 $y = x+1$ 的距离为 $\sqrt{2}$,若在 Γ 上存在三点 $A(x_1,y_1)$,$B(x_2,y_2)$,$C(x_3,y_3)$,满足 $\overrightarrow{FA}+\overrightarrow{FB}+\overrightarrow{FC}=\mathbf{0}$,则下列结论不成立的是(   )

A.$x_1 < \dfrac{1}{2}$ B.$x_3 > 2$ C.$\dfrac{x_2}{x_3} > 1$ D.$x_1 x_2 x_3 < 1$

答案:B

解析:抛物线 Γ 焦点 F 的坐标为 $\left(\dfrac{p}{2},0\right)$,点 F 到直线 $y = x+1$ 即 $x-y+1=0$ 的距离 $d = \dfrac{\left|\dfrac{p}{2}-0+1\right|}{\sqrt{1+1}} = \sqrt{2}$,解得 $p = 2$($p=-6$ 舍去),所以抛物线 Γ 的方程为 $y^2 = 4x$。

由点 $A(x_1,y_1)$,$B(x_2,y_2)$,$C(x_3,y_3)$ 满足 $\overrightarrow{FA}+\overrightarrow{FB}+\overrightarrow{FC}=\mathbf{0}$,

可知焦点 $F(1，0)$ 为 $\triangle ABC$ 的重心，所以由三角形重心坐标公式，得 $\dfrac{x_1+x_2+x_3}{3}=1，\dfrac{y_1+y_2+y_3}{3}=0$，所以 $x_1+x_2+x_3=3，y_1+y_2+y_3=0$.

设直线 BC 的方程为 $x=my+n$，则由 $\begin{cases} y^2=4x，\\ x=my+n，\end{cases}$ 得 $y^2-4my-4n=0$.

由 $\Delta=(-4m)^2-4(-4n)=16m^2+16n>0$，得 $n>-m^2$，且 $y_2+y_3=4m$，$y_2y_3=-4n$，所以 $y_1=-4m$.

又 $x_2=my_2+n，x_3=my_3+n$，

所以 $x_2+x_3=m(y_2+y_3)+2n=-my_1+2n=-m(-4m)+2n=4m^2+2n$，

所以 $x_1=3-(x_2+x_3)=3-4m^2-2n$.

因为点 $A(x_1，y_1)$ 在抛物线上，所以 $y_1^2=4x_1$，

所以 $(-4m)^2=4\times(3-4m^2-2n)$，所以 $16m^2=12-16m^2-8n$，所以 $n=\dfrac{3}{2}-4m^2$.

又由 $n>-m^2$，得 $\dfrac{3}{2}-4m^2>-m^2$，解得 $m^2<\dfrac{1}{2}$.

所以 $x_1=\dfrac{y_1^2}{4}=\dfrac{16m^2}{4}=4m^2<4\times\dfrac{1}{2}=2$，即 $x_1<2$.

同理可证 $x_2<2，x_3<2$.

当点 A 在 F 的左侧时，选项 A 成立；易知选项 B 不成立；当点 B 在 F 的右侧时，选项 C 成立；当 A，B，C 均不与原点 O 重合时，$x_1x_2x_3<\left(\dfrac{x_1+x_2+x_3}{3}\right)^3=1$，选项 D 成立. 故选 B.

第10讲　一道轨迹试题的变式应用探究之旅

数学教学离不开题目,一名教师若想成为优秀的数学教师,不仅要是一个解题、做题的高手,而且也应当成为一个原创命题的高手.通过原创命题的实践,教师不仅能够加深对所教知识的理解和把控,有效地提高教学效率,而且能够开阔思维视野、提高教学境界,促进个人的专业发展.

【例题】设A_1,A_2是圆的一条直径的两个端点,P_1P_2是与A_1A_2垂直的弦,则直线A_1P_1与A_2P_2交点P的轨迹方程为_____.

本题主要考查利用交轨法求轨迹以及数形结合等数学方法,落实基础性的考查.解题思路为:

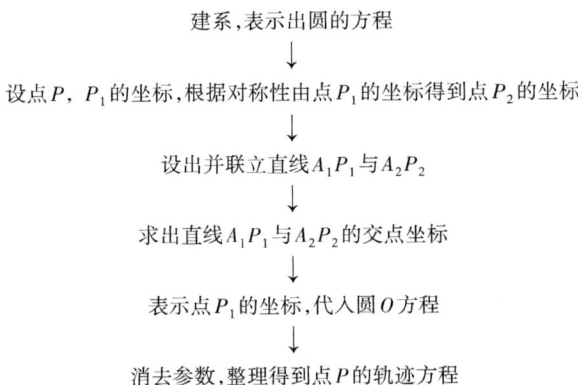

建系,表示出圆的方程

↓

设点P,P_1的坐标,根据对称性由点P_1的坐标得到点P_2的坐标

↓

设出并联立直线A_1P_1与A_2P_2

↓

求出直线A_1P_1与A_2P_2的交点坐标

↓

表示点P_1的坐标,代入圆O方程

↓

消去参数,整理得到点P的轨迹方程

思路1:建立适当的平面直角坐标系,确定圆的方程,然后设出点的坐标,写出直线A_1P_1与A_2P_2的方程,利用交轨法求得点P的轨迹方程.

解法1:如图1,以圆心为坐标原点O,以A_1A_2所在直线为x轴,建立平面直角坐标系xOy.

设$A_1(-r,\ 0)$,$A_2(r,\ 0)(r>0)$,则圆的方程为$x^2+y^2=r^2$.

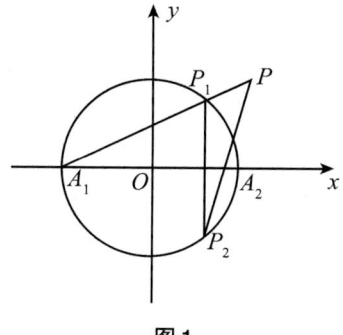

图 1

设 $P(x, y)$，$P_1(x_1, y_1)$，则 $P_2(x_1, -y_1)$，所以 $x_1^2 + y_1^2 = r^2$.

直线 A_1P_1 的方程为 $y = \dfrac{y_1}{x_1 + r}(x + r)$，①

直线 A_2P_2 的方程为 $y = \dfrac{-y_1}{x_1 - r}(x - r)$. ②

联立①②，得 $\begin{cases} x = \dfrac{r^2}{x_1}, \\ y = \dfrac{ry_1}{x_1}, \end{cases}$ 所以 $\begin{cases} x_1 = \dfrac{r^2}{x}, \\ y_1 = \dfrac{ry}{x}. \end{cases}$

代入 $x_1^2 + y_1^2 = r^2$ 中，得 $\left(\dfrac{r^2}{x}\right)^2 + \left(\dfrac{ry}{x}\right)^2 = r^2$，

整理得 $x^2 - y^2 = r^2$，即为点 P 的轨迹方程，轨迹为等轴双曲线，如图2.

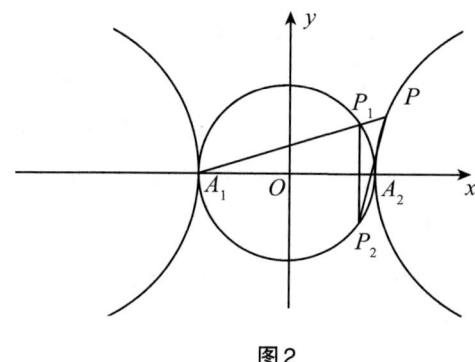

图 2

思路2：解法1给出的是常见的求解轨迹的方法——交轨法，但并不是最佳解法. 注意到解法1中利用了条件 P_1，P_2 关于 x 轴对称和 P_1，P_2 在圆上坐标满足 $x_1^2 + y_1^2 = r^2$，我们还可以将这两个条件合二为一，利用圆的参数方程表示

P_1, P_2.

解法 2：设 $P(x, y)$, $P_1(r\cos\alpha, r\sin\alpha)$, 则 $P_2(\cos\alpha, -\sin\alpha)$,

直线 A_1P_1 的方程为 $y = \dfrac{r\sin\alpha}{r\cos\alpha + r}(x+r)$, ③

直线 A_2P_2 的方程为 $y = \dfrac{-r\sin\alpha}{r\cos\alpha - r}(x-r)$. ④

③×④, 得 $y^2 = \dfrac{-r^2\sin^2\alpha}{r^2\cos^2\alpha - r^2}(x^2 - r^2)$, 即 $y^2 = x^2 - r^2$.

整理得 $x^2 - y^2 = r^2$, 即为点 P 的轨迹方程, 轨迹为等轴双曲线, 如图 2.

思路 3：由于母题条件的特殊性, 曲线是圆, 定点 A_1, A_2 是直径的两个端点, 因此可从平面几何入手.

解法 3：设 $\angle A_1A_2P_2 = \alpha$,

因为 $\angle A_1P_1P_2 = \angle A_1A_2P_2 = \alpha$(同弧上的两个圆周角相等),

所以 $\angle P_1A_1A_2 = 90° - \alpha$(直径所对圆周角是直角).

此时直线 A_1P_1 的方程为 $y = \tan(90° - \alpha)(x+r)$, ⑤

直线 A_2P_2 的方程为 $y = \tan\alpha(x-r)$. ⑥

⑤×⑥, 得 $y^2 = x^2 - r^2$.

整理得 $x^2 - y^2 = r^2$, 即为点 P 的轨迹方程, 轨迹为等轴双曲线.

【解后反思】

解析几何的核心就是用方程的思想研究曲线, 用曲线的性质研究方程. 轨迹(曲线)问题正是体现这一思想的重要表现形式, 探求轨迹(曲线)的方程是解析几何的基本问题之一, 历年都是高考的热点. 若动点是两动曲线的交点, 则可列出动曲线的方程再设法消去曲线中的参数, 从而得到动点的轨迹方程. 一般说交轨法与参数法是综合运用的, 要注意消参技巧. 上述三种解法均是交轨法, 相对于解法 1, 解法 2 设点时利用了圆的参数方程, 求解较为简捷；而相对于解法 1、解法 2, 解法 3 运用圆的几何知识, 解答更为简便、快捷.

【拓展变式】

若变换母题中定点 A_1, A_2 的位置, 将 A_1, A_2 是圆的直径的端点变为 A_1, A_2 是圆的一条直径所在直线的两点, 且关于圆心对称, 则有变式 1.

变式 1. 设 A_1, A_2 是圆的一条直径所在直线上的两点, 且 A_1, A_2 关于圆心对称,P_1P_2 是与 A_1A_2 垂直的弦,则直线 A_1P_1 与 A_2P_2 交点 P 的轨迹方程为

_____.

解析:以圆心为坐标原点 O,以 A_1A_2 所在直线为 x 轴,建立平面直角坐标系 xOy,则圆 O 的方程为 $x^2+y^2=r^2(r>0)$.

设 $P(x,\ y)$,$P_1(x_1,\ y_1)$,则 $P_2(x_1,\ -y_1)$,有 $x_1^2+y_1^2=r^2$.

设 $A_1(-m,\ 0)$,$A_2(m,\ 0)(m\neq0)$,

所以直线 A_1P_1 的方程为 $y=\dfrac{y_1}{x_1+m}(x+m)$,①

直线 A_2P_2 的方程为 $y=\dfrac{-y_1}{x_1-m}(x-m)$. ②

联立①②,得 $\begin{cases}x=\dfrac{m^2}{x_1},\\[2mm]y=\dfrac{my_1}{x_1},\end{cases}$ 所以 $\begin{cases}x_1=\dfrac{m^2}{x},\\[2mm]y_1=\dfrac{my}{x}.\end{cases}$

代入 $x_1^2+y_1^2=r^2$ 中,得 $\left(\dfrac{m^2}{x}\right)^2+\left(\dfrac{my}{x}\right)^2=r^2$,

整理得 $\dfrac{x^2}{\dfrac{m^2}{r^2}}-\dfrac{y^2}{m^4}=r^2$,即为点 P 的轨迹方程.

点评:当 $m=\pm r$(直径的两个端点)时,变式1就成为母题了.

若将母题题设中的曲线"圆"延伸为"椭圆",求直线 A_1P_1 与 A_2P_2 交点 P 的轨迹方程,则有变式2.

变式2.设 A_1,A_2 是椭圆 $C:\dfrac{x^2}{a^2}+\dfrac{y^2}{b^2}=1(a>b>0)$ 长轴的两个端点,与 A_1A_2 垂直的直线与椭圆的两个交点为 P_1,P_2,则直线 A_1P_1 与 A_2P_2 交点 P 的轨迹方程为_____.

解析:设 $A_1(-a,\ 0)$,$A_2(a,\ 0)(a>0)$,则椭圆方程为 $\dfrac{x^2}{a^2}+\dfrac{y^2}{b^2}=1(a>b>0)$.

设 $P(x,\ y)$,$P_1(x_1,\ y_1)$,则 $P_2(x_1,\ -y_1)$,所以 $\dfrac{x_1^2}{a^2}+\dfrac{y_1^2}{b^2}=1$,即 $b^2x_1^2+a^2y_1^2=a^2b^2$. 所以,

直线 A_1P_1 的方程为 $y=\dfrac{y_1}{x_1+a}(x+a)$，①

直线 A_2P_2 的方程为 $y=\dfrac{-y_1}{x_1-a}(x-a)$. ②

联立①②，得 $\begin{cases} x=\dfrac{a^2}{x_1}, \\ y=\dfrac{ay_1}{x_1}, \end{cases}$ 所以 $\begin{cases} x_1=\dfrac{a^2}{x}, \\ y_1=\dfrac{ay}{x}. \end{cases}$

代入 $b^2x_1^2+a^2y_1^2=a^2b^2$ 中，

得 $b^2\left(\dfrac{a^2}{x}\right)^2+a^2\left(\dfrac{ay}{x}\right)^2=a^2b^2$，

所以 $a^2b^2+a^2y^2=b^2x^2$，即 $b^2x^2-a^2y^2=a^2b^2$，整理得 $\dfrac{x^2}{a^2}-\dfrac{y^2}{b^2}=1$，

即为点 P 的轨迹方程，轨迹为焦点在 x 轴上的双曲线.

变式 2 将母题题设中的曲线"圆"延伸为"椭圆"，得到直线 A_1P_1 与 A_2P_2 交点 P 的轨迹为双曲线. 若将母题题设中的曲线"圆"延伸为"双曲线"，又会是什么图形呢？则有变式 3.

变式 3. 设 A_1，A_2 是双曲线 $C:\dfrac{x^2}{a^2}-\dfrac{y^2}{b^2}=1(a>0，\ b>0)$ 的两个顶点，与 A_1A_2 垂直的直线与双曲线的两个交点为 P_1，P_2，则直线 A_1P_1 与 A_2P_2 交点 P 的轨迹方程为_____.

解析：设 $P(x，y)$，$P_1(x_1，y_1)$，则 $P_2(x_1，-y_1)$，

由题意，知 $A_1(-a，0)$，$A_2(a，0)$，

所以 $\dfrac{x_1^2}{a^2}-\dfrac{y_1^2}{b^2}=1$，即 $b^2x_1^2-a^2y_1^2=a^2b^2$.

直线 A_1P_1 的方程为 $y=\dfrac{y_1}{x_1+a}(x+a)$，①

直线 A_2P_2 的方程为 $y=\dfrac{-y_1}{x_1-a}(x-a)$. ②

联立①②，得 $\begin{cases} x=\dfrac{a^2}{x_1}, \\ y=\dfrac{ay_1}{x_1}, \end{cases}$ 所以 $\begin{cases} x_1=\dfrac{a^2}{x}, \\ y_1=\dfrac{ay}{x}. \end{cases}$

代入 $b^2x_1^2 - a^2y_1^2 = a^2b^2$ 中，得 $b^2\left(\dfrac{a^2}{x}\right)^2 - a^2\left(\dfrac{ay}{x}\right)^2 = a^2b^2$，

所以 $a^2b^2 - a^2y^2 = b^2x^2$，即 $b^2x^2 + a^2y^2 = a^2b^2$，整理得 $\dfrac{x^2}{a^2} + \dfrac{y^2}{b^2} = 1$，

即为点 P 的轨迹方程，轨迹为焦点在 x 轴上的椭圆曲线．

【迁移提升】

椭圆与双曲线是一对"姊妹"曲线，它们之间有许多相似的性质．由变式 2 和变式 3，我们获得了关于椭圆与双曲线"互换"的两条有趣的性质．

性质 1. 设 A_1，A_2 是椭圆 $C: \dfrac{x^2}{a^2} + \dfrac{y^2}{b^2} = 1(a > b > 0)$ 长轴的两个端点，与 A_1A_2 垂直的直线与椭圆的两个交点为 P_1，P_2，则直线 A_1P_1 与 A_2P_2 交点 P 的轨迹为双曲线 $\dfrac{x^2}{a^2} - \dfrac{y^2}{b^2} = 1$．

性质 2. 设 A_1，A_2 是双曲线 $C: \dfrac{x^2}{a^2} - \dfrac{y^2}{b^2} = 1(a > 0,\ b > 0)$ 的两个顶点，与 A_1A_2 垂直的直线与双曲线的两个交点为 P_1，P_2，则直线 A_1P_1 与 A_2P_2 交点 P 的轨迹为椭圆 $\dfrac{x^2}{a^2} + \dfrac{y^2}{b^2} = 1$．

下面来探究"椭圆"与"双曲线"相互转换关系的实质．

将问题抽象成如图 3、图 4．

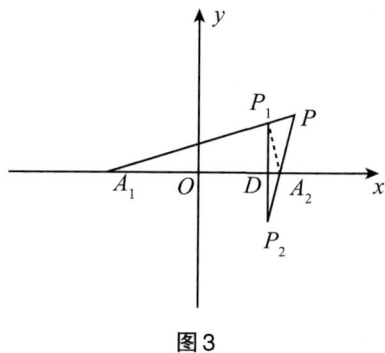

图 3

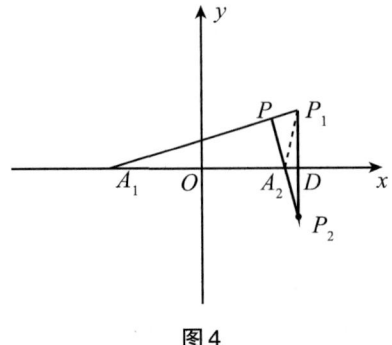

图4

在图3、图4中，P_1，P_2关于直线A_1A_2对称，且线段A_1A_2为定长$2a$，A_1P_1与A_2P_2交于P点，连接P_1A_2，设$\angle P_1A_1A_2 = \alpha$，$\angle P_1A_2x = \beta$，$\angle PA_2x = \gamma$.

因为P_1，P_2关于直线A_1A_2对称，所以在图3中，$\triangle P_1DA_2 \cong \triangle P_2DA_2$，

所以$\angle P_1A_2D = \angle P_2A_2D = \gamma$.

因为$\beta + \angle P_1A_2D = 180^\circ$，

所以$\beta + \gamma = 180^\circ$.

类似的，在图4中同样有$\beta + \gamma = 180^\circ$.

因而，β与γ的互补关系就构成了这种椭圆与双曲线相互转换关系的实质.

这是因为在图3中，当$P_1(x_1, y_1)$在椭圆$\dfrac{x^2}{a^2} + \dfrac{y^2}{b^2} = 1$上移动时，有$\dfrac{x_1^2}{a^2} + \dfrac{y_1^2}{b^2} = 1 \Leftrightarrow \dfrac{y_1^2}{b^2} = \dfrac{a^2 - x_1^2}{a^2} \Leftrightarrow \dfrac{y_1^2}{a^2 - x_1^2} = \dfrac{b^2}{a^2} \Leftrightarrow \dfrac{y_1}{x_1 + a} \cdot \dfrac{y_1}{x_1 - a} = -\dfrac{b^2}{a^2} \Leftrightarrow k_{A_1P_1} \cdot k_{A_2P_2} = -\dfrac{b^2}{a^2} \Leftrightarrow$

$\tan\alpha \cdot \tan\beta = -\dfrac{b^2}{a^2}$.

又设$P(x', y')$，

因为β与γ互补，所以$\tan\beta = -\tan\gamma$，从而有$\tan\alpha \cdot \tan\gamma = \dfrac{b^2}{a^2} \Leftrightarrow k_{A_1P} \cdot k_{A_2P} = \dfrac{b^2}{a^2} \Leftrightarrow \dfrac{y'}{x' + a} \cdot \dfrac{y'}{x' - a} = \dfrac{b^2}{a^2} \Leftrightarrow \dfrac{x'^2}{a^2} - \dfrac{y'^2}{b^2} = 1$.

这就是说，当点P_1在椭圆$\dfrac{x^2}{a^2} + \dfrac{y^2}{b^2} = 1$上移动时，由$\beta$与$\gamma$的互补关系可知：

点 P 的轨迹必为双曲线 $\dfrac{x^2}{a^2}-\dfrac{y^2}{b^2}=1$，图 3 就是这种情形的抽象图.

类似的，在图 4 中，当点 P_1 在双曲线 $\dfrac{x^2}{a^2}-\dfrac{y^2}{b^2}=1$ 上移动时，也由 β 与 γ 的互补关系可知：点 P 的轨迹必为椭圆 $\dfrac{x^2}{a^2}+\dfrac{y^2}{b^2}=1$.

变式 2 将母题题设中的"圆"换为"椭圆"，得到直线 A_1P_1 与 A_2P_2 交点 P 的轨迹为双曲线，而变式 3 将母题题设中的"圆"换为"双曲线"，得到直线 A_1P_1 与 A_2P_2 交点 P 的轨迹为椭圆，也就是说题设与结论中的"椭圆"与"双曲线"是互换的. 若将题设中的"圆"换为"抛物线"，得到的交点的轨迹将会是怎样的？以抛物线 $y^2=2px\,(p>0)$ 为例，从而有变式 4.

变式 4. 已知抛物线 C：$y^2=2px\,(p>0)$ 的焦点为 F，准线与 x 轴的交点为 D，P_1，P_2 为与 x 轴垂直的直线与抛物线的两个交点，则直线 P_1F 与 P_2D 交点 P 的轨迹方程为_____.

解析：设 $P(x,\ y)$，$P_1(x_1,\ y_1)$，$F\left(\dfrac{p}{2},\ 0\right)$，$D\left(-\dfrac{p}{2},\ 0\right)$，则 $P_2(x_1,\ -y_1)$，

所以 $y_1^2=2px_1$.

显然 $k_{P_1F}=\dfrac{y_1}{x_1-\dfrac{p}{2}}$，$k_{FP}=\dfrac{y}{x-\dfrac{p}{2}}$，$k_{P_1P}=\dfrac{y+y_1}{x-x_1}$，$k_{PD}=\dfrac{y}{x+\dfrac{p}{2}}$.

又 $k_{P_1F}=k_{FP}$，$k_{P_1P}=k_{PD}$，

所以 $\begin{cases} \dfrac{y_1}{x_1-\dfrac{p}{2}}=\dfrac{y}{x-\dfrac{p}{2}}, \\[3mm] \dfrac{y+y_1}{x-x_1}=\dfrac{y}{x+\dfrac{p}{2}}, \end{cases}$　所以 $\begin{cases} x=\dfrac{p^2}{4x_1}, \\[3mm] y^2=\dfrac{p^2}{2x_1}. \end{cases}$

消去 x_1，得 $y^2=2px$，即为点 P 的轨迹方程，轨迹为抛物线本身.

于是，我们就有了性质 3.

性质 3. 抛物线 C：$y^2=2px\,(p>0)$ 的焦点为 F，准线与 x 轴的交点为 D，P_1，P_2 为与 x 轴垂直的直线与抛物线的两个交点，则直线 P_1F 与 P_2D 交点 P 的轨迹是其本身.

【拓展应用】

以母题和它的变式为基础,与其他试题整合,可以改编出许多拓展应用的新题目.这里仅举两例.

若将母题中的圆变为单位圆,以得到的点 P 的轨迹为基础,与2022年全国高中数学联赛重庆市初赛第11(1)题结合,可研究三角形面积的最值问题.

1. 设 A_1,A_2 是圆 $x^2+y^2=1$ 与 x 轴的两个交点,P_1P_2 是与 A_1A_2 垂直的弦,直线 A_1P_1 与 A_2P_2 交点 P 的轨迹为曲线 Γ.

(1)求曲线 Γ 的方程;

(2)若经过点 $F\left(-\sqrt{2},\ 0\right)$ 的直线与曲线 Γ 在 y 轴左侧相交于 M,N 两点,O 为坐标原点,求 $\triangle OMN$ 面积的最小值.

解析:(1)由母题解法可知,曲线 Γ 方程为 $x^2-y^2=1$.

(2)当直线 MN 与 x 轴不垂直时,设直线 MN 的方程为 $y=k\left(x+\sqrt{2}\right)$.

因为直线 MN 与曲线 Γ 在 y 轴左侧相交于两点,则 $k<-1$ 或 $k>1$.

由 $\begin{cases} x^2-y^2=1, \\ y=k\left(x+\sqrt{2}\right), \end{cases}$ 得 $x^2-k^2\left(x^2+2+2\sqrt{2}\,x\right)=1$,

所以 $\left(\dfrac{1}{k^2}-1\right)x^2-2\sqrt{2}\,x-2-\dfrac{1}{k^2}=0.$

设 $M\left(x_M,\ y_M\right)$, $N\left(x_N,\ y_N\right)$, 则 $x_M+x_N=\dfrac{2\sqrt{2}}{\dfrac{1}{k^2}-1}=\dfrac{2\sqrt{2}\,k^2}{1-k^2}$, $x_Mx_N=-\dfrac{2+\dfrac{1}{k^2}}{\dfrac{1}{k^2}-1}=$

$-\dfrac{2k^2+1}{1-k^2},$

所以 $\left|x_M-x_N\right|=\sqrt{\left(x_M+x_N\right)^2-4x_Mx_N}=\sqrt{\left(\dfrac{2\sqrt{2}\,k^2}{1-k^2}\right)^2+4\cdot\dfrac{2k^2+1}{1-k^2}}=\dfrac{2\sqrt{1+k^2}}{\left|1-k^2\right|}.$

所以 $|MN|=\sqrt{1+k^2}\left|x_M-x_N\right|=\sqrt{1+k^2}\cdot\dfrac{2\sqrt{1+k^2}}{\left|1-k^2\right|}=\dfrac{2\left(k^2+1\right)}{k^2-1}.$

又原点 O 到直线 MN 的距离为 $\dfrac{\sqrt{2}\,|k|}{\sqrt{1+k^2}}$,

所以 $\triangle OMN$ 的面积为 $\dfrac{1}{2} \cdot \dfrac{2(k^2+1)}{k^2-1} \cdot \dfrac{\sqrt{2}\,|k|}{\sqrt{1+k^2}} = \sqrt{2} \cdot \sqrt{\dfrac{k^2(k^2+1)}{(k^2-1)^2}} =$

$\sqrt{2} \cdot \sqrt{\dfrac{2}{(k^2-1)^2} + \dfrac{3}{k^2-1} + 1} > \sqrt{2}$.

当直线 MN 与 x 轴垂直时，则 $M\left(-\sqrt{2},\ 1\right)$，此时 $\triangle OMN$ 的面积为 $\dfrac{1}{2} \times \sqrt{2} \times$

$1 \times 2 = \sqrt{2}$.

综上可得 $\triangle OMN$ 面积的最小值为 $\sqrt{2}$.

直线的点斜式方程和斜截式方程都不包括与 x 轴垂直的直线，所以解题时，容易忽视斜率不存在的情形．因此，应该注意对直线斜率存在和不存在两种情形进行分类讨论．

若将性质2与2022年全国新高考 II 卷第16题结合，可研究直线与椭圆的位置关系，求直线的方程．

2. 设 A_1，A_2 是双曲线 $\dfrac{x^2}{6} - \dfrac{y^2}{3} = 1$ 的两个顶点，与 A_1A_2 垂直的直线与双曲线的两个交点为 P_1，P_2，直线 A_1P_1 与 A_2P_2 交点 P 的轨迹为曲线 C.

（1）求 C 的方程；

（2）已知直线 l 与 C：在第一象限交于 A，B 两点，与 x 轴、y 轴分别交于 M，N 两点，且 $|MA| = |NB|$，$|MN| = 2\sqrt{3}$，求直线 l 的方程．

解析：（1）由性质2，可得 C 的方程为 $\dfrac{x^2}{6} + \dfrac{y^2}{3} = 1$.

（2）如图5，令 AB 的中点为 E，因为 $|MA| = |NB|$，所以 $|ME| = |NE|$.

设 $A(x_1,\ y_1)$，$B(x_2,\ y_2)$，则 $\dfrac{x_1^2}{6} + \dfrac{y_1^2}{3} = 1$，$\dfrac{x_2^2}{6} + \dfrac{y_2^2}{3} = 1$，

所以 $\dfrac{x_1^2}{6} - \dfrac{x_2^2}{6} + \dfrac{y_1^2}{3} - \dfrac{y_2^2}{3} = 0$，

即 $\dfrac{(x_1-x_2)(x_1+x_2)}{6} + \dfrac{(y_1+y_2)(y_1-y_2)}{3} = 0$，

所以 $\dfrac{(y_1+y_2)(y_1-y_2)}{(x_1-x_2)(x_1+x_2)} = -\dfrac{1}{2}$，即 $k_{OE} \cdot k_{AB} = -\dfrac{1}{2}$.

设直线 AB：$y = kx + m$，$k < 0$，$m > 0$，

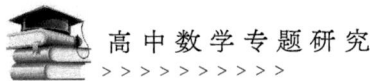
令 $x=0$ 得 $y=m$，令 $y=0$ 得 $x=-\dfrac{m}{k}$，即 $M\left(-\dfrac{m}{k},\ 0\right)$，$N(0,\ m)$，

所以 $E\left(-\dfrac{m}{2k},\dfrac{m}{2}\right)$，

所以 $k\times\dfrac{\dfrac{m}{2}}{-\dfrac{m}{2k}}=-\dfrac{1}{2}$，解得 $k=-\dfrac{\sqrt{2}}{2}$ 或 $k=\dfrac{\sqrt{2}}{2}$（舍去）．

又 $|MN|=2\sqrt{3}$，即 $|MN|=\sqrt{m^2+\left(\sqrt{2}\,m\right)^2}=2\sqrt{3}$，解得 $m=2$ 或 $m=-2$

（舍去）．

故直线 AB：$y=-\dfrac{\sqrt{2}}{2}x+2$，即 $x+\sqrt{2}\,y-2\sqrt{2}=0$．

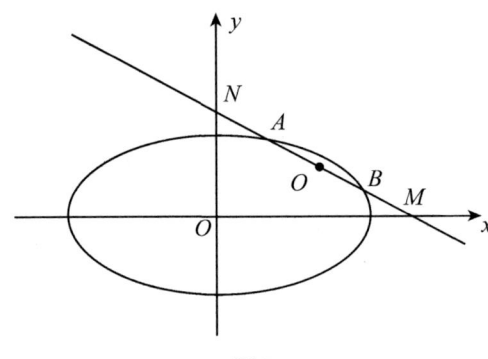

图 5

第五篇　概率与统计

　　高考数学中,概率与统计的难点在于对抽象概念的理解、公式的灵活应用、统计推断的深层理解以及实际问题的建模.考生需透彻掌握随机变量、期望、方差等概念,熟练运用概率公式,理解统计推断的逻辑,并能够将实际问题转化为数学模型求解.

第1讲 一道二项式高考题的多解、溯源与变式

二项式定理的应用是历年常考的考点之一,主要考查如何求二项展开式中的特定项、二项展开式中项的系数及二项式系数等.本讲就下面这道例题进行解法和变式的探究.

【例题】(2020年高考全国卷 I 理科第8题)$\left(x+\dfrac{y^2}{x}\right)(x+y)^5$ 的展开式中 x^3y^3 的系数为( )

A.5   B.10   C.15   D.20

求两个二项式乘积的展开式中的特定项的系数问题是二项式定理应用的一类难点问题,何况该试题中含有"双变量",无疑进一步增加了解题的难度.求解该题既要全面考察项的组成和系数的关系,还要准确运用赋值、转化等技巧和分类加法计数原理以及逻辑推理、数学运算核心素养.

思路1:利用二项式定理直接展开求解.

解法1:因为 $(x+y)^5=C_5^0x^5+C_5^1x^4y+C_5^2x^3y^2+C_5^3x^2y^3+C_5^4xy^4+C_5^5y^5$,所以

$$\left(x+\frac{y^2}{x}\right)(x+y)^5$$

$$=x\left(C_5^0x^5+C_5^1x^4y+C_5^2x^3y^2+C_5^3x^2y^3+C_5^4xy^4+C_5^5y^5\right)+$$

$$\frac{y^2}{x}\left(C_5^0x^5+C_5^1x^4y+C_5^2x^3y^2+C_5^3x^2y^3+C_5^4xy^4+C_5^5y^5\right)$$

$$=C_5^0x^6+C_5^1x^5y+C_5^2x^4y^2+C_5^3x^3y^3+C_5^4x^2y^4+$$

$$C_5^5xy^5+C_5^0x^4y^2+C_5^1x^3y^3+C_5^2x^2y^4+C_5^3xy^5+C_5^4y^6+\frac{1}{x}C_5^5y^7$$

$$=C_5^0x^6+C_5^1x^5y+\left(C_5^2+C_5^0\right)x^4y^2+\left(C_5^3+C_5^1\right)x^3y^3+\left(C_5^4+C_5^2\right)x^2y^4+$$

$$\left(C_5^5+C_5^3\right)xy^5+C_5^4y^6+\frac{1}{x}C_5^5y^7,$$

所以 $\left(x+\dfrac{y^2}{x}\right)(x+y)^5$ 的展开式中 x^3y^3 的系数为 $C_5^3+C_5^1=\dfrac{5\times4\times3}{3\times2\times1}+5=15$. 故选C.

思路2：利用二项展开式的通项公式，分析、赋值求解．首先求得$(x+y)^5$展开式的通项公式，然后得到$\left(x+\dfrac{y^2}{x}\right)$的两项与$(x+y)^5$展开式通项的乘积，最后通过赋值求得$x^3y^3$的系数．

解法2：$(x+y)^5$展开式的通项公式为$T_{r+1}=\mathrm{C}_5^r x^{5-r}y^r (r\in\mathbf{N}$且$r\leqslant 5)$，

所以$\left(x+\dfrac{y^2}{x}\right)$的各项与$(x+y)^5$展开式通项的乘积可表示为

$xT_{r+1}=x\mathrm{C}_5^r x^{5-r}y^r=\mathrm{C}_5^r x^{6-r}y^r$和$\dfrac{y^2}{x}T_{r+1}=\dfrac{y^2}{x}\mathrm{C}_5^r x^{5-r}y^r=\mathrm{C}_5^r x^{4-r}y^{r+2}$，

在$xT_{r+1}=\mathrm{C}_5^r x^{6-r}y^r$中，令$r=3$，可得$xT_4=\mathrm{C}_5^3 x^3 y^3$，

该项中x^3y^3的系数为$\mathrm{C}_5^3=10$，

在$\dfrac{y^2}{x}T_{r+1}=\mathrm{C}_5^r x^{4-r}y^{r+2}$中，令$r=1$，可得$\dfrac{y^2}{x}T_2=\mathrm{C}_5^1 x^3 y^3$，

该项中x^3y^3的系数为$\mathrm{C}_5^1=5$，

所以$\left(x+\dfrac{y^2}{x}\right)(x+y)^5$的展开式中$x^3y^3$的系数为$10+5=15$．故选C．

思路3：配凑转化为两个二项式差的问题，然后利用二项展开式的通项公式，分析、赋值求解．

解法3：因为$x+\dfrac{y^2}{x}=\dfrac{x^2+y^2}{x}=\dfrac{(x+y)^2-2xy}{x}=\dfrac{(x+y)^2}{x}-2y$，

所以$\left(x+\dfrac{y^2}{x}\right)(x+y)^5=\dfrac{(x+y)^7}{x}-2y(x+y)^5$．

因为$(x+y)^7$的通项为$T_{r_1+1}=\mathrm{C}_7^{r_1}x^{7-r_1}y^{r_1}(r_1=0,\ 1,\ 2,\ \cdots,\ 7)$，

所以$\dfrac{T_{r_1+1}}{x}=\mathrm{C}_7^{r_1}x^{6-r_1}y^{r_1}$，令$r_1=3$，得$\dfrac{T_4}{x}=\mathrm{C}_7^3 x^3 y^3$，

该项的系数为$\mathrm{C}_7^3=\dfrac{7\times 6\times 5}{3\times 2\times 1}=35$．

因为$(x+y)^5$的通项为$T_{r_2+1}=\mathrm{C}_5^{r_2}x^{5-r_2}y^{r_2}(r_2=0,\ 1,\ 2,\ \cdots,\ 5)$，

所以$2yT_{r_2+1}=2\mathrm{C}_5^{r_2}x^{5-r_2}y^{r_2+1}$，令$r_2=2$，得$2yT_3=2\mathrm{C}_5^2 x^3 y^3$，

该项的系数为$2\mathrm{C}_5^2=2\times\dfrac{5\times 4}{2\times 1}=20$．

所以 $\left(x+\dfrac{y^2}{x}\right)(x+y)^5$ 的展开式中 x^3y^3 的系数为 $35-20=15$.故选 C.

【例题溯源】

求含有"双变量"的两个二项式乘积的展开式中特定项的系数问题在往年高考中已多次考查,下面仅举两例便可窥见一斑.

1.(2014年高考全国卷Ⅰ理科第13题)$(x-y)(x+y)^8$ 的展开式中 x^2y^7 的系数为_____.(用数字填写答案)

答案:-20.

2.(2017年高考全国卷Ⅲ理科第4题)$(x+y)(2x-y)^5$ 的展开式中 x^3y^3 的系数为(　　)

A.-80　　　　B.-40　　　　C.40　　　D.80

答案:选 C.

通过上面两题可以看出,在强调命题改革的今天,通过改编、创新等手段来赋予往年高考真题新的生命,已成为高考命题的一种新趋势.因此,在复习备考的过程中务必要重视对往年高考真题的研究和变式训练,做到探索变式,拓广成果.

【同源变式】

若高考题中的条件不变,求其他特定项的系数,可有如下变式题.

变式1.$\left(x+\dfrac{y^2}{x}\right)(x+y)^5$ 的展开式中 x^4y^2 的系数为(　　)

A.10　　　　B.11　　　　C.20　　　　D.21

解析:同高考题的解法,$\left(x+\dfrac{y^2}{x}\right)(x+y)^5$ 的展开式中 x^4y^2 的系数为 $C_5^2+C_5^0=10+1=11$.故选 B.

由高考题解法1可以看出,展开式中有哪些项,取决于 $\left(x+\dfrac{y^2}{x}\right)$ 与 $(x+y)^5$ 的结构形式,所以将 $(x+y)^5$ 中的"5"换为"n",问题作一般化处理,可有同样的结果.

变式2.$\left(x+\dfrac{y^2}{x}\right)(x+y)^n$ 的展开式中 x^3y^3 的系数为(　　)

A.5   B.10   C.15   D.20

解析:因为 $(x+y)^n$ 的通项公式为 $T_{r+1}=C_n^r x^{n-r}y^r(r\in \mathbf{N}$ 且 $r\leqslant n)$,

所以 $\left(x+\dfrac{y^2}{x}\right)$ 的各项与 $(x+y)^n$ 展开式的通项的乘积可表示为:

$$xT_{r+1}=xC_n^r x^{n-r}y^r=C_n^r x^{n+1-r}y^r \text{ 和 } \dfrac{y^2}{x}T_{r+1}=\dfrac{y^2}{x}C_n^r x^{n-r}y^r=C_5^r x^{n-r-1}y^{r+2}.$$

在 $xT_{r+1}=xC_n^r x^{n-r}y^r=C_n^r x^{n+1-r}y^r$ 中,令 $r=3,n+1-r=3$,即 $r=3,n=5$,可得 $xT_4=C_5^3 x^3 y^3$,

该项中 $x^3 y^3$ 的系数为 $C_5^3=10$,

在 $\dfrac{y^2}{x}T_{r+1}=C_n^r x^{n-r-1}y^{r+2}$ 中,令 $r=1,n-r-1=3$,即 $r=1,n=5$,可得 $\dfrac{y^2}{x}T_2=C_5^1 x^3 y^3$,

该项中 $x^3 y^3$ 的系数为 $C_5^1=5$,

所以 $\left(x+\dfrac{y^2}{x}\right)(x+y)^5$ 的展开式中 $x^3 y^3$ 的系数为 $10+5=15$. 故选 C.

若将已知式中渗透字母,给定展开式所有项的系数和,求其他特定项的系数,可有如下变式.

变式 3.已知 $\left(x+\dfrac{y^2}{x}\right)(x+y)^5(a\in \mathbf{R})$ 的展开式的所有项的系数和为 64,则展开式中 $x^3 y^3$ 的系数为(   )

A.5   B.10   C.15   D.20

解析:因为 $\left(x+\dfrac{y^2}{x}\right)(x+y)^5(a\in \mathbf{R})$ 的展开式的所有项的系数和为 64,

所以令 $x=y=1$,得 $2\times(a+1)^5=64$,解得 $a=1$.

所以 $\left(x+\dfrac{y^2}{x}\right)(ax+y)^5=\left(x+\dfrac{y^2}{x}\right)(x+y)^5$,下同例题的解法.

【解后反思】

二项式的系数问题是二项式定理的重要应用,也是高考常考的重点.在利用二项式定理解题时,要注意二项式系数与项的系数的区别,即二项式系数仅指组合数 C_n^0, C_n^1, C_n^2, $\cdots$, C_n^r, $\cdots$, C_n^n,一定是正整数;而项的系数是指展开式的项中除字母和字母的指数以外的一些具体的数(包括符号).

　　二项式定理中含有比较多容易混淆的概念,如二项式系数与系数、二项式系数最大与系数最大、项与项数、奇数项与奇次项、偶数项与偶次项等,以及二项展开式中一些其他相关的概念,复习时一定要理解清楚.

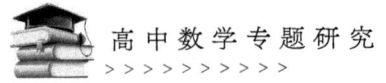

第2讲　一道概率题的多视角探究

数列递推公式在求解概率问题中的渗透、应用,不仅体现概率与数列知识的交会性,而且有利于培养和形成同学们的数学核心素养,提高同学们的数学解题能力和创新能力,因此这是高考命题考查的重点题型.解题时除了理解和掌握概率相关知识以外,还要会对一些数列递推关系进行处理.为此,本文就一道高考概率试题从多个视角进行探究.

【例题】(2020年高考江苏卷第23题)甲口袋中装有2个黑球和1个白球,乙口袋中装有3个白球.现从甲、乙两口袋中各任取一个球交换放入另一口袋,重复 n 次这样的操作,记甲口袋中黑球个数为 X_n,恰有2个黑球的概率为 p_n,恰有1个黑球的概率为 q_n.

(1)求 p_1, q_1 和 p_2, q_2;

(2)求 $2p_n+q_n$ 与 $2p_{n-1}+q_{n-1}$ 的递推关系式和 X_n 的数学期望 $E(X_n)$(用 n 表示).

该试题是以"两数列线性递推关系"为载体的概率和随机变量的分布列、数学期望的求解问题,考查了古典概型概率、概率中递推关系、构造法求数列通项、离散型随机变量的分布列和数学期望的求法,难度较大.其求解的难点和关键就是对两数列线性递推关系式或两数列通项公式的求解.由于这类问题中的两个数列相互交叉、渗透,其中还包含着"一阶"数列的递推关系,所以情形复杂,解答时需用到消元、配凑、转化、联想、构造等数学方法,渗透和运用数学抽象、逻辑推理、数学运算和数学建模等数学核心素养,因而本题具有较高的考查意义和选拔功能,是高考或各地模拟考试中的热点问题.求解"两数列线性递推关系"问题,既要注意两个数列之间的相互渗透和相互影响,又要根据所给递推式的结构特点,眼观全局,从整体入手.

解析:(1) $p_1=\dfrac{C_1^1 \cdot C_3^1}{C_3^1 \cdot C_3^1}=\dfrac{1}{3}\times\dfrac{3}{3}=\dfrac{1}{3}$, $q_1=\dfrac{C_2^1 \cdot C_3^1}{C_3^1 \cdot C_3^1}=\dfrac{2}{3}\times\dfrac{3}{3}=\dfrac{2}{3}$.

$$p_2 = \frac{C_1^1}{C_3^1} \cdot \frac{C_3^1}{C_3^1} \cdot p_1 + \frac{C_2^1}{C_3^1} \cdot \frac{C_1^1}{C_3^1} \cdot q_1 + 0 \cdot (1 - p_1 - q_1) = \frac{1}{3} p_1 + \frac{2}{9} q_1 = \frac{7}{27},$$

$$q_2 = \frac{C_2^1}{C_3^1} \cdot \frac{C_3^1}{C_3^1} \cdot p_1 + \left(\frac{C_2^1}{C_3^1} \cdot \frac{C_2^1}{C_3^1} + \frac{C_1^1}{C_3^1} \cdot \frac{C_1^1}{C_3^1} \right) \cdot q_1 + \frac{C_3^1}{C_3^1} \cdot \frac{C_2^1}{C_3^1} \cdot (1 - p_1 - q_1) = -\frac{1}{9} p_1 + \frac{2}{3} = \frac{16}{27}.$$

下面主要对第(2)题的解题思路进行分析.

首先,从 $2p_n + q_n$ 与 $2p_{n-1} + q_{n-1}$ 的递推关系式入手.

思路1:根据题意先得到两个数列之间的关系式,代入后若系数关系不复杂,可通过观察、配凑系数得到 $2p_n + q_n$ 与 $2p_{n-1} + q_{n-1}$ 的递推关系式.

解法 1:当 $n \geqslant 2$ 时 , $p_n = \frac{C_1^1}{C_3^1} \cdot \frac{C_3^1}{C_3^1} \cdot p_{n-1} + \frac{C_2^1}{C_3^1} \cdot \frac{C_1^1}{C_3^1} \cdot q_{n-1} + 0 \cdot (1 - p_{n-1} - q_{n-1}) = \frac{1}{3} p_{n-1} + \frac{2}{9} q_{n-1}$,①

$$q_n = \frac{C_2^1}{C_3^1} \cdot \frac{C_1^1}{C_3^1} \cdot p_{n-1} + \left(\frac{C_2^1}{C_3^1} \cdot \frac{C_2^1}{C_3^1} + \frac{C_1^1}{C_3^1} \cdot \frac{C_1^1}{C_3^1} \right) \cdot q_{n-1} + \frac{C_3^1}{C_3^1} \cdot \frac{C_2^1}{C_3^1} \cdot (1 - p_{n-1} - q_{n-1})$$

$$= -\frac{1}{9} q_{n-1} + \frac{2}{3}. ②$$

所以 ① $\times 2 + $ ② , 得 $2p_n + q_n = 2 \left(\frac{1}{3} p_{n-1} + \frac{2}{9} q_{n-1} \right) + \left(-\frac{1}{9} q_{n-1} + \frac{2}{3} \right) = \frac{2}{3} p_{n-1} + \frac{1}{3} q_{n-1} + \frac{2}{3} = \frac{1}{3} (2p_{n-1} + q_{n-1}) + \frac{2}{3}.$

故 $2p_n + q_n$ 与 $2p_{n-1} + q_{n-1}$ 的递推关系式为 $2p_n + q_n = \frac{1}{3} (2p_{n-1} + q_{n-1}) + \frac{2}{3}.$

点评:对于系数之间的关系明显且较为简单的情形,配凑法不失为一种简洁的方法.

思路2:由于 $2p_n + q_n$ 与 $2p_{n-1} + q_{n-1}$ 之间是一种线性递推关系,当系数关系比较复杂,且较难观察、配凑时,可以利用待定系数法来求得.

解法2:由解法1可知, $n \geqslant 2$ 时, $p_n = \frac{1}{3} p_{n-1} + \frac{2}{9} q_{n-1}, q_n = -\frac{1}{9} q_{n-1} + \frac{2}{3}.$

设 $2p_n + q_n = \lambda (2p_{n-1} + q_{n-1}) + \mu,$

所以 $2 \left(\frac{1}{3} p_{n-1} + \frac{2}{9} q_{n-1} \right) + \left(-\frac{1}{9} q_{n-1} + \frac{2}{3} \right) = \lambda (2p_{n-1} + q_{n-1}) + \mu,$

所以 $\frac{2}{3} p_{n-1} + \frac{4}{9} q_{n-1} - \frac{1}{9} q_{n-1} + \frac{2}{3} = 2\lambda p_{n-1} + \lambda q_{n-1} + \mu,$

即 $\dfrac{2}{3}p_{n-1}+\dfrac{1}{3}q_{n-1}+\dfrac{2}{3}=2\lambda p_{n-1}+\lambda q_{n-1}+\mu$，所以 $\lambda=\dfrac{1}{3}$，$\mu=\dfrac{2}{3}$.

故 $2p_n+q_n$ 与 $2p_{n-1}+q_{n-1}$ 的递推关系式为 $2p_n+q_n=\dfrac{1}{3}\left(2p_{n-1}+q_{n-1}\right)+\dfrac{2}{3}$.

点评：对于系数较为复杂的情形，待定系数法更具有一般性.

其次，找到 $2p_n+q_n$ 与 $2p_{n-1}+q_{n-1}$ 的递推关系后，再去求 X_n 的分布列和数学期望 $E\left(X_n\right)$.

思路3：在前面求出 $2p_n+q_n$ 与 $2p_{n-1}+q_{n-1}$ 的递推关系式的基础上，先求出数列 $\{2p_n+q_n\}$ 的通项公式，进而结合解法1中数列 $\{q_n\}$ 的递推关系，求出数列 $\{q_n\}$ 的通项公式后，代入"消元"求出数列 $\{p_n\}$ 的通项公式，最后代入求出 X_n 的分布列和数学期望 $E\left(X_n\right)$.

解法3：由 $2p_n+q_n=\dfrac{1}{3}\left(2p_{n-1}+q_{n-1}\right)+\dfrac{2}{3}$ 可知，这是关于数列 $\{2p_n+q_n\}$ 的"一阶"递推数列问题，系数关系稍复杂，不易通过配凑系数求出，所以可通过待定系数法转化为等比数列求出通项.

设 $2p_n+q_n+s=\dfrac{1}{3}\left(2p_{n-1}+q_{n-1}+s\right)$，则 $2p_n+q_n=\dfrac{1}{3}\left(2p_{n-1}+q_{n-1}\right)-\dfrac{2}{3}s$，

所以 $-\dfrac{2}{3}s=\dfrac{2}{3}$，解得 $s=-1$.

所以数列 $\{2p_n+q_n-1\}$ 是以 $2p_1+q_1-1=2\times\dfrac{1}{3}+\dfrac{2}{3}-1=\dfrac{1}{3}$ 为首项，以 $\dfrac{1}{3}$ 为公比的等比数列，所以 $2p_n+q_n-1=\dfrac{1}{3}\cdot\left(\dfrac{1}{3}\right)^{n-1}$，所以 $2p_n+q_n=\left(\dfrac{1}{3}\right)^{n}+1$. ③

由解法1中的②，可知 $q_n=-\dfrac{1}{9}q_{n-1}+\dfrac{2}{3}$，这又是"一阶"递推数列问题，系数关系稍复杂，可通过待定系数法转化为等比数列求出通项.

设 $q_n+t=-\dfrac{1}{9}\left(q_{n-1}+t\right)$，则 $q_n=-\dfrac{1}{9}q_{n-1}-\dfrac{10}{9}t$，所以 $-\dfrac{10}{9}t=\dfrac{2}{3}$，解得 $t=-\dfrac{3}{5}$.

所以数列 $\left\{q_n-\dfrac{3}{5}\right\}$ 是以 $q_1-\dfrac{3}{5}=\dfrac{2}{3}-\dfrac{3}{5}=\dfrac{1}{15}$ 为首项，以 $-\dfrac{1}{9}$ 为公比的等比数列，所以 $q_n-\dfrac{3}{5}=\dfrac{1}{15}\cdot\left(-\dfrac{1}{9}\right)^{n-1}$，所以 $q_n=\dfrac{1}{15}\cdot\left(-\dfrac{1}{9}\right)^{n-1}+\dfrac{3}{5}$. ④

将④代入③,得 $2p_n + \dfrac{1}{15} \cdot \left(-\dfrac{1}{9}\right)^{n-1} + \dfrac{3}{5} = \left(\dfrac{1}{3}\right)^n + 1$,

所以 $p_n = \dfrac{3}{10} \cdot \left(-\dfrac{1}{9}\right)^n + \dfrac{1}{2} \cdot \left(\dfrac{1}{3}\right)^n + \dfrac{1}{5}$.

所以 $1 - p_n - q_n = 1 - \dfrac{3}{10} \cdot \left(-\dfrac{1}{9}\right)^n - \dfrac{1}{2} \cdot \left(\dfrac{1}{3}\right)^n - \dfrac{1}{5} - \dfrac{1}{15} \cdot \left(-\dfrac{1}{9}\right)^{n-1} - \dfrac{3}{5}$

$$= \dfrac{3}{10} \cdot \left(-\dfrac{1}{9}\right)^n - \dfrac{1}{2} \cdot \left(\dfrac{1}{3}\right)^n + \dfrac{1}{5}.$$

又 X_n 的分布列为

X_n	0	1	2
P	$1 - p_n - q_n$	q_n	p_n

故 $E(X_n) = 0 \times (1 - p_n - q_n) + 1 \times q_n + 2 \times p_n = \dfrac{1}{15} \cdot \left(-\dfrac{1}{9}\right)^{n-1} + \dfrac{3}{5} + 2\left[\dfrac{3}{10} \cdot \left(-\dfrac{1}{9}\right)^n + \dfrac{1}{2} \cdot \left(\dfrac{1}{3}\right)^n + \dfrac{1}{5}\right] = \left(\dfrac{1}{3}\right)^n + 1$.

点评:该解法是在求出 $2p_n + q_n$ 与 $2p_{n-1} + q_{n-1}$ 递推关系式的基础上,两次运用待定系数法将"一阶"递推数列转化为等比数列,求出数列 $\{2p_n + q_n\}$ 和 $\{q_n\}$ 的通项公式,进而通过"消元"求出数列 $\{p_n\}$ 的通项公式,而后由 X_n 的分布列最终求得 X_n 的数学期望.整个求解过程思路清晰,易于操作,不足之处在于运算量大,对于考生的数学运算素养要求较高.

思路4:上述过程的复杂之处在于不仅求出数列 $\{2p_n + q_n\}$ 的通项公式,而且还分别求出了数列 $\{p_n\}$ 和 $\{q_n\}$ 的通项公式,若注意到 X_n 的分布列的特点,只要求出 $\{2p_n + q_n\}$ 的通项公式,然后在求 X_n 的数学期望时整体代入即可.

解法4:由解法3可知 $2p_n + q_n = \left(\dfrac{1}{3}\right)^n + 1$.

又 X_n 的分布列为

X_n	0	1	2
P	$1 - p_n - q_n$	q_n	p_n

故 $E(X_n) = 0 \times (1 - p_n - q_n) + 1 \times q_n + 2 \times p_n = 2p_n + q_n = \left(\dfrac{1}{3}\right)^n + 1$.

点评:该思路在求出数列$\{2p_n + q_n\}$通项公式的基础上,依据分布列的特点,利用整体代入求解,过程比解法3要简洁很多.但这也仅是命题者有意设计的减少运算量的"巧合"而已,真正的"通法"还是解法3.

【考题链接】

数列递推公式在概率问题中的渗透、应用已成为近来高考或各地模拟考试命题的"常客",比如2019年高考全国Ⅰ卷理科第21题(压轴题)和上述高考例题,就是典型的例子,希望教师在指导学生复习时对这类问题加以重视.下面再列举几题供参考:

1.(2020年河南省安阳市一模理科第16题)2019年暑假期间,河南有一新开发的景区在各大媒体循环播放广告,观众甲首次看到该景区的广告后,不来此景区的概率为$\dfrac{11}{14}$,从第二次看到广告起,若前一次不来此景区,则这次来此景区的概率是$\dfrac{1}{3}$;若前一次来此景区,则这次来此景区的概率是$\dfrac{2}{5}$. 记观众甲第n次看到广告后不来此景区的概率为P_n,若当$n \geqslant 2$时,$P_n \leqslant M$恒成立,则M的最小值为_____.

答案:$\dfrac{137}{210}$.

2.(2020年河南省驻马店市一模理科第16题)一种掷硬币走跳棋的游戏:在棋盘上标有第1站、第2站、第3站……第100站,共100站,设棋子跳到第n站的概率为P_n,一枚棋子开始在第1站,棋手每掷一次硬币,棋子向前跳动一次. 若硬币的正面向上,棋子向前跳一站;若硬币的反面向上,棋子向前跳两站,直到棋子跳到第99站(失败)或者第100站(获胜)时,游戏结束.

(1)求P_1, P_2, P_3;

(2)求证:数列$\{P_{n+1} - P_n\}$ ($n = 1, 2, 3, \cdots, 98$)为等比数列;

(3)求玩该游戏获胜的概率.

答案:(1)$P_1 = 1, P_2 = \dfrac{1}{2}, P_3 = \dfrac{3}{4}$;(2)略;(3)$\dfrac{1}{3} - \dfrac{1}{3 \times 2^{98}}$.

3.(2019年高考全国卷Ⅰ理科第21题)为治疗某种疾病,研制了甲、乙两种新药,希望知道哪种新药更有效,为此进行动物实验. 实验方案如下:每一轮选取两只白鼠对药效进行对比实验. 对于两只白鼠,随机选一只施以甲药,另一只施以乙药. 一轮的治疗结果得出后,再安排下一轮实验. 当其中一种药治愈的白鼠比另一种药治愈的白鼠多4只时,就停止实验,并认为治愈只数多的药更有效. 为了方便描述问题,约定:对于每轮实验,若施以甲药的白鼠治愈且施以乙药的白鼠未治愈,则甲药得1分,乙药得-1分;若施以乙药的白鼠治愈且施以甲药的白鼠未治愈,则乙药得1分,甲药得-1分;若都治愈或都未治愈,则两种药均得0分. 甲、乙两种药的治愈率分别记为α和β,一轮实验中甲药的得分记为X.

(1)求X的分布列;

(2)若甲药、乙药在实验开始时都赋予4分,p_i $(i=0,\ 1,\ \cdots,\ 8)$表示"甲药的累计得分为i时,最终认为甲药比乙药更有效"的概率,则$p_0=0,p_8=1$, $p_i=ap_{i-1}+bp_i+cp_{i+1}$ $(i=0,\ 1,\ \cdots,\ 7)$,其中 $a=P(X=-1)$, $b=P(X=0)$, $c=P(X=1)$. 假设$\alpha=0.5,\beta=0.8$.

(i)证明:$\{p_{i+1}-p_i\}$ $(i=0,\ 1,\ \cdots,\ 7)$为等比数列;

(ii)求 p_4,并根据 p_4 的值解释这种实验方案的合理性.

答案:(1)

X	1	-1	0
P	$\alpha(1-\beta)$	$\beta(1-\alpha)$	$\alpha\beta+(1-\alpha)(1-\beta)$

(2)(i)略;(ii) $p_4=\dfrac{1}{257}$,实验方案合理.

4.(2020届河南省平顶山、许昌、济源三市一模理科第19题) 一款手游,页面上有一系列的伪装,其中隐藏了4个宝藏. 如果你在规定的时间内找到了这4个宝藏,将会弹出下一个页面,这个页面仍隐藏了2个宝藏,若能在规定的时间内找到这2个宝藏,那么闯关成功,否则闯关失败,结束游戏;如果你在规定的时间内找到了3个宝藏,仍会弹出下一个页面,但这个页面隐藏了4个宝藏,若能在规定的时间内找到这4个宝藏,那么闯关成功,否则闯关失败,结束游戏;其他情况下,不会弹出下一个页面,闯关失败,并结束游戏.

假定你找到任何一个宝藏的概率为$\dfrac{1}{2}$,且能否找到其他宝藏相互独立.

（1）求闯关成功的概率；

（2）假定你付1个Q币游戏才能开始，能进入下一个页面就能获得2个Q币的奖励，闯关成功还能获得另外4个Q币的奖励，闯关失败没有额外的奖励．求一局游戏结束，收益的Q币个数X的数学期望（收益=收入-支出）．

答案：（1）$\dfrac{1}{32}$；（2）$-\dfrac{1}{4}$．

第3讲　一道条件概率高考题的探究

条件概率是概率中的重要内容之一,是学习中的一个重难点.在往年高考命题中很少涉及考查到这一知识点,但2022年新高考Ⅰ卷条件概率在解答题中"闪亮登场",不仅给人以耳目一新之感,而且条件概率成为人们关注的热点.高考题以真实的某种疾病与卫生习惯的关系的情境来命题,将独立性检验和条件概率等知识融入实际生活背景中,彰显了高考命题重视对应用素养的考查.这里主要对第(2)小题的条件概率问题进行探究.

【例题】(2022年全国新高考Ⅰ卷第20题)一医疗团队为研究某地的一种地方性疾病与当地居民的卫生习惯(卫生习惯分为良好和不够良好两类)的关系,在已患该疾病的病例中随机调查了100例(称为病例组),同时在未患该疾病的人群中随机调查了100人(称为对照组),得到如下数据:

卫生习惯	不够良好	良好
病例组	40	60
对照组	10	90

(1)能否有99%的把握认为患该疾病群体与未患该疾病群体的卫生习惯有差异?

(2)从该地的人群中任选一人,A表示事件"选到的人卫生习惯不够良好",B表示事件"选到的人患有该疾病".$\dfrac{P(B|A)}{P(\bar{B}|A)}$与$\dfrac{P(B|\bar{A})}{P(\bar{B}|\bar{A})}$的比值是卫生习惯不够良好对患该疾病风险程度的一项度量指标,记该指标为R.

(i)证明:$R=\dfrac{P(A|B)}{P(\bar{A}|B)}\cdot\dfrac{P(\bar{A}|\bar{B})}{P(A|\bar{B})}$;

(ii)利用该调查数据,给出$P(A|B)$,$P(A|\bar{B})$的估计值,并利用(i)的结果给出R的估计值.

附 $K^2 = \dfrac{n(ad-bc)^2}{(a+b)(c+d)(a+c)(b+d)}$,

$P(K^2 \geqslant k)$	0.050	0.010	0.001
k	3.841	6.635	10.828

解析:(1)略.

(2)求解条件概率问题主要有两种途径:

一是利用 $P(B|A) = \dfrac{P(AB)}{P(A)}$ 求概率.利用公式 $P(B|A) = \dfrac{P(AB)}{P(A)}$ 是求条件概率的最基本的方法.这种方法的关键是分别求出 $P(A)$ 和 $P(AB)$,其中 $P(AB)$ 是指事件 A 和事件 B 同时发生的概率,要注意结合题目的具体情况进行分析求解.

二是利用 $P(B|A) = \dfrac{n(AB)}{n(A)}$ 求概率.如果给出的条件概率问题涉及古典概型,那么也可以直接用古典概型的方法进行条件概率的求解.在计算时,将事件 A 作为基本事件空间,求出其包含的基本事件数 $n(A)$;再在这些基本事件中,求出事件 A 与事件 B 的交事件中包含的基本事件数 $n(AB)$;然后利用古典概型公式 $P(B|A) = \dfrac{n(AB)}{n(A)}$ 求得条件概率.

根据上述两种途径,(i) 根据定义结合条件概率公式即可完成证明;(ii) 根据 (i),结合已知数据求 R.

下面重点探究 (i) 的证法.

思路1:直接利用第一个途径的条件概率公式,由题意从左到右单向推得证明.

证法1:由题意,得

$$R = \dfrac{\dfrac{P(B|A)}{P(\bar{B}|A)}}{\dfrac{P(B|\bar{A})}{P(\bar{B}|\bar{A})}} = \dfrac{P(B|A)}{P(\bar{B}|A)} \cdot \dfrac{P(\bar{B}|\bar{A})}{P(B|\bar{A})} = \dfrac{\dfrac{P(AB)}{P(A)}}{\dfrac{P(A\bar{B})}{P(A)}} \cdot \dfrac{\dfrac{P(\bar{A}\bar{B})}{P(\bar{A})}}{\dfrac{P(\bar{A}B)}{P(\bar{A})}}$$

$$= \frac{P(AB)}{P(A)} \cdot \frac{P(A)}{P(A\bar{B})} \cdot \frac{P(\bar{A}\bar{B})}{P(\bar{A})} \cdot \frac{P(\bar{A})}{P(\bar{A}B)}$$

$$= \frac{P(AB)}{P(B)} \cdot \frac{P(B)}{P(A\bar{B})} \cdot \frac{P(\bar{A}\bar{B})}{P(\bar{B})} \cdot \frac{P(\bar{B})}{P(A\bar{B})}$$

$$= \frac{P(BA)}{P(B)} \cdot \frac{P(B)}{P(B\bar{A})} \cdot \frac{P(\bar{B}\bar{A})}{P(\bar{B})} \cdot \frac{P(\bar{B})}{P(\bar{B}A)}$$

$$= \frac{\dfrac{P(BA)}{P(B)}}{\dfrac{P(B\bar{A})}{P(B)}} \cdot \frac{\dfrac{P(\bar{B}\bar{A})}{P(\bar{B})}}{\dfrac{P(\bar{B}A)}{P(\bar{B})}} = \frac{\dfrac{P(A|B)}{P(\bar{A}|B)}}{\dfrac{P(A|\bar{B})}{P(\bar{A}|\bar{B})}} = \frac{P(AB)}{P(\bar{A}|B)} \cdot \frac{P(\bar{A}|\bar{B})}{P(A|\bar{B})}.$$

故 $R = \dfrac{P(A|B)}{P(\bar{A}|B)} \cdot \dfrac{P(\bar{A}|\bar{B})}{P(A|\bar{B})}$ 得证.

思路 2:直接利用第二个途径的条件概率公式,由题意左、右双向归一推得证明.

证法 2:由题意,得

$$R = \frac{\dfrac{P(B|A)}{P(\bar{B}|A)}}{\dfrac{P(B|\bar{A})}{P(\bar{B}|\bar{A})}} = \frac{P(B|A)}{P(\bar{B}|A)} \cdot \frac{P(\bar{B}|\bar{A})}{P(B|\bar{A})} = \frac{\dfrac{P(AB)}{P(A)}}{\dfrac{P(A\bar{B})}{P(A)}} \cdot \frac{\dfrac{P(\bar{A}\bar{B})}{P(\bar{A})}}{\dfrac{P(\bar{A}B)}{P(\bar{A})}}$$

$$= \frac{P(AB)}{P(A)} \cdot \frac{P(A)}{P(A\bar{B})} \cdot \frac{P(\bar{A}\bar{B})}{P(\bar{A})} \cdot \frac{P(\bar{A})}{P(\bar{A}B)} = \frac{P(AB) \cdot P(\bar{A}\bar{B})}{P(A\bar{B}) \cdot P(\bar{A}B)}.$$

又 $\dfrac{P(A|B)}{P(\bar{A}|B)} \cdot \dfrac{P(\bar{A}|\bar{B})}{P(A|\bar{B})} = \dfrac{\dfrac{P(BA)}{P(B)}}{\dfrac{P(B\bar{A})}{P(B)}} \cdot \dfrac{\dfrac{P(\bar{B}\bar{A})}{P(\bar{B})}}{\dfrac{P(\bar{B}A)}{P(\bar{B})}}$

$$= \frac{P(BA)}{P(B)} \cdot \frac{P(B)}{P(B\bar{A})} \cdot \frac{P(\bar{B}\bar{A})}{P(\bar{B})} \cdot \frac{P(\bar{B})}{P(\bar{B}A)}$$

$$= \frac{P(BA) \cdot P(\bar{B}\bar{A})}{P(B\bar{A}) \cdot P(\bar{B}A)},$$

故 $R = \dfrac{P(A|B)}{P(\bar{A}|B)} \cdot \dfrac{P(\bar{A}|\bar{B})}{P(A|\bar{B})}$ 得证.

思路 3:利用第二个途径的样本频数的条件概率的求法,由题意左、右双向归一推得证明.

证法 3：(i) 由题意，得

$$R = \frac{\dfrac{P(B|A)}{P(\bar{B}|A)}}{\dfrac{P(B|\bar{A})}{P(\bar{B}|\bar{A})}} = \frac{P(B|A)}{P(\bar{B}|A)} \cdot \frac{P(\bar{B}|\bar{A})}{P(B|\bar{A})} = P = \frac{\dfrac{P(AB)}{P(A)}}{\dfrac{P(A\bar{B})}{P(A)}} \cdot \frac{\dfrac{P(\bar{A}\bar{B})}{P(\bar{A})}}{\dfrac{P(\bar{A}B)}{P(\bar{A})}}$$

$$= \frac{P(AB)}{P(A)} \cdot \frac{P(A)}{P(A\bar{B})} \cdot \frac{P(\bar{A}\bar{B})}{P(\bar{A})} \cdot \frac{P(\bar{A})}{P(\bar{A}B)} = \frac{P(AB) \cdot P(\bar{A}\bar{B})}{P(A\bar{B}) \cdot P(\bar{A}B)}.$$

又 $\dfrac{P(A|B)}{P(\bar{A}|B)} \cdot \dfrac{P(\bar{A}|\bar{B})}{P(A|\bar{B})} = \dfrac{\dfrac{P(BA)}{P(B)}}{\dfrac{P(B\bar{A})}{P(B)}} \cdot \dfrac{\dfrac{P(\bar{B}\bar{A})}{P(\bar{B})}}{\dfrac{P(\bar{B}A)}{P(\bar{B})}}$

$$= \frac{P(BA)}{P(B)} \cdot \frac{P(B)}{P(B\bar{A})} \cdot \frac{P(\bar{B}\bar{A})}{P(\bar{B})} \cdot \frac{P(\bar{B})}{P(\bar{B}A)}$$

$$= \frac{P(BA) \cdot P(\bar{B}\bar{A})}{P(B\bar{A}) \cdot P(\bar{B}A)},$$

故 $R = \dfrac{P(A|B)}{P(\bar{A}|B)} \cdot \dfrac{P(\bar{A}|\bar{B})}{P(A|\bar{B})}$ 得证.

点评：(i) 的三种证法均是在理解、掌握条件概率计算公式的基础上，进行变换代入得证的. 就证法 1 与证法 2 而言可谓殊途同归，证法 1 对条件概率计算公式本质的理解更深刻，但其代入变换也更复杂一些，证法 2 则更易操作一些. 需要注意的是，虽然方法简单，但其中的符号、式子既"庞大"又相似，稍有不慎，容易弄错.

再来完成 (ii) 的解答.

(ii) 由已知 $P(A|B) = \dfrac{40}{40+60} = \dfrac{40}{100} = \dfrac{2}{5}$，$P(A|\bar{B}) = \dfrac{10}{40+60} = \dfrac{10}{100} = \dfrac{1}{10}$，

又 $P(\bar{A}|B) = 1 - P(A|B) = 1 - \dfrac{2}{5} = \dfrac{3}{5}$，$P(\bar{A}|\bar{B}) = 1 - P(A|\bar{B}) = 1 - \dfrac{1}{10} = \dfrac{9}{10}$，

所以 $R = \dfrac{P(A|B)}{P(\bar{A}|B)} \cdot \dfrac{P(\bar{A}|\bar{B})}{P(A|\bar{B})} = \dfrac{\frac{2}{5}}{\frac{3}{5}} \times \dfrac{\frac{9}{10}}{\frac{1}{10}} = 6.$

点评：该小题 (ii) 依据列联表中的数据，用频率估计概率，代入 (i) 中的公式求得 R 的值.

【解后反思】

(1)为什么有许多考生对该试题感到"不适"?

该试题情境新,主要体现在这样几个细节方面:①用频率估计概率,用条件概率的方式看待列联表;② $\dfrac{P(B|A)}{P(\bar{B}|A)}$, $\dfrac{P(B|\bar{A})}{P(\bar{B}|\bar{A})}$ 等"庞大"的式子也是表达上的一种"创新",使众多考生颇有"不适"之感;③第(2)小题(i)本质上证明的是关于条件概率的一个对称等式,由于"新"令许多学生备感措手不及;④该试题没有过分"纠缠"于运算,特别是第(2)小题只要能够真正理解和掌握条件概率计算公式,来回代换条件概率公式就可证得结论.另外,该试题采用生活实际的真实数据,增强了试题情景的真实性和可靠性,运用独立性检验和条件概率等数学模型解答,彰显了对考生应用素养的考查.

(2)(i)中的 R 公式能否按下面的方法证明? 为什么?

证明:由题意,得

$$R=\dfrac{\dfrac{P(B|A)}{P(\bar{B}|A)}}{\dfrac{P(B|\bar{A})}{P(\bar{B}|\bar{A})}}=\dfrac{P(B|A)}{P(\bar{B}|A)}\cdot\dfrac{P(\bar{B}|\bar{A})}{P(B|\bar{A})}=\dfrac{\dfrac{P(AB)}{P(A)}}{\dfrac{P(A\bar{B})}{P(A)}}\cdot\dfrac{\dfrac{P(\bar{A}\bar{B})}{P(\bar{A})}}{\dfrac{P(\bar{A}B)}{P(\bar{A})}}$$

$$=\dfrac{P(AB)}{P(A)}\cdot\dfrac{P(A)}{P(A\bar{B})}\cdot\dfrac{P(\bar{A}\bar{B})}{P(\bar{A})}\cdot\dfrac{P(\bar{A})}{P(\bar{A}B)}$$

$$=\dfrac{P(A)\cdot P(B)}{P(A)}\cdot\dfrac{P(A)}{P(A)\cdot P(\bar{B})}\cdot\dfrac{P(\bar{A})\cdot P(\bar{B})}{P(\bar{A})}\cdot\dfrac{P(\bar{A})}{P(\bar{A})\cdot P(B)}=1.$$

又 $\dfrac{P(A|B)}{P(\bar{A}|B)}\cdot\dfrac{P(\bar{A}|\bar{B})}{P(A|\bar{B})}=\dfrac{\dfrac{P(BA)}{P(B)}}{\dfrac{P(B\bar{A})}{P(B)}}\cdot\dfrac{\dfrac{P(\bar{B}\bar{A})}{P(\bar{B})}}{\dfrac{P(\bar{B}A)}{P(\bar{B})}}$

$$=\dfrac{P(BA)}{P(B)}\cdot\dfrac{P(B)}{P(B\bar{A})}\cdot\dfrac{P(\bar{B}\bar{A})}{P(\bar{B})}\cdot\dfrac{P(\bar{B})}{P(\bar{B}A)}$$

$$=\dfrac{P(B)\cdot P(A)}{P(B)}\cdot\dfrac{P(B)}{P(B)\cdot P(\bar{A})}\cdot\dfrac{P(\bar{B})\cdot P(\bar{A})}{P(\bar{B})}\cdot\dfrac{P(\bar{B})}{P(\bar{B})\cdot P(A)}$$

$$=1,$$

故 $R=\dfrac{P(A|B)}{P(\bar{A}|B)}\cdot\dfrac{P(\bar{A}|\bar{B})}{P(A|\bar{B})}$ 得证.

由 (ii) 得到的 $R=6$ 可知,这种证法是错误的! 错在没有真正理解条件概率计算公式的本质! 条件概率公式 $P(B|A)=\dfrac{P(AB)}{P(A)}$ 揭示了条件概率 $P(B|A)$ 与事件概率 $P(A),P(AB)$ 三者之间的关系.由于公式的分子是事件 A,B 的交事件 AB 发生,即事件 A,B 同时发生的概率 $P(AB)$,一般情况下,$P(AB)\neq P(A)P(B)$,只有当 A,B 相互独立时,才具有 $P(AB)=P(A)P(B)$,此时有 $P(B|A)=P(B)$ 或 $P(A|B)=P(A)$,即事件 A,B 相互独立与条件概率的等价关系是 $P(B|A)=P(B)$ 或 $P(A|B)=P(A)$.因为题意中并未给出 A,B 相互独立的条件,该证明过程却运用相互独立事件的概率公式 $P(AB)=P(A)P(B)$,显然是错误的.

【迁移提升】

《普通高中数学课程标准(2017年版2020年修订)》在选择性必修课程"主题三"的"随机事件的条件概率"中提出要求:①结合古典概型,了解条件概率,能计算简单随机事件的条件概率.②结合古典概型,了解条件概率与独立性的关系.③结合古典概型,会利用乘法公式计算概率.④结合古典概型,会利用全概率公式计算概率.了解贝叶斯公式.这些要求在2022年新高考Ⅰ卷数学命题中得以"落地生花",将条件概率问题融入解答题进行考查.这在近些年来的高考数学中尚属首次,反映出高考越来越注重数学在实际问题中的应用,要求考生具备较强的运用数学知识解决问题的能力和素养,以后高考进一步加强对条件概率和全概率公式的考查是值得期待的.

随机事件的条件概率是概率论的重要概念之一,是概率论的理论基础,在理论和实践中都有重要作用.从知识的角度看,由条件概率可以得到两个不独立事件的概率乘法公式和全概率公式,它们是求一类复杂事件概率的有力工具;从认知角度看,学会利用条件概率、全概率公式和乘法公式计算较复杂事件的概率,可以有效提高学生对概率的理解.

那么在高考复习备考中如何指导学生复习条件概率及全概率公式呢?

(1)通过具体实例帮助学生回归概念,理解概念本质,比如随机事件独立性与条件概率之间具有怎样的关系,全概率公式的意义是什么,蕴含着怎样的数学思想,应用全概率公式能解决哪些问题等,引导学生积极探索和思考,培养学生的数学抽象素养.

（2）选取典型问题，从多个不同角度进行变式训练，使学生对问题的理解更加透彻，进而能够做到举一反三、触类旁通，不仅要培养和提高学生数学建模、数学运算的核心素养，还要提高学生的应试能力.

跋

在撰写《高中数学专题研究》这部专著的过程中,刘进名师工作室深入探讨了"学习进阶"理论在高中数学教学中的应用与实践.该理论为高中数学教学提供了一个全新的视角,让我们重新审视了高中数学教学的目标、方法和评价方式.

"学习进阶"理论强调学习是一个逐步深入的过程,学生在教师的引导下,通过一系列的思维活动和实践操作,逐步掌握数学知识,提高数学思维能力.这一理论在高中数学专题研究与探索中具有重要的指导意义.

首先,"学习进阶"理论有助于教师设计更加科学合理的教学计划.在传统的高中数学教学中,教师往往按照教材的顺序进行授课,容易忽略知识之间的内在联系和学生的认知发展规律.而"学习进阶"理论要求教师必须根据学生的认知特点和知识结构,设计出符合学生发展需求的进阶式学习路径,帮助学生逐步掌握数学知识,提高数学思维能力.

其次,"学习进阶"理论有助于教师实施更加有效的教学策略.在高中数学教学中,教师需要采用多种教学方法和手段,激发学生的学习兴趣和主动性,促进学生的思考和实践."学习进阶"理论要求教师在教学中注重启发式教学和探究式教学,引导学生自主发现、分析和解决问题,培养学生的创新能力和实践能力.

最后,"学习进阶"理论有助于教师进行更加科学准确的教育评价.在传统的高中数学教学中,教师往往采用单一的考试成绩作为评价学生的标准,容易忽略学生的学习过程和个性化发展需求.而"学习进阶"理论要求教师采用多元化的评价方式,关注学生的学习过程和个性化发展需求,全面客观地评价学生的数学能力和思维品质.

总之,"学习进阶"理论为高中数学教学提供了重要的理论支撑和实践指导.在《高中数学专题研究》这部专著中,我们深度践行了"学习进阶"理论在高中数学教学中的需求,旨在为广大高中数学教师提供有益的参考和价值,同时为广大高中生跳出题海,提升思维水平提供切实可行的方法路径.我相信,在广大教师的共同努力下,高中数学教学一定会取得更加丰硕的成果.